教育部人文社会科学研究一般项目（项目号：22YJC820054）
中国政法大学科研创新项目（项目号：21ZFQ82005）阶段性成果

数据驱动法律

数据分析和新的法律服务

［美］埃德·沃尔特斯（Ed Walters）◎编著
周　蔚◎译

DATA-
DRIVEN
LAW
Data Analytics and the
New Legal Services

知识产权出版社
全国百佳图书出版单位
—北京—

Data-Driven Law: Data Analytics and the New Legal Services/by Ed Walters/ISBN: 978-1-03-209500-4

Copyright © 2019 by Taylor & Francis Group LLC

Authorized translation from English language edition published by CRC Press, part of Taylor & Francis Group LLC; All rights reserved.

本书原版由 Taylor & Francis 出版集团旗下，CRC 出版公司出版，并经其授权翻译出版。版权所有，侵权必究。Intellectual Property Publishing House Co., Ltd. is authorized to publish and distribute exclusively the Chinese (Simplified Characters) language edition. This edition is authorized for sale throughout Mainland of China. No part of the publication may be reproduced or distributed by any means, or stored in a database or retrieval system, without the prior written permission of the publisher.

本书中文简体翻译版授权由知识产权出版社独家出版并限在中国大陆地区销售。未经出版者书面许可，不得以任何方式复制或发行本书的任何部分。

Copies of this book sold without a Taylor & Francis sticker on the cover are unauthorized and illegal.

本书封面贴有 Taylor & Francis 公司防伪标签，无标签者不得销售。

图书在版编目（CIP）数据

数据驱动法律：数据分析和新的法律服务 /（美）埃德·沃尔特斯（Ed Walters）编著；周蔚译 . —北京：知识产权出版社，2024.5

书名原文：Data-Driven Law: Data Analytics and the New Legal Services

ISBN 978-7-5130-9307-1

Ⅰ. ①数… Ⅱ. ①埃… ②周… Ⅲ. ①数据处理—科学技术管理法规—研究—美国 Ⅳ. ①D971.221.217

中国国家版本馆 CIP 数据核字（2024）第 072177 号

责任编辑：杨 帆	责任校对：潘凤越
封面设计：瀚品设计	责任印制：刘译文

数据驱动法律
——数据分析和新的法律服务

[美] 埃德·沃尔特斯（Ed Walters） 编著
周 蔚 译

出版发行：知识产权出版社有限责任公司	网 址：http://www.ipph.cn
社 址：北京市海淀区气象路 50 号院	邮 编：100081
责编电话：010-82000860 转 8173	责编邮箱：471451342@qq.com
发行电话：010-82000860 转 8101/8102	发行传真：010-82000893/82005070/82000270
印 刷：天津嘉恒印务有限公司	经 销：新华书店、各大网上书店及相关专业书店
开 本：720mm×1000mm 1/16	印 张：16.25
版 次：2024 年 5 月第 1 版	印 次：2024 年 5 月第 1 次印刷
字 数：258 千字	定 价：78.00 元
ISBN 978-7-5130-9307-1	
京权图字：01-2023-3666	

出版权专有　侵权必究
如有印装质量问题，本社负责调换。

中文版序

自英文版《数据驱动法律》出版以来的几年里，法律界发生了巨大的变化。

在生成式人工智能时代，法律技术的发展水平正在发生巨大变化，在2024年发生的变化可能将超过历史上任何一个时期。在2019年本书出版时，我们无法预测人工智能的进步（特别是大型语言模型）会在21世纪20年代中期变得如此重要。软件能够更好地创建预测性文本，对于一个以文字为基础的职业来说，生成式人工智能对法律方面的影响可能比对其他职业的影响都要大。

最具创新性的律师开始使用新的人工智能工具来改变他们的工作流程：撰写概述文件、撰写例行信函、简化文件制作和准备庭审。这些新工具为律师及其委托人提供了一个完全不同的工作流程。

自2019年以来，大多数律师在日常生活中从事法律工作的方式几乎没有改变。例如，律师仍用模板化的猜测来回答客户的基本问题。委托人把一些最迫切的问题交给律师，其中许多问题要求得到定量的答案。对于雇佣合同中有竞争力的薪水是多少，谁是处理案件的最佳律师，或是否接受财务和解等问题，仍然常以"看情况"来回答。

这些来自委托人的问题是非常重要的，律师则通常使用律师事务所或律师个人的经验来回答。但在许多情况下，这种经验是有限的、不知情的或不正确的。答案或许是未知的，但并不是不可知的。在世界各地，2024年的法律问题答案与2019年法律问题答案同样有限。

法律服务可能非常昂贵，而且在大多数情况下，委托人几乎没有对律师事务所提供的法律服务质量衡量的指标。一些大型律师事务所提供简单的服务，而一些小型律师事务所却提供优质的服务。然而，如果委托人没有衡量质量的指标，他们将被迫在不知道他们所花的钱是否物有所值的情况下购买律师的法律服务。

2023年的我们仍面临着与2019年相同的问题——在较好的情况下，我们仍用趣谈来回答关于法律服务的定量问题；在较差的情况下，我们仍用主观直觉来回答问题。但其他领域的数据科学的进步为我们提供了这个问题的可能解决方案。

本书展现了一些美国前沿专家关于如何应用数据科学定量理解法律服务的工作。数据驱动律师应该为委托人提供更好、更完整的服务，允许创新的律师事务所为委托人创造新型法律服务。数据驱动的法律应该产生一套风险更小、成本更低、正义更强的司法系统。

正如本书中文版的译者周蔚所指出的那样，数据驱动的法律带来了更好的法律职业前景。在20世纪初，医学专业变得更加科学，使用科学的方法、测试和测量可以更好地理解疾病的原因和治疗。医务工作并没有变成精算事务，而是成为一种更受尊重的职业。法律人正处于类似的变化中，他们利用数据科学技术更好地了解法律风险的原因，以及什么处理方法对帮助客户最有效。然而，直到今天，我们仍然需要树立这样的观念，书中的优秀作者们提供的解决方案有可能给法律行业带来变化。本书旨在成为法律专家的指南，为委托人提供更好、更专业的法律服务实践。

我要感谢中国政法大学的周蔚老师及其学生团队，以及知识产权出版社的责任编辑将此书带给中国的读者。书中文章的作者们激励了我和其他许多人，我很高兴与中国的新读者们分享他们的智慧。同时，我也希望我们能共同打造一个更加公正和数据驱动的法律职业群体。

埃德·沃尔特斯
2023年9月10日
于美国华盛顿哥伦比亚特区

译　序

以人工智能、大数据、区块链、云计算为代表的数据驱动技术日益与法律实践相结合，形成了法律科技的产学研体系。法律科技，即 LawTech（Law Technology），通常是指那些提升法律服务与司法管理效率和体验的 IT 技术、系统平台和服务。① 随着当前法律人工智能已经进入了"生成式"人工智能阶段，法律人与法律人工智能系统协同日益融合成为"人机系统"以开展法律服务与司法管理，且已经具有法律职业以往运用法律科技开展法律服务时所不具有的新特征。当前，法律职业越来越多地依靠法律科技系统进行法律检索、大数据分析预测、合规审查等专业性较强的法律工作的成果交付。② 在法律服务机构运营管理层面，法律职业更多地运用数据驱动技术开展项目管理、运营数据分析、知识管理、在线法律服务，等等。这些新的法律实践方式是法律技术与信息技术的深度结合，其核心技术特征便是数据驱动法律实践。

数据驱动，又称数据驱动决策（Data-Driven Decision Making），近年来随着法律大数据、法律人工智能以及智慧司法的快速发展，数据驱动法律（Data-Driven Law）开始进入法学研究与法律实务领域，律师作为数量最多的法律职业群体，在以往的法律服务中主要运用经验、直觉甚至偏见，并结合法律逻辑思维驱动决策，随着数据驱动的新兴技术发展，律师职业已经尝试在提供法律服务的过程中运用数据分析方法，在涉及法律事项决策过程中主要依赖于数据分析和解释，而非仅依赖于直觉和个人经验。因此，作为法

---

① 马群：《全球法律科技行业蓝皮书》，法律出版社2023年版，第3页。
② 同上注。

律职业发展的理念之一的法律技术性，在法律科技的快速发展引领下，得以进一步快速发展并延续，法律职业作为"学识性行业"的社会职业身份，③随着数字经济时代的到来和法律职业从业者的快速增加，法律职业主义向技术性职业主义转变的倾向日益明显。

数据驱动法律的相关法律科技运用日益成为法律职业能力的重要组成部分。以律师职业为例，早期的律师称职义务集中在律师的法律知识、律师代表客户的能力上，然而，技术的发展使这种称职义务的解释变得过时。为了应对技术对法律的影响，2009年美国律师协会主席任命道德委员会进行研究，以确定《律师职业行为示范规则》（以下简称《示范规则》）要怎么调整才能适当地反映法律实践中对技术的更多使用，以帮助律师事务所在计算机、技术和互联网的时代与时俱进。经过三年的研究，美国律师协会接受了对《示范规则》1.1注释［8］的修订。随后，2012年美国律师协会修订《示范规则》。规定律师的称职义务（能力义务）还包括律师应当与法律及其实践做出的变化，包括相关技术的益处和风险。美国律师协会增加技术称职义务是为了提醒律师：合格的法律服务还包括跟上技术发展的步伐。

迄今为止，美国已有31个州采用了技术称职义务，在这31个州中，有25个州采用了《示范规则》的表述。例如，纽约州规定，律师应该及时了解与向客户提供服务、存储或传输机密信息时所用技术的相关利益和风险。科罗拉多州规定，为了保持必要的知识和技能，律师应及时了解法律、实践，以及通信和其他相关技术的变化。此外，科罗拉多州还交叉引用了保密规则，提醒律师注意新技术对通信隐私和信息存储模式的影响。西弗吉尼亚州将规定中的"律师应该与时俱进"改为"律师必须与时俱进"，向律师发出更强的称职义务信号。佛罗里达州规定，合格的代理可能涉及保留在相关领域具有一定技术能力的非律师顾问，保护电子传输和通信的任何机密信息。额外规定可能还需要第三方援助以充分满足客户的技术需求。除此之外，佛罗里达州还要求强制性的相关技术学分，以确保律师遵守新的规则。

由此可见，数据驱动法律技术已经进入法律职业能力要求范围，律师在

---

③ 李学尧：《法律职业主义》，中国政法大学出版社2006年版，第10—11页。

涉及数据驱动技术应用时需要取得委托人的信任。换言之，律师职业在应用数据驱动法律相关技术的称职性体现在两个方面：第一，数据驱动法律是在多大程度上建立在数据科学方法的基础之上，从而使其具有准确分析和预测的方法论基础；第二，法律职业在运用数据驱动的相关技术时，是否有能力或规范的操作程序以避免不准确的数据产生错误和偏见，以及数据运用质效标准确保法律职业对数据给出合理解读。因此，对律师而言，委托人对于法律职业运用数据驱动技术的称职性信任，不仅取决于数据材料及其分析方法，还取决于数据驱动技术在法律实践中的适当运用。

然而，在世界范围的法律实践中，对于法律职业运用数据驱动法律的活动，往往忽略了法律人的行为与信息系统如何融合的问题。关于数据驱动法律对法律职业影响进行的讨论，中国学界在"智慧司法""司法裁判人工智能""刑事司法人工智能""算法的法律规制""算法解释权""法律智能系统"等标题下已逐步展开。④ 相关观点大体上可以分为两个方向：一是数据驱动法律规制。法律职业在利用数据驱动法律的实践中如何应对挑战，如何构建数据驱动法律活动的法律职业行为规制路径，从而更好地规范诸如人工智能、算法等新技术在法律实践中的运用。二是数据驱动治理。通过法律职业更深入地参与数据驱动法律信息系统建设，以法律信息系统合理架构为方向，主张系统层面利用信息资源开展法律服务与司法管理。⑤ 两个方向的初衷都是为了数据驱动技术在法律实践中发挥作用，但是，不论是规制进路，还是技术治理进路，都离不开法律人的支持与参与。几乎所有的信息系统项目失败或者生命周期过短都是人为因素导致的。在信息系统的理论中，人有人的作用、系统有系统的作用，在数据驱动法律的应用中，当前研究把绝大

---

④ 范明志：《智慧司法的基本逻辑——数字技术与司法如何对应》，载《法学论坛》2023年第3期；吴习彧：《司法裁判人工智能化的可能性及问题》，载《浙江社会科学》2017年第4期；郭春镇、黄思晗：《刑事司法人工智能信任及其构建》，载《吉林大学社会科学学报》2023年第2期；丁晓东：《论算法的法律规制》，载《中国社会科学》2020年第12期；丁晓东：《基于信任的自动化决策：算法解释权的原理反思与制度重构》，载《中国法学》2022年第1期；魏斌：《论新一代法律智能系统的融合性道路》，载《法学论坛》2023年第3期。

⑤ 许建峰、孙福辉、陈奇伟等：《我国智慧法院系统工程的模式框架和创新实践》，载《中国工程科学》2022年第4期。

部分精力放在了法律信息系统的规制和治理上,而忽视了作为数据驱动法律的应用主体的法律职业,忽视了法律科技的人本属性。如果法律职业不能就数据驱动法律技术运用趋势做出改变和调整,通过职业或者技术标准的遵守来规范法律职业,我们将盲目地对数据驱动法律产生崇拜,计算法学、数据法学的交叉学科应用产生的科学光芒将阻却法律职业理应具备的批判性思考,在数据科学的单一名片下会妨碍法律人对数据理解、评估的能力和意愿。

数据驱动法律的数字社会发展,推动了法律职业技术称职义务的遵守。当前,社会正在超越信息时代,进入算法社会。社会越来越依赖对大数据进行分类的算法,如提供音乐欣赏偏好、购物偏好、贷款申请信息和医疗诊断信息,等等。算法提高了生产效率,但我们有时需要付出一定代价。今天使用的数字模型是不受监管的,即使它们是错误的,却仍是不可置疑的。就像信息时代中期的互联网作为背景工具一样,算法现在也在后台工作。算法解析大量数据并推荐人们进行重要的行动。然而,由于算法的性质特殊,其很少受到监督。一些人呼吁制定"算法社会合同",即通过各种人类利益相关者之间的合同,建立一个监管人工智能和算法系统的框架。法律职业技术称职行为规则是法律职业人员及其执业机构在职业活动中应当遵守的行为规范的总称。以律师职业为例,随着律师在日常法律实践中越来越依赖算法,法律行业要采取积极的措施,确保有能力使用算法并控制风险。法律职业竞相利用技术做到更好、更快的时候,也不能忘记法律效果最终都由人类承受。并且,不能忽视律师能力不足的危险。进入算法时代,律师要为算法在法律实践中的应用所带来的各种情况做好准备。

法律活动的各项职业如果要作为一种职业存在,离不开行为规则的调整。法律职业总体上需要三项条件:一是所在行业提供的服务具有专业性,通常难以被一般人掌握和控制;二是所在行业具有独立性或客观性;三是行业具有公共属性,其存在和服务是社会的需要。在历史上,法律、医学被视为传统职业的代表。随着数据驱动法律技术的发展,法律职业在原有称职义务的基础上拓展出了新的技术称职义务。首先,数据驱动法律在法律职业中涉及诸多数据科学的问题,而传统法律职业缺乏数据科学的教育和职业训练,通过数据驱动法律的工作,越来越多的法律人将数据驱动法律运用于知识管理、组织运营、人力资源管理、证据管理等业务方向。其次，数据驱动的法律服务和司法管理以数据科学和信息技术作为原则和出发点，强调数据的客观真实，能够在恰当的时间将恰当的信息为有需要的用户提供业务决策支持，使求真务实的科学精神依然得以遵循。最后，现代诉讼活动、司法管理和法律服务中涉及的数据分析问题越来越多，甚至催生了法律大数据的相关学科和应用。如果没有法治信息管理技术的保障，当下法律服务和司法管理体系将难以应对越来越多和越来越繁杂的法律事务。

数据驱动法律具有法律职业的特征，这些特征演化出技术称职义务的要求。例如，数据驱动法律服务的专业性，使缺乏数据分析技能的委托人或同行难以监督数据驱动法律的专业活动，因而产生了自我治理的必要性。数据驱动司法管理的独立性，要求信息技术和法律协同治理的形式，保障司法管理独立且不受干扰。此外，在数据驱动法律的自治和规制之下，还需要设计新型法律职业道德的重要形式的技术称职义务规则。

针对法律职业技术称职义务规则的内容而言，可以从以下两个维度加以说明。第一，从法律职业技术称职义务规则调整的内容来看，法律职业在使用数据驱动技术时，应当从三个方面进行选择：一是熟悉该技术；二是咨询或委托熟悉该技术的人；三是拒绝代表客户。以电子案情先悉的应用场景为例，美国《示范规则》1.1 注释 [8] 指所有与技术相关的利益和风险。同样地，有能力的律师面对不熟悉的算法时可以通过寻找模式熟悉算法，比如有偏见的结果或案例。如果律师不确信结果的合法性或合理性，可以咨询或者委托可以确定结果的人。

第二，从法律职业行为规则的技术称职义务的依据来看，既包含数据科学性的要求，又包含法律的要求。可以说，数据驱动法律是科技与法律的交汇之处，因此，为法律职业设定技术称职义务规则既要考虑数据科学的理论和规律，又要反映法律的要求。以律师为例，律师应用数据驱动法律技术服务委托人，信息是律师代理的基础。律师部分依靠先例识别法律，并为委托人提供辩护或代理。现在，信息检索依靠算法提供相关结果，可以更加便捷地获取相关信息的结果，提高服务效率。然而，正是因为这一切发生得迅速且看似有效，诱使律师可能盲目地依赖算法提供的结果。律师职业新技术应用能力，既包括对于信息系统的认知形成的专业判断，又包括通过社会规则、法律规则筛选后，对数据分析结果的选择运用。因此，对于律师在数据驱动法律中的合格代理，技术称职义务要求律师与法律及其实践变化，包括与相关技术的利益和风险并进。虽然法律中算法的使用未被正式解释，但律师应当了解与使用算法相关的利益和风险，以确保合格的代理。

然而，在数据驱动法律的发展过程中，数据科学的要求和法律的要求时常不一致。与数据科学的精确、可重复、数据可视化方法多样性不同的是，法律职业行为规则或法律难以为探寻客观真理而开展无限的程序，而要在资源有限、时间有限的条件下对法律事项给予终局性解决。数据驱动的科学精神与法律活动的应有之义之间存在不同的价值取向，法律活动有自身特有的价值判断，隐私保护、个人人身自由及平等保护都是法律活动追求的价值目标。因此，技术称职义务规则还需平衡数据驱动的科学精神与法治精神的关系，确保数据科学和技术必须符合可靠性要求，确保法律职业能够化解数据科学要求与法律之间的冲突。

综上所述，法律职业运用数据驱动法律的活动离不开法律职业伦理的要求，律师职业技术称职义务规则作为法律职业运用数据驱动技术的程序要求载体，是职业行为标准的表达机制，在补充、完善法律要求方面发挥着重要作用。此外，与数据驱动法律技术称职性规则相适配的惩戒机制相联系，方能为职业惩戒提供依据。惩戒机制的存在将强化法律职业对于数据驱动法律技术应用的规范性，确保技术称职义务得到遵守。惩戒机制的存在，对于新型法律职业纳入法律职业共同体具有重要意义，对于法律职业责任的认同感也具有重要意义。

从当前国内外相关研究来看，关于法律职业运用数据驱动技术行为规则方面的文献仍不丰富，但法律职业行为规则作为法律职业运用数据技术的质量控制制度的重要组成部分，其重要性已经引起世界范围的重视。埃德·沃尔特斯（Ed Walters）先生是数据驱动法律领域的创新实践者，对于未来新的法律职业，特别是律师职业如何与数据驱动技术相结合进行了深入思考，并在书中具体案例的背景下进行了分析与探讨。沃尔特斯先生热心学术公益，在乔治城大学法学院担任兼职教授讲授"机器人法"，并组织了美国的数据驱动法律的学术界、产业界专家联合编著了本书。正因如此，本书除具有域外经验的介绍和理论分析之外，还具有法律实践的参考价值，反映了美国法律科技的最新进展，颇具可读性。

我希望这本译著能为关注数据驱动法律作为法律服务和司法管理工具的理论与实务工作者提供一些思想火花。

本书是教育部人文社科基金青年项目"新时代律师职业伦理危机防范机制研究"（项目号：22YJC820054）以及中国政法大学科研创新项目"裁判文书大数据在案件事实认定中影响机制研究"（项目号：21ZFQ82005）的研究成果之一。本书出版过程中，知识产权出版社杨帆老师进行了细心的编辑加工，并为本书提出了很多宝贵的修改意见，才使本书能够更丰富地呈现给各位读者。此外，我还要感谢我在中国政法大学指导的学生们，法学院硕士研究生武才媛和法治信息管理学院本科生韩林睿、刘昱祺、李昱霖，他们与我在翻译的过程中进行了大量的有益讨论，在教学研讨中增进了对相关专业问题的理解，实现了教学相长；并且，证据科学研究院硕士研究生陈子文、法学院硕士研究生杨惠蕊在本书的翻译初期进行了资料收集工作，对此我同样表示感谢。

周 蔚

2022年10月于北京

编著者

埃德·沃尔特斯（Ed Walters）是位于美国华盛顿哥伦比亚特区的法律出版公司 Fastcase 的首席执行官，他在乔治城大学法律中心（Georgetown University Law Center）和康奈尔大学法律科技研究中心（Cornell Tech）兼职教授"机器人法"。在创建 Fastcase 之前，他曾在华盛顿和布鲁塞尔的 Covington & Burling 律师事务所工作，并于1991—1993年就职于白宫媒体事务办公室和总统演讲稿办公室。

贡献者

大卫·科拉鲁索（David Colarusso） 担任萨福克大学法学院法律创新和技术实验室的主任。作为一名律师和教育工作者，他曾担任公设辩护人、数据科学家、软件工程师以及高中物理教师。他是律师编程语言 QnA Markup 的作者、备受赞誉的律界程序员、美国律师协会跨界创新者（ABA Legal Rebel）以及 Fastcase 50 的荣誉获得者。

戈登·科马克（Gordon Cormack） 是加拿大滑铁卢大学大卫·R. 切瑞顿计算机科学学院（David R. Cheriton School of Computer Science at the University of Waterloo）教授。他是美国国家标准与技术研究院文本检索会议的程序委员会委员，曾担任"TREC 垃圾邮件、法律和总召回追踪会议"的协调人，是《信息检索：实现和评价搜索引擎》（麻省理工学院出版社，2010 年版和 2016 年版）的共同作者以及 100 多篇学术文章的合作者。

拉胡尔·多西亚（Rahul Dodhia） 在哥伦比亚大学接受了认知科学和统计学的学术训练，曾在美国航空航天局（NASA）工作三年，之后加入了科技产业界，并在初创企业和巨头公司（如亚马逊和微软）担任过数据科学家。

亚伦·克鲁斯（Aaron Crews） 担任利特勒·门德尔松律师事务所的首席数据分析官，负责管理、运作利特勒·门德尔松律师事务所的数据分析业务，架构的技术解决方案为公司客户提供了价值，并使用数据分析工具来提高流程效率。他曾在人工智能开发商 TextIQ 公司担任总法律顾问和战略副总裁，并在沃尔玛担任高级副总法律顾问和全球电子取证主管。

肯尼斯·A. 格雷迪（Kenneth A. Grady） 是密歇根州立大学法学院的兼职教授，专注于提升接近正义和改善法律规则的应用。他在制定法律和提供法律服务新模式中采用了从流程到人工智能等各种改进工具。他曾担任SeyfarthLean咨询公司的首席执行官和塞法斯·肖律师事务所（Seyfarth Shaw LLP）的高效法律服务倡导者（Lean Law Evangelist）。他以上述律所和咨询公司为平台与世界各地的组织合作，为总法律顾问和内部法律部门提供创新战略支持。

毛拉·R. 格罗斯曼（Maura R. Grossman），法律博士、哲学博士，是加拿大滑铁卢大学大卫·R. 切瑞顿计算机科学学院的研究员，也是纽约毛拉·格罗斯曼法律事务所（Maura Grossman Law）的负责人。她也是奥斯古德·霍尔法学院和乔治城大学法律中心的兼职教授。在此之前，她担任Wachtell，Lipton，Rosen and Katz律师事务所的特约律师，在技术辅助审查工作方面颇具影响力。

威廉·D. 亨德森（William D. Henderson）是印第安纳大学摩利尔法学院的教授，他曾担任米尔特和朱迪·斯图尔特全球法律职业中心（Milt and Judi Stewart Center on the Global Legal Profession）的创始主任。他是法学院学生参与度调查的研究人员，也是Lawyer Metrics咨询公司的负责人。该公司使用基于证据的方法来协助公司识别、选择和发展世界级律师。

库马尔·贾亚苏里亚（Kumar Jayasuriya），最近担任贝克·唐纳森律师事务所（law firm of Baker, Donelson）的知识管理律师。在从事法律工作后，他参与顶级法学院的图书馆和数字档案管理服务，包括得克萨斯大学和乔治城大学法学院。作为一名律师，他善于通过技术战略部署来管理数据分析项目。

妮卡·卡比里（Nika Kabiri）是一位消费者洞察力专家，在社会科学和商业相关研究方面具有15年的丰富经验。她目前是Radius全球研究公司的副总裁。在此之前，她在Avvo公司担任战略洞察力总监，也曾是益普索营销公司（Ipsos Marketing）的常务董事。她在华盛顿大学获得了社会学硕士学位和博士学位；在莱斯大学获得了政治学学士学位；并在得克萨斯大学法学院获得法律博士学位（JD）。

金斯利·马丁（Kingsley Martin）一直处于法律实践中技术创新的最前沿。他在法律实务、软件设计和开发、战略和管理方面有30年的丰富经验，曾担任柯克兰德和艾利斯律师事务所（Kirkland & Ellis）的首席信息官，在汤姆森·韦斯特公司（Thomson West），即现在的"汤森路透"（Thomson Reuters）担任West KM产品的高级主管。他被美国律师协会视为法律叛逆者（ABA Legal Rebel），也是Fastcase 50的成员；他还被《法律技术新闻》（*Law Technology News*）称为创新者（该杂志是全国性法律杂志的开拓先锋）。

埃德·萨拉萨德（Ed Sarausad） 在过去的20多年时间里，一直在美国、亚洲和欧洲建立技术产品和业务，曾在GoDaddy、Avvo、微软、IBM和众多创业公司工作。他对数据和人工智能为世界各地的独立企业主和消费者带来的变革充满热情，拥有华盛顿大学量化营销专业MBA学位与信息系统和国际商务的学士学位，并能流利地使用日语。

史蒂芬·沃尔夫勒姆（Stephen Wolfram） 是Mathematica、WolframAlpha和Wolfram语言的开创者，《一种新的科学》的作者，以及Wolfram Research公司的创始人兼首席执行官。在近40年的时间里，他一直是发展计算思维和应用的先驱——在科学、技术和商业领域的许多发现、发明和创新贡献颇多。

译 者

周蔚，法学博士后、逻辑学博士（法律人工智能方向），中国政法大学法学院法律职业伦理专业硕士生导师，仲裁研究院研究员，法治信息管理学院讲师（教学科研型）。2007年在武汉大学获得管理学学士学位、法学学士学位，2013年在中山大学通过硕博连读获得哲学博士学位，2019年从中国政法大学法学博士后流动站出站留校任教。美国西北大学法学院访问学者（2012年）、美国哥伦比亚大学法学院爱德华兹访问学者（2017年）。现担任北京律师法学研究会会员、国际论证研究会（ISSA）会员、国际人工智能与法律协会（IAAIL）会员、中国人工智能学会（CAAI）会员、多家仲裁机构仲裁员、多家商事调解机构调解员。对法律职业伦理、法律服务与司法管理技术、法治信息管理、在线争议解决领域具有浓厚的学术兴趣。

目 录

第一章 引言：律师事务所的数据分析
——将数据用于更智能的法律服务　　1

一、小数据带来大洞察 　　3
二、数据驱动的法律市场营销 　　3
三、使用数据提供更高质量支持 　　5
四、利用数据更好地管理一家律师事务所 　　9
五、结论 　　12

第二章 挖掘法律数据：采集与分析21世纪的"黄金"　　14

一、复杂性、竞争性和经验性 　　15
二、法律服务的复杂性 　　16
三、法律服务的竞争性 　　18
四、作为非完整数据的经验性 　　19
五、从黄金到数据 　　22
六、法律数据挖掘 　　25
七、数据管理计划 　　27
八、数据的可移动性 　　33
九、文本数据的价值 　　34
十、新的法律数据挑战 　　36
十一、结论 　　38

第三章　解构合同：合同分析和合同标准　　39

一、引论 ……………………………………………………… 39
二、技术能否完成人的工作 …………………………………… 40
三、理论 ……………………………………………………… 43
四、合同分析 ………………………………………………… 45
五、合同标准——模块化、标准化和简化 …………………… 56
六、结论：合同的未来 ……………………………………… 62

第四章　人事聘用方面的大动作
　　　　　——大数据　　64

一、大数据及其在职场中的潜在用途简介 …………………… 64
二、职场中大数据和人工智能的时代到来 …………………… 66
三、在招聘和选拔过程中收集并使用大数据 ………………… 70
四、大数据在绩效管理和工作纪律中的应用 ………………… 84
五、大数据时代的诉讼 ……………………………………… 100

第五章　计算法律、符号话语和人工智能宪法　　108

一、莱布尼茨的梦想 ………………………………………… 109
二、一种新语言 ……………………………………………… 110
三、话语工作流 ……………………………………………… 113
四、代码与语言 ……………………………………………… 115
五、为什么是现在 …………………………………………… 117
六、部分历史 ………………………………………………… 117
七、将合同转化为代码 ……………………………………… 120
八、输入的信息从何而来 …………………………………… 121
九、智能合同 ………………………………………………… 123
十、撰写计算合同 …………………………………………… 125

十一、计算合同的世界 ·········· 126

十二、这对人工智能意味着什么 ·········· 127

十三、这个世界的原则 ·········· 130

十四、使之成为现实 ·········· 133

第六章　量化成功：使用数据科学衡量电子案情先悉中技术辅助审查的准确性　**135**

一、技术辅助审查和度量的作用 ·········· 135

二、审查目标 ·········· 137

三、审查方法 ·········· 138

四、衡量成功 ·········· 144

五、研究结果 ·········· 147

六、未来 ·········· 161

第七章　量化法律服务质量：来自 Avvo 网站的数据科学课程　**163**

一、法律中的数据来源 ·········· 164

二、使用数据评估律师执业质量 ·········· 168

三、使用数据来确定谁需要法律帮助但却未得到 ·········· 176

四、结论 ·········· 182

第八章　用大数据揭露大偏差：线性回归导论　**184**

一、"大"数据 ·········· 185

二、数据的整理和探索 ·········· 187

三、创建模型 ·········· 188

四、寻找特征 ·········· 189

五、最佳拟合线（回归分析） ·········· 190

六、对数值 ·········· 192

七、曲线（拟合多项式） ·· 193

八、统计学显著性 ·· 194

九、多维度分析 ·· 195

十、发现 ·· 197

十一、警示语 ·· 200

第九章 律师事务所的数据挖掘：利用内部专业知识推动决策　　202

一、大数据 ·· 203

二、赋予法律实务以价值 ·· 203

三、数据驱动的战略 ·· 204

四、数据团队 ·· 206

五、战略目标数据 ·· 206

六、发现内部专长 ·· 207

七、扩展服务：利用大数据进行创新 ······································ 210

八、结论 ·· 211

第十章 内部创新能解决创新者的困境吗
——以律师事务所为例　　212

一、来自律师事务所内部的问题陈述 ······································ 214

二、来自委托人的问题陈述 ·· 216

三、乔希·库比奇：律师事务所内部的企业家精神 ·························· 218

四、埃里克·伍德：让技术革新者成为合伙人 ······························ 220

五、吉姆·贝克特的商业思维 ·· 223

六、结论 ·· 224

索　引　　226

第一章

引言：律师事务所的数据分析
——将数据用于更智能的法律服务

埃德·沃尔特斯

目次

一、小数据带来大洞察

二、数据驱动的法律市场营销

三、使用数据提供更高质量支持

四、利用数据更好地管理一家律师事务所

五、结论

法律服务的精髓是帮助委托人理解和管控法律风险。然而，当委托人向律师询问一些重要的问题时，律师通常根据有限的专业知识和经验做出推测，这通常被法律从业者称为专业判断。但在其他行业，这些判断会被称为预测，因其是在没有数据支持的情况下形成的意见。

委托人会向他们的律师询问一些重要的问题，如他们赢得监护权的概率有多大，他们的公司有多少法律风险，他们应该拨出多少经费应对诉讼，某项条款对市场的影响如何，他们是否应该接受合同，或者某项条款是否为合同中的标准条款。对于委托人而言，这些重要问题事关自己的家庭、商业关系或整个公司的经营发展。

委托人所关心的重要问题的答案都蕴含在数据之中，然而律师却没有这些数据。

律师对上述重要问题的回答不仅凭借预感，而且在很大程度上律师甚至并没有给委托人提供正确的答案。例如,"我的案子价值几何",这样的问题,难以直接用数字来回答,就应当用类案结论的统计分布来展现。再如,"争议解决中的价格条件如何提供",不应当用单一数字来简要回答,而应当通过以往案件解决方案的信息、案件审理的成本以及案件取胜的可能性综合判断,基于概率做出决策。

以上问题对于家庭或企业机构都非常具有挑战性。在可能的场景,特别是在商业活动中,委托人倾向于用数据来回答这些问题。例如,公司对可识别和可跟踪的关键绩效指标投资,确保经理层管理者负责制定财务预算。再如,个人委托人通过健康追踪设备追踪自身的身体健康状态或者设定运动目标。对委托人来说,数据是日常生活的一部分。然而,法律问题并不符合委托人工作生活所形成的认知。

因此,对于日益精通数据的委托人而言,律师难以根据非正式来源的个人经验或观察给出"视具体情况而定"的方案。委托人要求律师为他们所提出的理由、依据进行辩护,而不能再用一套有限的战争故事予以搪塞。有经验的律师做出的深思熟虑的判断对委托人无疑是有价值的,但总的来说,委托人更愿意得到经验丰富的律师经过深思熟虑的判断,并获得回答他们问题所需的最相关的信息。

对于接受金融行业客户委托的律师而言,采用数据驱动的方法(data - driven approach)提供法律服务可能是一个挑战,特别是位于金融中心的大型律师事务所。然而律师行业与金融行业有所不同,小型律师事务所的律师处理的金融业务量更多,这些法律事务往往与金融机构利害相关。根据"法律实施研究院"(Legal Executive Institute)的调研,小型律师事务所在总体法律服务市场中占据更高比例的营收份额。拥有超过175名律师的大型律师事务所年营收为950亿美元。这虽然是一个惊人的数字,然而,律师人数少于29人的小型律师事务所年营收却高达1080亿美元。因此,无论是何种类型的律师事务所(包括大型律师事务所和小型律师事务所),都有机会利用数据提供更高质量的法律服务。

一、小数据带来大洞察

是什么让小型律师事务所的管理者夜不能寐？从个人法律执业者到精品所的管理合伙人，答案不会是法律技术或法律人工智能，尽管这两个话题都备受关注。

管理者更倾向于关注其律师事务所的日常运营问题。根据汤森路透的《2016 年美国小型律师事务所状况研究》（2016 State of U. S. Small Law Firms Study），小型律师事务所最关心的三个问题是：

（1）获得新委托人和新业务；

（2）委托人希望用更少的成本获得更多的法律服务；

（3）在行政管理事务上浪费太多时间。

尽管这些问题对许多律师事务所构成了挑战，但律师们可以开始使用小型、相对不贵的信息系统来处理上述问题。法律服务从业者不需处理"艾字节"（exabytes）量级的账单数据，也不需要运行 IBM 沃森文档的云开发工具（IBM Watson Developer Cloud）。尽管通常数据越多越有利于决策，但大多数律师事务所面临的挑战是寻找新业务方向、提供更好的法律服务以及提升管理效率，这些挑战是"小数据"（small data）管理可以解决的问题。

二、数据驱动的法律市场营销

法律服务营销（为律师事务所寻找新业务）是律师事务所面临的最棘手的挑战之一。在过去的几年里，律师可能会从黄页广告、非正式网络或共同体广告中找到新的客户。然而，即使在最好的情况下，这些形式的广告也需要投入，而且其回报难以预估，几乎无法衡量。

呼叫中心、赞助搜索、平面广告、电视广告以及社交媒体可能是寻找新客户的有效营销方式，但没有数据，很难知道哪些方法是最有效的。法律市场营销经理可能会赞同一句古老格言："我知道花在广告上的钱有一半被浪费了，但我不知道是哪一半。"基于律师个人经验的新业务探索将导致浪费性投资（或者更糟，如浪费且投资不足）。

广告有两个方面的问题：一是过度包容（涉及范围过广）；二是不够包

容（涉及范围过窄）。广告过度包容，是由于广告接触的受众数量远超所需接触目标潜在委托人（所需要的）数量。广告不够包容，往往是因为没有接触足够多的目标潜在委托人。任何形式的广告都是昂贵且低效的，因为广告渠道本身昂贵。要是没有仔细的目标定位和跟踪，很容易在不知道它是否真正推动新业务的情况下浪费很多钱。

数据应该告诉律师事务所哪些广告有效。验证方法很简单，只要询问所有的新客户他们是怎么知道这家律师事务所的。另外，律师事务所已经开始从消费者营销中获取线索，使用营销自动化工具、提供针对性的折扣代码券以及客户关系管理（Customer Relationship Management，CRM）工具。

位于华盛顿哥伦比亚特区的普莱斯·贝诺维茨律师事务所的执行合伙人塞思·普莱斯（Seth Price）表示，他的律师事务所使用销售队伍作为客户关系管理系统来追踪潜在委托人，针对主要委托人案件来源，以在最有效的地方实现广告效果最大化。他认为"通过销售队伍我们可以生成和导出各种各样的报告支持决策，帮助我们决定如何分配资源"。客户关系管理系统可以帮助确定哪些广告活动在推动新业务方面最有效，并衡量营销费用的投资回报情况，甚至可以确定哪些法律业务和委托人给律师事务所带来利润。

寻找新客户的挑战不仅是增加收入，还包括识别哪些委托人能带来最大收益。要想弄清楚哪些客户为公司创造了最赚钱的业务，就需要将不同客户、不同执业领域甚至不同律师的收入和支出联系起来并展现在公司的计费系统中。对律师事务所而言，增加收入当然很好，只要为此增加的成本不大，且该项工作不会排除创造更多营收的委托人。然而，这些管理挑战只能设法通过数据解决。

埃里克·马佐内（Erik Mazzone）是北卡罗来纳州律师协会会员体验部门的高级主管，但在担任该职务之前，他作为该协会的执业管理顾问为律师会员提供咨询。埃里克·马佐内建议，电话和咨询是收集营销有效性数据的良好途径。"律师应该知道咨询来自哪里，是公司的网站、其他律师的推荐还是广告。并且他们还应该追踪有多少此类咨询成功转化为服务委托。"

埃里克·马佐内提出，律师可以追踪所有的利润和收入来源，而且他们可以在没有软件帮助下做到这一点（尽管他认为律师使用执业管理软件是进行追踪的最简单方法）。

三、使用数据提供更高质量支持

除了寻找新业务的压力，律师事务所还发现，委托人希望以更低、更可预测的费用获得更多的服务和更好的成果。当公司法务经理利用技术在机构内部取得更多成就，并开始从外部律师那里获得更多工作时，律师事务所就有了更大的压力交付工作成果、理解自身的成本并控制对外价格。

委托人不仅寻求更低的价格，他们还希望律师对问题有更深入的了解并获得更好的结果。委托人，包括个体委托人，都是根据数据做出更多的决策。企业从鼠标点击开始就衡量投资回报，使用A/B测试来衡量正确的信息、时间、受众和广告信息的图像并分析数据，以做出良好的业务决策。他们利用分析来最大化投资和购买力，并做出招聘决策。企业通过管理库存以降低仓库成本，并在可能的情况下保持及时供应物流。商业活动中对顾客画像，而当需要聘请员工时，使用关于最佳员工特征的复杂数据来进行甄别。

对于商业经验丰富的委托人来说，目前唯一不能基于购买法律服务缺乏数据的量化评估的服务就是法律服务，不是因为不想，而是因为当前做不到。

如今，法律服务委托人已经开始着手解决现状。根据BTI咨询公司（www.bticonsulting.com）预测，在2016年，商业机构将价值40亿美元的法律工作交由公司内部法律顾问完成。由于公司法律顾问拥有自动化法律工作流程，而且在很多情况下，他们还拥有深层次的公司内部信息，因而他们选择自己提供更多的法律服务，以取代聘请外部律师事务所。当公司内部法务经理可以使用律师事务所使用的相同法律数据库和电子案情先悉（e-discovery）工具时，他们发现所得到的法律服务成果更具确定性和风险可控性。概言之，已经到了让律师事务所像委托人那样严格地处理法律事务的时候了，否则就要做好准备，让委托人将来自己处理法律事务。

数据分析将不再仅适用于拥有数据科学家雇员、复杂的知识管理系统、营销经理和提案撰写人的大型律师事务所。律师事务所可能会认为，只有商业经验最丰富的委托人才会希望他们的律师事务所能够基于数据做出决策。这在过去可能是正确的，但现在已经不是正确的了。

即便是个人委托人也在运用数据做出决策。例如，Mint①的服务量增长是由于个人用户增加而非公司用户，Mint将支票、信用卡、抵押贷款、储蓄、投资和账单支付等不同的金融账户整合到统一的应用面板，为个人用户提供更好的资产管理服务。此外，人们使用Fitbit或Apple Watch等健身追踪器追踪自己的健身目标。由此可见，小公司和个人使用数据的情况比以往任何时候都要多，他们希望自己的律师事务所也能如此。

此外，Avvo、LegalZoom与TurboTax等以消费者为中心的法律服务（consumer-focused legal services）也更容易获得。这些服务通过文件自动化和专家系统使许多法律服务、税务服务商品化，而且由于有风险投资的支持，所以它们通常在消费者营销方面具有规模优势。这意味着商品化的法律服务每年都能接触到更多的客户。

对于高度定制化的法律工作，只有律师事务所（以及只有特定的律师事务所）能够胜任。但对于绝大多数法律服务，客户可能很少关心是哪家律师事务所提供的服务。正如乔丹·弗朗（Jordan Furlong）在他本人的著作中所指出的那样，法律是一个买方市场，许多类型的法律工作正变得越来越商品化。这意味着，律师事务所不会在服务之间、同行专业人士之间或软件服务方面展现出独特的优势。这种商品化肯定会进一步侵蚀法律服务的价格，特别是在计费时数方面。

法律服务商品化定价并不意味着法律工作的价格必须趋向0，但它确实意味着最成功的律师将不得不另寻他法来区分法律服务。一个简单的方法是采取法律服务固定收费模式——也许不是应用于所有类型的工作，但至少是可预测的、商品化的法律工作。然而，固定律师费将法律工作的风险从委托人转移到律师事务所。随着市场竞争日益激烈，委托人将更频繁地采用固定收费委托。在这种环境下，坚持按小时计费的律师事务所竞争力将会下降。

提供固定费用工作的最大挑战之一，是律师和律师事务所完全不知道他们服务的成本是多少。他们不知道成本的分布、平均值或中位数，也不知道

---

① 见mint.com网站介绍，Mint是一站式的理财助手，是一款App——译者注。

哪些因素使成本超出了常态。在接下来的20年里②，律师事务所将面临这样的挑战：要么因为按小时计费导致被委托的法律工作变少，要么因为法律服务定价失误而导致亏损，因为他们对自己为客户提供的工作缺乏财务上的理解。

运用数据可以解决律师事务所采取固定收费模式的问题。律师事务所可以对于法律服务时间、费用成本以及不同类型工作的收费信息进行收集和标准化。即使数据有限，企业也能更好地了解自身所提供的服务。更有经验的律师和律师事务所可以从自身的业务管理或计费系统中获取关于时间和成本的信息。对于新律师或没有执业管理系统的律师，可能不得不从纸质文件或其他来源以不同的方法来收集信息。

人工智能可能会打开一些以前无法触及的数据源。经营多年的律师事务所可能拥有大量的数字和纸质记录，如果能够对这些记录转换、标准化并从中采集元数据，这些信息将会非常有用。如今，这些存在于纸质文件或非结构化账单中的信息并未发挥作用。

然而，从非结构化数据中提取元数据的工具比以往任何时候都要好，它允许律师事务所识别哪些文档与某些事项有关，哪些文档的作者是谁，或者何时处理这些文档。IBM沃森文档的云开发工具套件比任何时候都更容易，并可用于数字化和从旧纸质或数字文件中提取信息，允许公司后期从旧数据中提取见解。

律师执业管理软件（practice management software）和人工智能工具可以帮助律师更好地了解自己的业务。固定费用的定价压力在美国的一些地区更大，在一些实践领域比其他地区更大。数据可以说明哪里的压力最大。每年执业管理软件提供商Clio公司都会编写一份法律趋势报告（legal trends report），该报告匿名并汇总关于律师事务所账单、收费模式以及趋势线走向的信息。

以Clio发布的《2017年法律趋势报告》为例，该报告汇总了律师执业管理软件逾六万名活跃用户的匿名数据，以确定国家和地区趋势。例如，报

---

② 此处指写书年向后的接下来20年——编者注。

告显示，破产律师和公司业务律师的平均收费率最高，而刑事、人身伤害和保险律师的平均收费率最低。

Clio 发布的调查报告还对用户反馈的平均计费时数最高和最低的美国大都市地区进行了排名。其中，纽约市 344 美元、洛杉矶 323 美元、芝加哥 312 美元、迈阿密 310 美元和华盛顿哥伦比亚特区 304 美元分列排名前五。《法律趋势报告》的数据调研可以帮助律师制定更具竞争力的服务计时费率，包括同一律师事务所内部不同业务领域的不同费率计算，以便律师事务所提供有竞争力的法律服务报价。报告中其他方面的数据统计，如特定领域执业团队的季节性数据，以及关于不同执业的固定收费与按小时计费的分布信息，将帮助律师事务所更有效地进行预算编制，并为委托人提供更有竞争力的报价模式。

Clio 发布的法律趋势报告就是一个很好的案例，是律师事务所使用外部数据以更好地理解自身的法律执业行为。但律师也可以收集律师事务所内部的"小数据"，以更好地了解委托人的法律花费和律师事务所的盈利能力。最好的例子是律师事务所财务账单、人员信息和会计信息，其中包括大量关于成本、计时、范围和历史趋势的信息。

最近一个有希望实现的想法是法律任务统一标准——律师、律师事务所、公司法务部和委托人均可使用标准词汇描述所要执行的法律服务。通过使用标准化的任务标识，个人律师事务所可以比较法律服务所需的时间，如根据统一标准起草一份研究备忘录。法律服务标准化让律师事务所能够量化比较不同律师在不同事务上完成同一任务的时间和计费。

由于不同的法律同行统一了任务名称，所以公司法律顾问将有可能首次对各个律师事务所的普通法律任务的平均时间和费用进行基准评估。律师事务所可以利用这些普通法律任务标准审视在相同的法律工作中，哪些地方的表现优于地区平均水平，哪些地方需要改进以获得更大的竞争力。

特别是对于那些雇用了很多外部律师事务所的委托人（如保险公司或大型零售商），通过比较律师事务所的工作服务能力，能够更好地识别哪些律师事务所提供了更好的价值。还有一个额外的好处，即来自其他律师事务所的基准数据将更好地帮助自己为固定收费的法律工作进行定价，降低固定收费下超过预估工作量的风险。此外，公开的或匿名的有关不同法律事务的任务和阶段的信息，将帮助律师事务所更好地理解工作流程和项目管理，并引导本行业中律师事务所的最佳实践。

标准化法律任务标识（standard legal task ID）应由法律行业标准促进会（Standard Advancement for the Legal Industry）开发，该协会是一家致力于开放式标准的团体联盟。法律行业标准联盟（Standards Alliance for the Legal Industry，SALI）的亚当·斯托克（Adam Stock）于2017年4月在斯坦福法律信息学中心未来法会议上首次提出此想法。这一想法有望解决法律服务价值最棘手的问题之一，即在不同律师事务所之间比较类似的法律任务时，每家律师事务所用不同的命名调用类似服务，并对服务进行不同的分类。通过对法律任务赋予开放式任务标识，客户、公司或研究人员得以比较类似任务的努力付出程度，第一次实现了在多家律师事务所和律师之间创设事关法律服务效率的指标。

最终，一套统一的（标准化的）法律任务标识可以创造更多以固定价格提供的法律服务采购，让律师事务所更好地管理法律服务项目，激励律师事务所团队更加高效地工作，以更低的价格提高法律工作总体质量。缺乏统一的法律任务标识和匿名数据是实现上述律师事务所经营管理目标的障碍，通过一套标准化的法律任务标识很可能有助于实现这些目标。

四、利用数据更好地管理一家律师事务所

Clio发布的法律趋势报告中最令人惊讶的一项是，律师的平均收款率为每天计费1.6小时。对于每个工作日的8小时，律师事务所平均提供2.3小时的计费法律工作，为委托人开具1.9小时工作量的发票，但却仅收取了1.6小时的服务费用。收取的服务计费不是法律服务团队实际工作的小时数，而是律师事务所实际收到的计费工作小时账单。值得注意的是，收费账单反映的情况是平均值，即使有许多律师事务所做得更好，但仍有相当数量的律师事务所做得更差——计费时数更少，收款更少。

Clio发布的法律趋势报告清楚地指明了导致上述情况的根本原因。一般律师事务所将48%的非计费时间花在管理任务上，如办公室管理占16%、生

成和发送账单占15%、配置技术占11%和实施收费占6%。此外，律师事务所花在发展法律业务上的非计费时间也同样较多占33%，因此律师事务所平均每天只有少得可怜的2.3小时可用于计费工作时长。正如该报告所指出的，律师事务所平均每天仅对1.6小时的法律服务时长收取服务费解释了以上现象的原因，尽管法律服务每小时平均计费工时率高达260美元，然而律师事务所仍然面临难以营利的困境。

许多律师对以上统计数据并不惊讶。这些观点在汤森路透发布的《2016年美国小型律师事务所状况研究》中同样得到了呼应，该项研究将"在行政事务上浪费时间"列为小型律师事务所的首要关切。即使律师事务所可以腾出时间承担计费时间的工作，但计费时间经常被大量冲销，并不能收取他们实际工作量对应的报酬。正是由于这种窘迫的现状，埃里克·马佐内建议律师考虑增加可计费时数，而衡量营销举措的影响时，要更仔细地观察实际获得的收入。实际付出工作的小时数（时间利用）也很重要，而律师事务所实际上能够向委托人收费的收费时数（实现率）也很重要，冲销（write–offs）法律工作时长对律师事务所盈利能力的破坏性甚至不亚于中止经营。最后，不管委托人的账单上有什么任务，最终影响律师事务所发展的是计费账单上实际收取了多少费用，以上这些都给律师事务所的发展带来挑战。

律师法律服务计费工时账单的冲销有多种原因，一个显而易见的原因是根本没有足够的律师法律服务工作量。Clio发布的法律趋势报告显示，律师事务所平均将33%的非计费时间用于业务发展，与计费工作时间大体相当。然而对大多数律师来说，开拓新业务仍面临重大挑战。根据Clio发布的报告，54%的律师事务所积极刊登广告以期获得新委托人，但实际上刊登广告的律师事务所中有91%的律师事务所难以计算广告的投资回报，甚至还有94%的律师事务所并不知道获得新委托人需要的投入。数据驱动的营销以及提供有竞争力的、基于数据分析定价的法律服务，可能有助于创造新的律师法律服务工作机会。

当律师事务所不能分配足够的时间给计费任务时，也会导致低收费率。例如，当律师担任合同审查员、谷歌广告词管理员、网站管理员、法律研究员、建设施工监理和人力资源管理者时，繁杂事务缠身导致他们难以为法律工作提供充足计费时长。除此之外，律师还面临着持续性干扰，难以想象大多数律师到底什么时候才能完成工作任务。对于委托人而言，数据分析将有助于明确何时将法律任务外包给律师事务所或雇用新的法务经理，以及为此支付多少费用。

提高律师事务所营利能力的一个方法是提高工作效率——更好地利用工具，更快地完成更多工作，尤其是固定费用的工作。更智能化的法律工作需要投入培训时间和成本以学习新工具，如律师事务所执业管理软件、更智能的法律研究工具，甚至是更充分地使用微软 Word、Outlook 或 Excel 等标准的软件工具。49 个州的律师协会为律师会员提供了一项福利，即免费提供法律研究的检索系统和工具，帮助律师事务所每年节约数千美元无法计入计费时长的使用成本。

律师事务所可以通过改进法律服务流程以提高竞争力，如收集关于该律师事务所过往一年内创建的法律文件的信息。为了律师事务所内所有律师的利益，甚至为了委托人的利益，律师事务所高频使用的表格可以实现标准化。《合同标准》及其创始人金斯利·马丁在本书第三章中进行了介绍，《合同标准》通过创建常用合同条款的标准库，以形成针对商业合同起草的"统一商法典"。

《合同标准》（在第三章中讨论）收集了从数十万份公共合同中提取的通用合同条款，这些条款构成了公司条款模板的基础，以供重复使用。如果律师事务所不必为样板合同语言而争论，而是可以就交易条款达成一致，并在交易文件中简单地使用标准合同条款，想象一下这对客户的价值。此外，律师可以使用文档自动化工具来填充并重复使用文档（而不是查找和替换当事人姓名和代词）。如果律师事务所只收集和统计本机构内制作的文件数量和类型，那么，即使这是一种新的数据服务，律师事务所也可以用来更好地服务委托人。

此外，数据可以帮助律师事务所更好地管理人力资源。管理良好的律师事务所可以追踪哪些律师收费最高，或者谁的工作最成功、最赚钱。一些律师事务所已经开始使用如净推广者评分（Net Promoter Scores）等消费者工具来衡量委托人对律师工作的满意度。当某家律师事务所知道自己在一个项目上产生了亏损,或者客户对其律师的工作不满意时,律师事务所可以利用这些数据来汇报情况,从错误中吸取教训,或者帮助律师获得更多相关的培训。

与之对应,能够展现高效率、成功结果、满意客户和工作产生盈利的数据可以用来提升、激励和留住明星律师。此类小数据可以推动流程改进,并以更低的成本为客户带来更好的结果。律师高效率执业有诸多好处,例如,减少公司的非律师行政工作,有助于律师更高效地为更多的人服务,等等。库马尔·贾亚苏里亚在本书第九章讨论了从现有员工和前雇员中筛选可操作数据的方法。

最后,数据可以帮助律师事务所更明智地投资他们的法律执业团队,识别哪些业务领域收入增长,更重要的是增强营利能力。律师事务所可将机构内部执业数据与外部数据来源结合运用,如 Clio 发布的法律趋势报告和其他法律市场研究所指出的那样。再如,根据法律实施研究院(Legal Executive Institute)的数据,2015 年美国法律服务市场规模为 4370 亿美元。但是美国律师协会基金会(American Bar Foundation)2014 年的一项研究表明,约 80% 遇到法律问题的人没有通过法律体系解决问题。即便法律服务的潜在市场不如传统市场那样利润丰厚,法律服务的总市场也可能超过一万亿美元。因此,更有效的数据驱动法律执业不仅是服务更多委托人的一种方式,也是挖掘法律服务市场巨大潜力的一种方式。

五、结论

数据分析通常被视为大型律师事务所或大公司法务部的专属领域,由数据科学家和知识管理人员对数百名律师的数据进行精细管理。但是,如同本章的主旨,数据在许多法律服务中都占有一席之地,这些服务可以来自各种规模的律师事务所。即使是小型律师事务所也可以通过使用事务所已有的数据来改进自身的运营管理。

正如埃里克·马佐内所说,律师事务所可以从头到尾使用数据追踪一件事情,从营销支出到事件的类型、花费的时间、账单和收费的数据,包括与营利能力和取得成功相关的指标。律师事务所可以在事件发生后组织和收集文档,甚至采用文档自动化以供重复利用。律师事务所对法律服务营销信息隐去姓名资料，包括营销与律师事务所收费收入之间的联系，此举将形成惊人的洞察力，从而在管理上对营利能力、营销以及哪个执业领域最赚钱提供决策支持。

当然，软件公司、计算机科学家和其他人将从大数据分析中创造惊人的洞察力。但本章中探索的数据分析类型并不需要"艾字节"量级的数据库，或供职于机构内部的数据科学家。在许多情况下，运用办公管理软件能够支持律师事务所在机构内部完成一系列工作。最重要的是，法律职业中运用数据，倾向于对信息的价值进行不同的层级划分。

数据驱动的决策（data-driven decision making）需要律师事务所对自身工作流程进行差异化思考。大多数律师事务所将自身的文件封存起来，而不会再调阅案件结束后的文件。而经营数据驱动的律师事务所要求律师及其团队将涉及执业的信息作为法律服务的组成部分，从头到尾收集、标准化和分析重要数据，但不需要大数据技术提供支持。小型律师事务所通常认为账单和收款具有管理功能，但它们却是成功开展法律服务业务管理的重要洞察力来源。从数据分析中取得的见解将帮助委托人运用数据做出更好的与法律相关的决策，这与委托人在自身经营活动中利用数据做出决策相类似。

第二章

挖掘法律数据：采集与分析 21世纪的"黄金"

肯尼斯·A. 格雷迪[①]

目次

一、复杂性、竞争性和经验性

二、法律服务的复杂性

三、法律服务的竞争性

四、作为非完整数据的经验性

五、从黄金到数据

六、法律数据挖掘

七、数据管理计划

八、数据的可移动性

九、文本数据的价值

十、新的法律数据挑战

十一、结论

精明的法律服务机构与其同行在数据收集和分析使用方面有着巨大的差异，而大多数法律服务机构与委托人之间的差距甚至更大。[②] 如法律行业以

[①] 本章内容基于在《互联网法律期刊》2017年第20期首次发表的同名文章而作。

[②] "法律服务提供者"一词既包括律师，也包括向客户提供法律服务的无执业执照的个人。这一短语避免使用带有贬义的"非律师"一词，也避免了分析哪些服务构成"未经授权的法律执业"这一日益无关紧要的任务。"法律服务机构"一词包括作为法律服务供应链的一部分而发挥作用的所有实体。在自行车修理店工作的有法律学位的人不是法律服务提供者，商店也不是法律服务机构，但是，在电子先悉服务公司工作而没有法律学位的项目经理是在法律服务机构工作的法律服务提供者。

外的服务提供商所知晓的那样，价值存在于法律服务中，还存在于提供法律服务时所产生的独特数据中。将法律服务数据与多种来源数据分析应用，可以增加原始数据价值。很多知名企业注重自身数据资源管理，如谷歌和亚马逊。

在本章中，笔者主张法律服务机构需要收集和分析法律数据——使用数据挖掘技术。法律数据包括：第一，法律服务团队在服务提供中采集和创造的各类材料结构和内容；第二，法律服务团队所提供服务的业务流程。

本章第一部分首先探讨了法律服务日益增长的复杂性，以及这种复杂性与数据增长之间的关系。随后讨论了法律服务提供者之间日益激烈的竞争关系，诸如法律服务组织之间差异化下降，数据挖掘如何提供差异化法律服务。最后，通过对比基于经验的法律建议与基于综合数据挖掘和经验的法律建议，对委托人的风险进行评估，解释了数据挖掘提升法律建议是如何奠定质量基础的。本章的第二部分阐述了数据增长带来的挑战。第三部分描述了数据挖掘程序的需求和组件，解释了数据管理计划的重要性和特点，以及为什么数据挖掘应该包括文本数据而不仅是数字数据。第四部分谈论了法律服务提供者应该考虑的新兴数据源。结论部分总结了为什么法律服务组织现在就应该启动开展数据挖掘项目。

一、复杂性、竞争性和经验性

法律服务提供者将数据挖掘作为法律服务交付的"补充"，这种观点只会适得其反，他们应该将数据挖掘与提供法律服务整合起来。笔者看到三种趋势证明了这种整合的合理性。第一，法律服务的复杂性已经上升到新的水平，即在不增加个人经验数据的情况下，法律服务提供者遗漏了委托人希望他们知道的大量信息。第二，法律服务行业成为竞争日益激烈的领域。一家法律服务机构乃至许多法律服务提供机构，难以依靠个人的技能和经验与他人进行有效竞争。数据为法律服务机构提供了一个独特的区分手段。第三，那些依赖基于个人经验来快速回复委托人问题的法律服务机构，将引导委托人使用启发法和认知偏差提供法律服务，而非使用数据驱动法律服务。

在最佳的情形下，快速回复委托人的方法只是错过了其他法律服务提供者的经验。更典型的是，它忽略了一个组织中所有法律服务提供者的集体经验所显示的众多不同的数据。在极端案例中，认知偏差下的法律建议与数据驱动的法律建议相反，将损害客户的权益。委托人不应承担来自法律服务提供者经验的法律建议风险，更糟糕的是，承受的法律建议风险来自未经数据支持的法律服务提供者的经验。

二、法律服务的复杂性

21世纪法律服务的复杂性大大超过了19世纪后期。19世纪后期法律服务通常对一两页文件进行处理，而今已经增长到对20多页甚至更长的文件提供服务。③ 20年前100个案件所需的法律研究（legal research）工作量，如今能够产出2～3倍的案件工作量。④ 为了应对法律服务的复杂性，我们必须增加法律服务的广度和深度，以应对逐年增加的地方、州和联邦的法律法规。⑤ 跨司法辖区法律服务（cross-jurisdictional services）在州内部和各州之间变得日益普遍，法律服务需要应对日益增加的成文法范围不断拓宽、解释成文法的材料以及解释法律的判例数量不断增加。

曾经，法律服务提供者可以说他（或她）是一名职业律师，对诸如本地、州或联邦就业法下出现的法律问题为委托人提供咨询。尽管该执业律师并不了解所有州的就业法的所有规定，然而回答委托人问题所需知识的负担较低，服务委托人的成本是可控的，而且委托人更重视与持续提供法律服务的机构长期合作，而不是每次在不同的司法辖区就新问题选择新的法律服务

---

③ IBM从根本上简化了云计算合同（Dec.18，2014），available at https：//www - 03. ibm. com/press/us/en/pressrelease/45737. wss.

④ 当我在推特上提出这个问题时，华盛顿大学法学院加拉格尔法律图书馆的馆员玛丽威斯纳已对这个问题做了初步的研究。她的研究结果表明，在某些情况下，1996年通过搜索检索到的文件数量到2016年增加了两倍多（例如，133 - 566）。威斯纳，玛丽，"比较判例法检索20世纪90年代中期至今"（2016年11月18日），华盛顿大学法学院研究论文即将出版，available at SSRN：https：//ssrn. com/abstract = 2872394 or http：//dx. doi. org/10. 2139/ssrn. 2872394.

⑤ 例如，美国法典现在包含约67 000个章节和超过92 000个文本引用，https：//www. santafe. edu/events/computation - and - the - evolution - of - law. See also Katz, Daniel Martin and Bommarito, Michael James, "Measuring the Complexity of the Law：The United States Code,"（August 1, 2013），22 Artificial Intelligence and Law 337（2014），available at SSRN：https：//ssrn. com/abstract = 2307352 or http：//dx. doi. org/10. 2139/ssrn. 2307352.

机构。

　　随着法律体系日益复杂，持续了解所有司法辖区最新法律变化负担越来越重，知识获取的成本亦在增加。法律服务提供者调整自身的执业组织架构，以应对日益增加的复杂性。⑥ 例如，法律服务提供者专注于一个领域（如联邦劳动标准法案）或一个司法辖区（如密歇根州）从而限缩所服务的范围，法律服务机构也以类似方式限缩了自身的服务范围。有些法律服务机构提供聚合法律服务来保持其服务的广泛性，而每个被聚合的服务提供者仅关注某个领域的一部分，例如，通过全体法律服务提供者实现知悉所有司法辖区的就业相关的法律。这些法律服务架构的调整降低了日益增长的问题复杂性，但仍然没有消除根本性问题。

　　多年来，法律服务也变得越来越孤立，远离其他可以帮助法律服务提供者改进工作的学科。法学理论家和心理学家、社会学家、经济学家、政治学家、人类学家、数学家和其他领域的专家相互协作，从而深入了解法律和人是如何相互作用。然而，执业律师却忽视了战略、营销、运营、管理和供应链管理等具有丰富数据使用经验的领域。尽管法律服务组织多年来一直被描述为企业，但组织的运作没有企业的复杂性，这进一步加强了法律和委托人在许多领域的分离，包括数据收集和分析。如今从事数据密集型业务的委托人，面临着法律服务提供者不参考数据而开展执业的情况。

　　法律行业通过增加劳动力来应对日益复杂的情况。更多的劳动力（通常是律师）允许法律服务机构推动法律服务提供者的进一步专业化，或者在更多提供者之间聚合信息。法律服务机构将每个服务提供者视为其所在领域的数据收集和分析平台。然而，复杂性已经超出了这种粗糙的方法（如果不是因为成本以外的原因）。更复杂、可扩展和可靠的方法需要运用数据挖掘和经验；换句话说，当法律服务提供者让计算机和人各尽其职时，委托人就能得到最好的服务。我把使用这种方法的律师称为"增强型律师"（augmented lawyers）。计算机进行数据挖掘，通过数据分析寻找趋势、差距和其他模式。

---

⑥ 劳伦斯·莱西格将现实空间和网络空间中的四种监管模式描述为法律、规范、市场和架构。See Lessig, Lawrence, "The law of the horse: What cyberlaw might teach," 113 (2) Harvard Law Review 501 (1999).

然后，法律服务提供者运用他们的技能（如判断、协作思维和同理心）来决定如何使用他们从数据中得到的知识。

三、法律服务的竞争性

法律服务机构之间的竞争加剧，客户关注的是法律服务成本的增加和质量的下降。[7] 尽管竞争日益激烈，但是法律服务机构却很少通过差异化来设法解决竞争。委托人认为他们可以得到的服务是高度可替代的，在没有其他区分因素的情况下，他们以价格作为决定购买的基础。利用系统中存储的独特数据，法律服务机构可以在客户看重的价格之外，在其他方面使自己显得与众不同。

几十年来，法律服务组织之间的竞争程度一直很低。委托人用易于识别和衡量的因素来比较这些组织。这些因素包括地理位置、相关经验、法律服务提供者的学术背景[8]、市场声誉、商业利益冲突（如主要竞争对手的代表）和成本（每小时收费率）。随着时间的推移，大多数因素变得不再重要，或者不同组织之间的差异变得不再重要。[9]

例如，如果在1965年，某委托人向一家北卡罗来纳州的律师事务所（North Carolina law firm）提出了一个关于得克萨斯州法律的问题，那么这家律师事务所可能必须联系一位得克萨斯州的律师才能得到答案。北卡罗来纳州的律师事务所的图书馆里没有得克萨斯州的案例，也没有得克萨斯州法律的在线资源，更没有得克萨斯州法院的规则和惯例。50年后，假设北卡罗来

---

[7] 关于大型律师事务所质量问题的讨论，see Gulati and Scott, The three and a half minute transaction: Boilerplate and the limits of contract design (2012).

[8] 奇怪的是，在就业前景方面，法学院排名是唯一一个似乎有影响的本科或专业学校排名。See, e.g., Taylor, "Why Law School Rankings Matter More Than Any Other Education Rankings," Forbes (August 14, 2004), available at http://www.forbes.com/sites/bentaylor/2014/08/14/why-law-school-rankings-matter-morethan-any-othereducation-rankings/#6f91493c7937. 高薪（一般认为"更好"）的工作是在大型律师事务所的律师的工作，他们向客户收取额外费用，部分原因是从排名较高的学校接触到这些律师的。

[9] See, e.g., Wang and Dattu, "Why Law Firm Pedigree May Be a Thing of the Past," Harvard Business Review (October 11, 2013) and see Jessup, "Law Firms: How to Not Become a Commodity," Los Angeles Daily Journal (Feb. 12, 2010), available at http://www.platformstrategy.com/news/FAME101_LADailyJournal.pdf.

纳州的律师事务所没有得克萨斯州办公室，它可以在线获得与得克萨斯州法律服务提供者提供的相同信息，包括关于当地法院规则和惯例的信息。1965年，地理位置、获取信息的途径、法律服务提供者的学术背景（对比得克萨斯州立大学与北卡罗来纳州法学院）、市场声誉和成本是重要的比较因素。今天，成本可能是区分律师事务所的主要因素。⑩

在许多方面，北卡罗来纳州的律师事务所与得克萨斯州的律师事务所存在竞争。律师事务所还与那些与律师事务所拥有同样信息和人力技能的新组织竞争。人力资源咨询公司、替代法律服务提供者（如法律研究服务，甚至外国法律服务提供者都声称要从曾经被律师事务所独吞的这块蛋糕中分得一杯羹）。⑪

每个法律服务机构拥有并将继续产生的独特数据集提供了一个新的差异化因素。即使两个法律服务机构拥有相同的法律专长（即在诉讼中代理委托人辩护），它们也仍具有独特数据集，包括事实情况、委托人情况，以及在诉讼案件中与竞争对手不同的负责人和代理人的组合。数据挖掘可以让法律服务机构对如何降低客户风险、提高效率产生独特的见解，也可以让客户以独特的方式来区分机构。

四、作为非完整数据的经验性

法律服务机构没有利用它们的数据来提高法律服务的价值。⑫ 换句话说，法律服务提供者以"基于我的经验"而不是"基于数据"或"根据数据和我的经验"来回答客户的问题。若将法律服务提供者的技能和经验与其独特的

---

⑩ Id.
⑪ 保加利亚的一个互联网科技组织联系了我，该组织在整个欧洲提供互联网科技和法律服务。该组织正在考虑进入美国的法律服务市场，并且已经在欧洲提供法律服务，如法律研究、备忘录撰写、准备包括法律摘要文件。
⑫ 虽然这种情况正在发生变化，但与提供服务的组织总数相比，使用其记录作为数据来源的法律服务组织（尤其是律师事务所）的数量微不足道。Drinker Biddle Reath, Littler Mendelson P. C. 和 Seyfarth Shaw LLP 都是公司在提供法律服务时开始使用它们收集和创建的数据的例子。See Strom, "Littler Mendelson Gambles on Data Mining as Competition Changes," Law. com（October 26, 2016）, available at http：//www.law.com/sites/almstaff/2016/10/26/littler-mendelson-gambles-on-data-mining-as-competition-changes/.

数据收集相结合，法律服务组织可以提供更好的服务，并为客户提供基于数据驱动的见解。由数十个或数百个服务提供者生成的数据，结合一个服务提供者的见解，甚至将创造出一个非常强大的工具。⑬

向法律服务提供者询问一个问题，比如"我们赢得这项动议的可能性有多大"，你会得到回应——几乎是立即得到回应。但这种快速反应应该会让你担心。从20世纪60年代开始，丹尼尔·卡尼曼（Daniel Kahneman）和阿莫斯·特沃斯基（Amos Tversky）发表了几篇论文，讨论了一个回想起来让我们许多人在讲授经济学和法律时感到困扰的问题：人们的行为并不像传统经济学理论告诉我们的那样。⑭ 人们的行为是非理性的，但也是可预测的。"根据我的经验"意味着一个基于启发和认知偏差的答案，这可能会导致这个答案与数据显示的结果存在很大的偏差。

在过去的50年里，我们发现了数据优于经验的新原因。我们的大脑使用两个系统：系统1和系统2。系统1运行迅速，只要我们查询它，它就会提供答案。想想任何对话。你说点什么，对方立即回应；你说点别的，对方再次回应。这段对话就像一场网球比赛：一个声明迅速传到网上，另一方立即回击，没有延迟。

系统1使用启发式（规则）和认知偏差（规则出错）来快速操作。研究人员已经调查了数百种潜在的启发式和认知偏差。比较严格的测试和被广泛接受的包括可得性启发式、属性替代、禀赋效应、后视偏差和观察者期望效应。⑮

---

⑬ Cummings, "Man versus Machine or Man + Machine?" IEEE Intelligent Systems (Sept./Oct. 2014).

⑭ 丹尼尔·卡尼曼的新书《思考：快与慢》对系统1、系统2、启发式和偏差进行了非常好的描述。Kahneman, Thinking, Fast and Slow, (2011). 要了解卡尼曼的文章和书籍的完整列表，包括他和阿莫斯·特沃斯基从20世纪70年代初开始的工作，请参阅丹尼尔·卡尼曼的出版物，available at https://www.princeton.edu/~kahneman/publications.html.

⑮ See, e.g., Gilovich, Griffin and Kahneman, Heuristics and Biases: The Psychology of Intuitive Judgment (2002) (availability heuristic, attribute substitution); Kahneman, Knetsch, and Thaler, "Experimental Tests of the Endowment Effect and the Coase Theorem," 98 (6) Journal of Political Economy 1325 - 1348 (1990), doi: 10.1086/261737 (endowment effect); Hoffrage and Pohl, "Research on hindsight bias: A rich past, a productive present, and a challenging future," 11 (4 - 5) Memory 329 - 335 (2003), doi: 10.1080/09658210344000080 (hindsight bias); and Rosenthal, Experimenter Effects in Behavioral Research (1966) (observer - expectancy effect).

向诉讼律师询问法官的情况，其会根据其所听到的情况、其所读到的案件判决以及其在法官面前的露面情况给出自己的意见。你很少会听到其在回答之前要求查看的数据。

当我们想要深入分析数据时，系统2就会参与进来。它会考虑数据，如果发现的数据不够充分，它会提示我们寻找更多的数据。在笔者写本章的时候，我的系统2正在综合我读到的内容，并帮助形成笔者在页面上写的内容。系统1会在页面上留下一些文字，然后继续前进。问一个依赖系统2的诉讼律师关于法官的相同问题，其会在回答之前查看数据。系统1的诉讼律师可能会说，法官不喜欢大型律师事务所，系统2的诉讼律师将使用数据来判断该陈述是否正确。

法律服务提供者使用系统1的趋势本来就很强烈，委托人们要求提供电话应答，而不是调查，这加剧了这种趋势。这种客户偏好促使法律服务机构进一步依赖专业的服务提供者。法律服务提供者之所以具备专业性，是因为他们知悉执业领域的实体法流程，并让委托人满意系统1的响应时间。劳动法律师因此成为联邦劳动标准法案的劳动法律师。

系统2通过处理数据生成答案来增加价值，但我们付出了代价——它比系统1慢。它还有其他缺点：第一，它不能同时承担几项任务。如果系统2而不是系统1处理大多数查询，那么我们与世界的互动将会出现麻烦。想象一下，如果每个顾客都依赖系统2而不是系统1来选择饮料，那么星巴克门口会排起怎样的长队。第二，系统2也需要数据。在大多数组织中，即使一个法律服务提供者想使用系统2，他或她也无法访问必要的数据。你需要多快的时间才能获得数据，告诉委托人你的组织在过去一年处理的合同中包含某一条款的比例？关键在于学习何时使用系统2，以及在系统2使用时提前准备好数据。

严重依赖系统1的法律服务提供者通常根据单个服务提供者的个人经验提供小样本的建议。想想我们的诉讼律师。如果其一个月参与一个案子，那么其一年就会参与12个案子，或者20年参与240个案子。即使在规模较小的律师事务所中，一个律师的经验也只是整个机构经验（其数据）的一小部分。在大型组织中，单个服务提供者的经验只占组织数据的一小部分。法律服务提供者的样本量很小——大多数人每年不会尝试处理12个案子。⑯ 客户对价值数百万美元的事务决策，通常是基于法律服务提供者的建议，而这些服务提供者几乎不使用任何数据来提供建议。从整个组织中收集和分析数据可以增加样本量，并改进建议的基础。

当数据难以收集和分析时，客户和法律服务提供者接受了系统1提供法律服务的方法。如今，数据的收集和分析变得更加容易，客户希望法律服务提供者在决策过程中使用数据。接听电话不仅要有经验，还要有数据，这种范式转变只适用于法律服务提供商，如果他们进行数据挖掘。从行为经济学的角度来说，法律服务提供者需要访问系统2并向其提供数据。

五、从黄金到数据

数据时代已经到来，许多人声称，数据之于21世纪，就像黄金之于19世纪，石油之于20世纪。⑰ 但是今天的委托人可以获得21世纪的实质性法律分析，以及利用19世纪后期关于数据的思想积累的数据。使问题更加复杂的是，互联网给了我们新的数据集合，并且可以更容易、更快速地访问传统的数据来源。法律服务提供者总是可以获得法律、法规、解释性信函和其他主要实体法来源的纸质副本，但手动获取方法效率低下且缓慢。现在，互联网提供了几乎即时的获取途径。虽然这个主要数据集的规模在增长，但它的基本性质没有改变。法律服务提供者对案件数据的访问仅限于报告的判决中包含的内容。在线数据库不包含关于公开案例的详细信息，大多数法律服务提供者无法访问公开案件档案。

例如，案件访问通常只包括法院报告的决定。电子数据库不包括当事人

---

⑯ 尽管不同律师受理的案件数量相差很大，但多年来的趋势表明，受理的案件数量总体而言越来越少。See Gee,"As jury cases decline, so does art of trial lawyers," The Tennessean（February 5, 2011）, available at http：//usatoday30. usatoday. com/news/nation/2011 - 02 - 05 - jury - trial - lawyers_ N. htm.

⑰ Vanian, "Why Data Is The New Oil," Fortune（July 11, 2016）, available at http：//fortune. com/2016/07/11/data - oil - brainstorm - tech/, Ed Walters, Data is the New Oil: Legal Management Lessons from John D. Rockefeller and Standard Oil, available at https://medium. com/@ejwalters/data - is - the - new - oil - refining - information - from - data - lessons - from - john - daa4b7b5ee1a3.

提交的摘要、审判记录和证物,或任何其他提供争议事项细节的材料。一些数据库将这些信息的一部分提供给上诉案件,而其他数据库,如公共访问法院电子档案系统(Public Access to Court Electronic Records system,PACER),将信息提供给联邦案件,但访问这些数据比较困难且成本很高。法律服务机构可以完全获取它们所处理的案件的数据。

委托人的问题不仅包括实体法问题,实体法回答只是委托人解决问题所需的一部分。这些问题也出现在商业和政治环境中,而且比以往任何时候都要复杂。监管问题可能涉及会计和财务问题,广告问题可能涉及营销问题,雇佣问题可能涉及社交媒体问题。互联网提供了这些相关领域的大量数据。当与来自组织文件的数据相结合时,业务和政治数据形成了比任何提供者基于其经验所能提供的更丰富的答案来源。

复杂性的增加导致法律服务风险的增加。我们可以将这些风险分为两大类:知识风险和无知风险。当法律服务提供者利用他们知道或应该知道的信息(如从实体法研究)来提供法律服务时,就会产生知识风险。法律服务提供者通过曲解他们所知道的信息或假设他们使用的数据(他们的经验)反映了更多数据的分析结果而给出错误的建议。无知风险源于法律服务提供者未能收集和使用更准确的代表现实世界的数据。委托人总要面对这两种风险。但是,在过去的三十年里,法律服务提供者的无知风险急剧增加,而知识风险相对稳定。[18]

我们可以通过考虑一个常见的法律咨询情况来看到风险的变化。一位委托人打电话给她的法律服务提供者,询问她是否可以根据一组特定的事实解雇一名员工。法律服务提供者具备五年的律师执业经验。如果我们将十年前的五年资历非合伙律师与今天的五年资历非合伙律师进行比较,可以发现它们具有可比性。也就是说,这两个非合伙律师的技能没有任何具体意义的不同。但是,雇用非合伙律师的组织、法院以及州和联邦一级的机构在这十年

---

[18] 尽管处理法律事故索赔的成本有所增加,以损害赔偿或和解为衡量标准的索赔成本也有所增加,但此类索赔的案件数量仍保持相对稳定。See, e. g., Lawyer's Professional Liability Claims Trends:2015, Ames & Gough (2015), available at http://www. law. uh. edu/faculty/adjunct/dstevenson/007a%20 Legal%20Malpractice%20Claims%20Survey %202015%20Final. pdf.

中目睹了许多案件。案件的数据集（包括案件的相关事实）增加了。有理由相信，即使是自己组织内其他人处理的案件，五年以上的律师也只熟悉其中的一小部分。使用知识风险和无知风险分类方案，我们可以说，非合伙律师基于其知识提供好的或坏的建议的可能性与十年前相同。但是，我们也可以说，可能与回答客户问题相关的数据量（关于这十年里所有案例的数据）增加了，客户因非合伙律师的无知而面临的风险也增加了。[19] 法律服务复杂性的增长使识别风险、估计概率和提供法律服务变得更加困难，原因有很多，包括解决方案集中可能性的增加。

从公法到私法的逐渐转变使这个问题变得更加复杂。从19世纪一直到20世纪，社会利用法庭来解答许多法律问题。委托人可以负担诉讼的费用，司法系统迅速解决诉讼，决议通过信息公开传播，如判例法，指导其他法律服务提供者。这项法律是公开的，尽管很难获得。[20]

从20世纪后半叶至今，私法的比例有所上升。例如，高昂的诉讼交易成本，加上诸多风险和解决问题的时长，都鼓励各方在没有法官或陪审团的情况下解决争议。[21] 当事人通过和解协商、调解或仲裁解决争议，且不公布结果。商业当事人在通过合同处理风险方面也变得更加熟练。虽然这种复杂性的缺点包括合同规模的增长与更高的谈判和记录合同的交易成本，但优点包括合同中涵盖了更多的意外情况。在不诉诸司法的情况下，双方可以解决更高比例的纠纷。

法律私有化（privatizing law）意味着法律服务提供者很难获得有关纠纷

---

[19] 接下来的例子可以为你提供一个思考风险的简单方法。想象一下，你抛一枚硬币，落地时头像朝上，正面代表了客户给助理的事实情况，即助理搜索与客户提供给他的事实相匹配的事实情境（另一面硬币代表的情况相反）。对于助理审查的每个案例，找到一个正面（匹配）的概率是50%（因为情境要么匹配，要么不匹配）。但是，当他查看其他情况时，将会发现一串不匹配的情况的概率降低（也就是说，连续两次、三次甚至四次得到反面的概率会降低，而特定情况匹配的概率仍然是50%）。随着助理审阅的案例数量增加，所有案例都不符合客户情况的概率就会降低，客户面临的风险就会随之增加。

[20] 就连律师也难以诉诸法律。See, e.g., Friedman, A History of American Law 356-358 (1973).

[21] 21Rakoff, "Why You Won't Get Your Day in Court," The New York Review of Books (November 24, 2016).

的数据，除非他们亲自处理这些纠纷。涉及私法事务的委托人和法律服务提供者将数据隐藏在不向公众开放的计算机和文件中。法律服务提供者将面临两个具有挑战性的趋势：有利于委托人的数据量增加了，而有关争议解决的公共数据量却减少了。这两种趋势都应该促使组织关注法律服务组织可以从本机构处理的争议中获得的数据。

六、法律数据挖掘

要挖掘法律数据，必须首先定义要查找的数据。对于法律服务机构来说，与提供法律服务相关的数据是指文件中的任何内容，无论是模拟的还是数字的。它包括电子邮件、语音邮件、即时和文本消息、数据库、元数据、数字图像和任何其他类型的文件中的数据，并扩展到所有类型的存储设备。[22]

虽然法律服务提供商可以挖掘所有这些数据，但他们的努力仅限于少数狭窄的数据类型。首先，他们收集财务数据，这意味着从发票到内部会计数据的一切。其次，他们收集简单的描述性数据，如所处理事务的数量和类型。最后，他们收集计费工时数据。法律数据挖掘者对最后一个领域给予了最大的关注度。

"明显地遗漏"（noticeably absent）的情况是，法律服务提供者每天为内部文件、客户端和第三方创建的文档中没有数据留痕。也就是说，他们忽略了由其法律服务而产生的整个数据体系，而几乎只关注与客户交易的财务方面。

考虑一个常见的例子：企业委托人要求法律服务提供者起草原材料购买合同。委托人将交易文件发送给法律服务提供者，法律服务提供者根据这些文件起草合同、起草过程，会将文档、与客户对话的笔录以及下载的关于提供原材料的公司网站页面放在一个文件中。

法律服务提供者对合同文件的起草。当交易供需双方通过合同工作时，供应方在其计算机上保存了多份合同草稿。随着供应方与客户跟供应链上的企业和法律服务提供者协商，合同的草稿也在增加。合同完成后，客户交换

---

[22] See, e.g., Fed. R. Civ. Pro. 34.

签署的副本。法律服务提供者将签名的副本与其为此收集或创建的其他文档放入文件归档。文件和计算机中的材料包含有价值的数据，但从未被挖掘分析。

从传统意义角度而言，这些有形文件和数字文件中的信息不属于法律服务组织用来跟踪数据的任何系统。虽然近年来，法律服务提供者开始使用知识管理信息系统来跟踪数字（在某些情况下是有形的）材料，但这些系统只捕获到了较少比例的可用的数据类型。

以合同为例，"未捕获的数据"（uncaptured data）包括合同的业务条款（如日期、金额、地点、当事人）、合同的法律条款和任何辅助文件（如具体履行、争议解决机制的选择），以及用于"编码"合同条款的词语和短语（如相关文件中使用的特定语言）。它还包括谈判期间提出的问题（如客户要求什么却没有得到什么，客户拒绝向另一方提供什么），以及关于工具本身的数据（如字数、复杂性）。总的来说，这些数据反映了事情的真相。结合其他数据（如合同履行情况），可以给出改进未来合同和降低客户风险的方法。

一些法律服务机构开始意识到他们的数据的价值。一家律师事务所表示，自己现在为每起诉讼收集大约500个数据点，通过一个数据科学家团队来分析和开发预测模型，从而使客户受益。

在利特勒·门德尔松律师事务所，泽夫·艾根（At little [Mendelson]，[Zev] Eigen）有一个较大的授权，将数据工具应用于客户的问题，并开发产品来处理这些问题。他说，如果没有该公司六年来从 CaseSmart 软件中收集的专有数据，他的团队的大部分工作（包括一个就业机会均等委员会预测模型）将很难或不可能完成。对大多数公司来说，数据分析的最大障碍之一就是他们没有从自己的案例中收集数据。㉓

谷歌的法律服务提供者认识到法律服务材料内含的价值，并正在寻找挖掘数据的方法：

㉓ See Strom, supra n. 11.

作为谷歌法律部门机器学习的负责人，朱利安·齐辛（Julian Tsisin）表示："律师事务所掌握着数百万份从未有人分类的文件。"他正试图就其他类型的法律数据展开讨论。"泽夫·艾根处于非常幸运的位置。因为他所在的公司专门处理一种特定类型的案件，他接手了成千上万个类似的案件，可以获得所有相关数据。"㉔

在一年的时间里，一家收集数据的公司将建立一个令人印象深刻的庞大数据集，这与任何其他法律服务机构的数据集都不同。为了开始这个过程，它需要一个计划。

七、数据管理计划

如果没有严格的数据挖掘方法，组织可能会迅速将大量资源浪费在产生微小价值的工作上。数据管理计划（Data Management Plans，DMP）是创建这种有纪律的方法的第一步。它"是一份书面文件，描述你期望获取或生成的数据……你将如何管理、描述、分析和存储这些数据，以及你将使用什么机制……来共享和保存你的数据"㉕。资助学术研究的组织在提供资助之前通常需要一个计划。㉖法律服务组织根据法律服务提供准则中规定的标准来管理数据。这些准则侧重于防止第三方披露、材料所有权和保留要求，但没有为那些对材料的数据价值感兴趣的人提供指导。

数据管理计划在三个基本领域指导法律服务组织。第一，它建立了确保组织的数据管理程序符合相关专业守则的程序，这是当今任何法律服务组织数据挖掘的必要组成部分。这些法规经常在不同的司法辖区之间发生冲突。然而，法律服务组织汇总了来自许多司法辖区的数据，而不考虑具体的司法管辖要求。尽管法律服务提供者在全球范围内提供服务变得越来越重要，但是

㉔ Id.

㉕ Stanford University Libraries, Data Management Plans, available at https：//library. stanford. edu/research/data‑management‑services/data‑management‑plans. 有关 DMP 中应该包含什么的良好描述，see C. Strasser, R. Cook, W. Michener, and A. Budden, Primer on Data Management：What you always wanted to know, DataONE (hereafter referred to as Primer), available at https：//www. dataone. org/sites/all/documents/DataONE_BP_Primer_020212. pdf.

㉖ Id.

遵循覆盖全球网络的法律职业规范得以应用于法律服务数据超越了本章的范围。

第二，数据管理计划为可靠的数据挖掘程序奠定了基础。通过建立标准和流程，数据管理计划避免了每个法律服务提供者按照自己的方式做事可能出现的问题，无论这种方式是否与法律服务组织的目标相冲突。

第三，数据管理计划帮助法律服务组织创建数据前几乎不用事先处理。数据科学家估计，他们高达80%的时间被使用在"数据收集"上，即准备数据进行分析的过程㉗。数据管理计划可以减少数据收集的时间，还简化了数据的创建，因为它消除了更多的浪费而不是更多价值的可变性（variability）。

数据管理计划涉及很多问题，虽然它可能与数据保护计划和知识管理计划重叠，但它包括了许多通常在数据管理文档中没有处理的问题。例如，数据管理计划涵盖了卡尔利·斯特拉瑟（Carly Strasser）和她的同事所描述的数据生命周期的八个组成部分：计划、收集、质量保证、描述、保存、发现、整合和分析。㉘

（一）计划

数据管理计划应能够处理委托人输入、非委托人输入、公开输入、产生的数据、公开输出、非委托人输出和委托人输出。委托人输入和委托人输出包括从委托人处接收或传递给委托人的数据。由于保密和隐私问题，这些材料在法律服务中通常需要特别注意。非委托人输入和非委托人输出包括不受隐私权约束的材料，但仍可能是私密的。公开输入和公开输出包括不受任何保密或隐私权要求约束的数据。产生的数据包括以下组成条件：一是可能受限于工作成果主张；二是可能包括多种数据输入方式；三是可能包括法律服务组织在处理事务时，或者与客户商谈时经常使用的事务（如研究备忘录）。

尽管法律服务机构一直依赖于委托人和竞争者以外的数据来源，但开放

㉗ 虽然不是所有的数据科学家都同意80%这个数字，但数据科学家都认为，他们的大部分时间都花在准备数据上，而不是分析数据上。See Johnston, "Let Data Scientists be Data Mungers," ThoughtWorks（August 5, 2015），available at https：//www.thoughtworks.com/insights/blog/let-data-scientists-be-data-mungers.

㉘ 卡莉·斯特拉瑟是戈登＆贝蒂·摩尔基金会的项目官员，也是DataOne公司原领导团队的成员。

数据运动拓展了数据来源，即使是个体从业者也可以利用这些数据。法律服务提供者将不受使用限制的公开内容与私人数据相结合，以获得关于常见执业领域的深刻洞见。[29] 数据的中间处理创造了价值，并需要建立处理合并数据的过程。

例如，许多企业家使用的合同信息来自美国证券交易委员会的电子数据收集、分析和检索（Electronic Data Gathering, Analysis and Retrieval, EDGAR）数据库，以训练文本分析软件。他们使用这个软件起草文件并识别趋势、机会和风险。其他法律数据科学家结合了来自美国就业机会均等委员会（Equal Employment Opportunity Commission, EEOC）的数据与某家法律服务机构的数据记录，以开发就业索赔预测模型。数据管理计划应当解释法律服务组织在使用数据之前、期间和之后将如何处理公众和委托人数据。在保密性、隐私权和商业秘密方面，将几个数据流同等对待可能会妨碍组织收集数据和使用程序。

（二）收集

如果不能正确地收集数据通常会导致常说的"垃圾进，垃圾出"。数据管理计划应包括收集数据的合同，不仅要确定收集什么数据，还要确定法律服务提供者收集数据的方式。法律服务提供者可以从互联网上收集流行的"便携式文档格式"（pdf）的信息，通过屏幕截取获得电子表格，或者采用其他格式，如数据库文件。数据管理计划可以得到相当详细的内容，包括文件命名、文件类型（如csv或xls）和字符编码（如UTF-8）。法律服务提供者应该理解数据格式和展示格式之间的区别，如若混淆将产生大量难以访问的数据。数据管理计划应该提前设法解决这些问题，以便法律服务提供商以最有使用价值的方式收集数据。

（三）质量保证

法律服务机构需了解与诉讼相关的材料的保管要求，如美国《联邦证据

---

[29] DMP应该解决数据在整个生命周期中的处理问题。例如，法律服务提供商将客户输入的数据并将其与公共输入的数据相结合，应该有一种方法保护这种混合数据，并对混合数据的处理方式进行适当限制。

规则》中包含的要求。然而，存证链并不等同于质量保证。一个损坏的文件且有一个妥善记录的存证链条，与一个未损坏的文件但没有足够的文件存证链相比，一样地毫无用处。"质量保证"标准要求检查数据以识别和标记质量问题，识别限制，并标记缺陷。低质量的数据会降低速度，甚至会妨碍分析工作。

随着数据在法律服务中变得越来越重要，采取适当的步骤来确保数据质量显得至关重要。法律服务提供者知晓，采用被推翻的法院判决的法律服务提供者将面临严重的问题。同样地，采用错误数据的法律服务提供者会将客户置于风险之中。不良数据会产生不可靠的分析结果，该结果可能会对委托人造成重大损害。如果委托人被告知只有很小比例的合同有某些特定的法律条款，而正确的数据显示并非如此，那么委托人可能会放弃在合同中争取这些特定的法律条款。如果关于法官偏见的信息不正确的话，那么另一个委托人可能会选择以判决结案。如今，当委托人依赖法律服务提供者的经验，而该提供者的数据（他或她的经验）存在缺陷时，这些错误就会发生。当法律服务提供者和委托人将数据集扩展到提供者的经验之外时，数据质量保证将有助于避免同样的错误发生。

（四）描述

法律服务提供者在准备符合监管链或美国《联邦证据规则》要求时，可以包括描述诉讼和尽职调查数据的信息，但是法律服务提供者很少准备那些特定用途之外的数据描述。正确的数据描述包括文件名、格式和数据字段。其他描述包括解释数据的信息，如代码和独特术语的含义。随着法律服务机构对不同来源的数据进行整合，描述变得越来越重要。如果没有足够的描述，提供者可能会组合来自两个类似但不完全相同的数据字段的数据，从而创建一个没有价值的数据集。

（五）保存

法律服务提供者需了解保存数据的要求，如要求保留特定时期的客户信息。他们还有数字化的数据备份系统，这简化了保存数据的总体负担。尽管如此，他们中的许多人还是以有形的形式存储电子数据保存纸质文件，而不是采用数字化形式。当法律服务组织可以将这些材料转换成数字化的数据时，将成箱的材料存放在异地仓库并不理想。㉚ 数据管理计划应该出于分析目的完成数据保存，而不仅是为了代码合规，以及应该设法解决软件兼容性问题。知道如何使用较旧版本的软件检索数据并不等于能够随时访问用于分析目的的数据。

（六）发现

发现数据的意义，开启了有利于法律服务机构及其委托人的价值链。发现是数据挖掘的核心，但很多法律服务组织将数据挖掘视为目标，而不是实现目标的手段。法律服务机构在处理数据挖掘时应注意这一点。在数据管理计划的"发现"部分，法律服务机构可以计划对数据做什么——通过收集和分析数据来发现什么。一个服务机构可能希望关注流程改进，并根据改进流程所需信息粒度的数据构建其数据挖掘。另一个服务组织可能想要发现关键合同的谈判模式。

第三个服务组织可能会试图发现某些员工是否同意更宽松的合同条款，以及如果同意，这种行为的后果是什么（宽松的信贷经理会导致更多的违约或更灵活的贷款安排，降低违约率）。它可以帮助组织定义假设，并认为数据挖掘是评估这些假设的方法，就像研究人员在构建他们的研究项目和相关的 DMP 时所做的那样。

（七）整合

一个数据集像一颗珍珠。单独一颗珍珠也是有价值的，但将几颗珍珠串在一起，众多数据集的总体价值会大于这些单独数据集的价值的简单相加。法律服务机构收集的数据形成一个独特的数据集，即使两个法律服务机构可能只提供就业诉讼服务，但它们遇到的案件、委托人和情况各不相同，因此

㉚ 即使是判例法，大多数法律服务提供者认为他们可以在网上查阅的内容也正在经历一场数字革命。很多（但不是全部）判例法可以通过各种在线服务获取。但最近哈佛法学院（Harvard Law School）和初创法律研究机构（RavelLaw）合作，扫描哈佛大学收集的所有的美国判例法，并在网上以数字形式免费提供。See, e. g., "Harvard Law School launches 'Caselaw Access' project", Harvard Law Today (Oct. 29, 2015), available at http: //today. law. harvard. edu/harvardlaw - schoollaunches - caselaw - access - project - ravel - law/. 哈佛法学院是一家法律服务机构，它将特有的、迄今为止无法访问的数据集转化为其他法律服务机构能够与自己专有的数据集结合使用的数据集。

每个机构采集和使用的数据都是独特的。

当法律服务提供者像将珍珠串在一起那样将许多数据集组合使用时,它们的价值就会显现出来。法律服务机构可以将其数据与来自客户或任何其他来源的数据相结合。除了电子数据收集、分析和检索数据库和就业机会均等委员会的数据来源,一些创业公司还使用涵盖专利诉讼、司法绩效(如决定提议的时间)和商标的数据集。一个法律服务机构处理的就业诉讼的详细数据与政府关于就业诉讼的数据相结合,将产生一个比任何诉讼律师从他或她的经验中所能获取的更丰富的场景。组合的数据集合(combined data set)与律师的个人判断相结合,将为委托人提供基于数据驱动的决策奠定基础,并为法律服务机构与其同行创造出一个细分差异点。

(八)分析

多年来,法律服务机构一直拥有可以进行数字化的数据分析的软件,其大部分分析工作都集中在时间跟踪和服务工时管理上。如今法律服务机构可用的分析软件涵盖文本和图像,而不仅仅是数字形式的数据。通过使用它们自己的和其他来源的数据,可以将法律服务机构的数据需求进一步扩展到服务质量、流程改进和趋势分析上。

自然语言处理(Natural Language Processing,NLP)——结合计算机科学、计算语言学和人工智能——使得计算机"理解"文本。大约从20世纪50年代开始,自然语言处理的研究始终处于断断续续、进展缓慢的状态,直到20世纪80年代机器学习兴起,情况才发生了转变。[31] 现代机器学习采用卷积神经网络(convolutional neural networks)等技术,可以对包括互联网在内的许多文本来源进行复杂而细致的分析。如今,使用自然语言处理和机器学习技术,任何一个机构仅用笔记本电脑便可在几分钟内对成千上万的文档进行分析。

---

[31] 我们可以将自然语言处理的概念追溯到更早的时代,但现代的自然语言处理始于艾伦·图灵的文章《计算机械与智能》,他在文章中提出了测试人工智能的想法。图灵称这个测试为"模仿游戏",尽管今天我们称为"图灵测试"。Turing, Computing Machinery and Intelligence, LIX Mind 433 (1950), doi: 10.1093/mind/LIX.236.433.

谷歌和其他一些文本分析公司已经向公众提供了一些文本分析软件。[32]任何人都可以使用这些软件分析文本，并发现隐藏在数据中的模式。尽管这些软件仍在积极应对法律文本的特有属性，但其已经显示出审查和分析大量数据（超过最大的法律服务组织所拥有的），以及提取相关概念以用于诉讼、交易、合同和其他法律服务的能力。

八、数据的可移动性

数据管理计划还应设法解决 Web 3.0 数据的可移动性（data portability）的问题。"在去中心化的环境中，用户拥有自己的数据，并选择与谁共享这些数据。此外，当数据离开给定的服务提供者时，用户仍保留对数据的控制（假设数据服务具有服务提供者的概念）。这很重要。如果我今天想把数据从通用汽车转到宝马汽车，我怎么可能不带走驾驶记录呢？这个问题同样适用于聊天记录或健康记录。"[33] 当法律服务提供者从一家律师事务所（通常只有法律服务机构才会出现这个问题）转到另一家律师事务所时，律师事务所必须认真考虑哪些材料可以由法律服务提供者带走，哪些不能，以及哪些可由委托人自行决定。

从委托人资料中收集数据并将这些数据作为聚合数据库组成部分的律师事务所，应该在法律服务的开始就考虑并处理如果客户选择使用不同的法律服务机构，律师事务所将如何处理这些数据。

例如，律师事务所可以要求委托人授权其保留数据，并将委托人数据用作整合数据集的一部分，但前提是数据应当匿名。在任何情况下，收集的数据都应该在存储时附有关联委托人的标签。否则，当法律服务机构无法提取委托人相关的记录时，则不得不删除整个数据库。

---

[32] TensorFlow 是一个机器智能开源软件库，TensorFlow.org, and see Ingersoll, "5 open source tools for taming text" opensource.com（July 8, 2015）, available at https：//opensource.com/business/15/7/five–open–source–nlp–tools.

[33] Hodgson, "A decentralized web would give power back to the people online," Tech Crunch（October 9, 2016）, available at https：//techcrunch.com/2016/10/09/a–decentralized–webwould–give–power–back–to–the–people–online.

九、文本数据的价值

对于大多数法律服务提供者来说，数字化的文本文件是他们提取数据的主要材料。在个人计算机出现之前，技术限制了法律服务机构可以生成的文件数量。要更正任何字体上的小错误都需要用打字机重新打印一份文件，这是一个费时费力的过程。自从个人计算机出现并普及，修改文件就变得很容易了，同时创建多份文件草稿的做法也越来越普遍。

一份合同可能有几十个版本，每个版本都保存为唯一的文件。法律服务机构以数字形式保存笔记、电子邮件、抄本和其他材料。使用计算机内存的单位成本下降后，对材料成本的节省变得十分明显。如今，即使是小型法律服务提供者也可以在一天之内生成以数字形式存储的文本，如果打印出来，将会是数百页乃至数千页的文稿。

法律文件没有结构。也就是说，没有人给文档中的单个单词或文本区域分配字段或标签㉞。人们可以应用结构查看非结构化文档，因此结构的缺乏不会阻止人类阅读或使用文档。例如，一个人可以识别合同的标题、引言，并可以将定价条款与损害赔偿条款分开，即使作者没有标记这些部分。然而，计算机看不到这些部分。数据科学家必须告诉计算机这些部分的存在以及哪些文本属于哪个部分。对于计算机来说，文本文档只是一长串表明它需要显示或打印什么的字符。

要对文本文档进行数据挖掘，需要对文本应用结构，数据科学家称这个过程为"文档解析"。人们可以通过标记标题、引言和每个段落等部分来解析文档。还可以更进一步，给文档中的每个单词加一个标签，如果你在学校学过划分句子，你可能就会这么做。句子"Tom sees a dog"（汤姆看见一只狗）可以通过标记"Tom"（汤姆）和"dog"（狗）为名词，"sees"（看

㉞ 2009年，美国证券交易委员会要求某些申报机构使用可扩展商业报告语言（XBRL）提交文件。该申报机构在其文件中标注财务数据。这些标签赋予文档结构，允许用户比较，如跨公司销售的商品的收入或成本，而无须手动从文档中提取数据并重新输入电子表格。See "Structured Disclosure at the SEC: History and Rulemaking," available at https://www.sec.gov/structureddata/historyandrulemaking.

见）是动词，"a"（一）为限定词来解析。甚至还可以进一步给每个段落、每个句子和每个字母分配一个数字。这些数字将提供一个坐标系来指代段落、句子、单词或字符。在"Tom sees a dog"（汤姆看见一只狗）中，"dog"（狗）是第四个且由第11~13个字符组成的单词（包括空格）。

让一个人去解析每个文档的成本太高且乏味又耗时。相反，软件可以解析文档。许多开源的软件程序可以用来解析文档。例如，斯坦福大学允许任何人使用CoreNLP解析程序（CoreNLP Parsing program）。[35] 除了基本的解析，其中一些程序还可以执行许多任务，比如识别单词之间的依赖关系，处理英语以外的其他语言（CoreNLP还可以处理阿拉伯语、汉语、法语、德语和西班牙语）。

数据科学家可以通过两种基本方式存储解析文本文档生成的信息：作为主文档的一部分，或与主文档分离。了解html或xml文档（互联网上使用的文档类型）结构的个人可以识别出主文档中的解析信息。使用我们的简单句子"Tom sees a dog"（汤姆看见一只狗）并将解析信息存储在主文档中，完成的文档看起来如下："＜名词＞汤姆(Tom)＜\名词＞＜空格＞＜\空格＞＜\动词＞看见(sees)＜\动词＞＜空格＞＜\空格＞＜限定词＞一只(a)＜\限定词＞＜空格＞＜\空格＞＜名词＞狗(dog)＜\名词＞"。虽然这种方法适用于简单的解析工作，但它仍产生了很多问题。[36]

数据科学家更喜欢保持原始文档的完整性，并创建一个或多个独立的文档，这些文档链接到原始文档，其中包含解析信息。可以把这看作是创建文本，然后创建索引。每个索引都告诉我们在哪里找到主文本以及将什么信息应用于该文本。索引可以告诉我们，如果我们进入句子"Tom sees a dog"（汤姆看见一只狗），句子的第四个单词是名词，而另一个索引可以告诉我们，名词"dog"（狗）是动词"sees"（看见）的宾语。解析器可以创建许多索引，并允许计算机根据需要组合各种索引，同时保持原始文档不变。拆

---

[35] See Stanford CoreNLP which is available under a GNU General Public License, available at http://stanfordnlp.github.io/CoreNLP/http://stanfordnlp.github.io/CoreNLP/.

[36] 将多层解析信息添加到文档中会出现问题，如标签内嵌标签、标签交叉标签。重新创建原始文档需要剥离所有的标签，标注时也更容易出错。

分文档的方法使得操作数据以及将数据与其他来源的数据组合起来更加容易。

数据科学家在准备过程中的两个时间点之一解析文档。首先，它们可以将文档解析为文档保存过程的一部分。这时许多知识管理系统都为文档创建一个简单的索引。软件可以在后台快速解析文档，使数据可以随时使用。其次，它们可以在保存文档之后的任何时间解析（或重新解析）。例如，数据科学家可以在保存文档时进行简单的词性解析（确定单词是否名词、动词等），在组织将来需要数据时进行更复杂的解析（单词依赖）。

一旦数据科学家解析了文档，数据就可用于多种用途。数据科学家可以将解析后的文档分解为法律术语（如法律选择、赔偿），并将这些术语在文档之间或与标准术语库进行比较。数据科学家可以通过比较来回答问题，例如某个合同条款是否常见，该条款的某些措辞是否常见，甚至该条款是否增加合同的风险，使合同超出可接受的水平（如含有该条款的合同更容易引发纠纷）。数据科学家可以将解析后的文本数据与关于诉讼频率和类型的数据结合起来，生成风险模型。风险模型可以在谈判过程中提醒经理，某些条款会增加风险水平。

在诉讼中，对案情摘要和法庭判决的分析可以揭示哪些论证对法官最有效。法律服务提供者可以通过分析论证风格来评估其说服力。法律服务机构还可以使用事实组合或案例建立复杂的法律论证图书馆。搜索这样的图书馆可以找出案件曾在法律摘要中使用过的实例，甚至可能导致法官依据案件做出上诉决定。

十、新的法律数据挑战

数据科学家可以单独使用文本和照片，也可以与其他数据源结合使用。但是，数据科学家和法律服务提供者可用的数据源的数量和类型已超出了传统数据来源。我们可以从物联网开始，嵌入了传感器的产品数量与日俱增。这些传感器将数据流（data streams）发送给被允许监听的人（以及未被允许监听的人，作为单独风险区域的主题）。如果你有一个可穿戴设备，当你坐在办公桌前或开车时，它可以捕捉你的心率和其他关于你身体状况的信息。如果另一辆车与你的车相撞，这些数据可能会在人身伤害诉讼中发挥作用。

法律服务提供者需要收集这些数据，并将其与其他数据（如来自汽车传感器的数据）结合起来，针对案件实施创设一个故事：受害者在撞车前是否心脏病发作，或者是否是撞车导致的心脏病发作？

法律服务提供者（如某位人身伤害律师）可能还想更进一步。律师可能想要收集那些司机在开车四小时内服用了某种处方药的身体状况相关数据。通过整合各种数据集，律师可能会怀疑是药物导致的健康问题，这些问题会在服用药物后的几小时内出现，并损害司机的驾驶能力。虽然法律服务提供者已经做了这些类型的分析，但他们在开始工作时并没有抱着这样的心态，即通过汇编数据集来洞察世界与法律之间的互动。

预计到2025年，将有数十亿台设备内置传感器，法律服务提供者需要收集多种不同格式的数据，并提供新的信息类型。㊲专门从事集体诉讼的法律服务提供者可能会发现潜在群体成员之间的共性，合同律师可能会了解系统的保修问题，而制造商的内部法律服务提供者可能会得到产品性能问题的早期预警。将设备上的数据与合同条款或法律条款连接起来，成为计算机的任务，而不仅仅是人类的任务。

法律服务机构可以每天都扩大数据所做事务的清单。面部识别软件可以从人群中识别出个人，以便警察扫描从商场、加油站或自动柜员机的闭路电视中捕获的图像。地理空间定位系统允许卡车运输公司随时定位其卡车的位置、速度，并且结合嵌入在道路和交通信号中的传感器，卡车运输公司（及其法律服务提供者）可以确定事故发生时的条件。

人身伤害法律服务提供者将通过这些数据流（加上来自可穿戴设备、受害者的汽车和智能手机中的数据）进行事故重建。将这些数据流与法律服务

㊲ 信息技术研究和咨询公司高德纳公司预测，到2020年，全球使用的联网设备数量将达到208亿。高德纳公司说，2016年将有40亿个连接的"设备"投入使用，比2015年增长30%。Gartner, "Gartner says 6.4 Billion Connected 'Things' Will Be in Use in 2016, Up 30 Percent From 2015," available at http：//www. gartner.com/newsroom/id/3165317. 有人预测，这些设备的传感器数量已经超过500亿，10年内可能会超过10 000亿。如果这种增长像预测的那样持续下去，来自这些嵌入式传感器的数据可能约占数字宇宙数据的10%。See IDC, "The Digital Universe of Opportunities：Rich Data and the Increasing Value of the Internet of Things," EMC Digital Universe（April 2014）, available at http：//www.emc.com/leadership/digital – universe/2014iview/internet – of – things.htm. 即使假设这些预估被夸大了，来自传感器的数据量也将很快压倒目前没有能力处理任何此类数据的法律体系。

组织的独特数据集结合起来，法律服务提供者就可以根据独特而庞大的数据库回答客户的问题；它提供了一种区分法律服务机构的方法。最重要的是，它使法律服务提供者能够基于对世界运作方式的更深入理解为委托人提供建议，而不是任何法律服务提供者仅凭自己的经验提供建议。

十一、结论

在21世纪，提供法律服务的许多方面并没有远远超出19世纪后期的做法。可能鹅毛笔已经让位于打字机，打字机又让位于计算机，但每种工具的输出仍然是隐藏在文件中的文本，而不是收集和分析的数据。直到20世纪后期，收集和分析法律数据，特别是文本数据，都是困难的。在21世纪，随着企业数据挖掘技术的迅速发展，用于收集和分析法律数据的复杂软件的可得性也在迅速增加。因此，20世纪末的法律数据工作方法已经过时，甚至是有害的，而现在我们已经清除了数据资源障碍。

咨询师、会计师、税务顾问和其他专业服务提供者在向客户提供建议时，不仅审查信息，并将其与个人经验进行比较。他们将收集数据作为实践的一部分，就像谷歌公司和亚马逊公司在提供信息服务时收集数据一样。利用广泛可运用的软件，这些专业服务提供商将来自过去服务的专有数据与公开可用的数据和来自客户的数据结合起来，以构建为客户提供的服务。

法律服务提供者和组织应该遵循同样的路径，首先将他们收集和创建的内容视为数据。虽然法律服务机构可以方便地获得将数据加工为信息的软件，但如果没有可获取且质量有保证的数据，该软件将毫无用处。法律服务组织应创建体系化的数据管理计划，并开始在整个组织中执行这些计划；此外，还应该探索与其工作领域相关的数据分析和外部数据源。法律服务提供者应该意识到，19世纪的金矿开采和20世纪的石油勘探已然让位于21世纪的数据资源挖掘。

第三章

解构合同：合同分析和合同标准

金斯利·马丁

目次

一、引论

二、技术能否完成人的工作

三、理论

四、合同分析

五、合同标准——模块化、标准化和简化

六、结论：合同的未来

一、引论

合同是一种商业语言，记录了我们的商业关系，管理着每年数万亿美元商品和服务的全球贸易。尽管合同很重要，而且我们生活在一个相互联系且日益紧密的世界里，但合同的起草和审查相对来说没什么变化，未能跟上其他商业领域的创新。

当前起草合同法律实践的不良后果已经被量化，结果令人担忧。国际合同与商业管理协会（International Association for Contract and Commercial Management）的蒂姆·康明斯（Tim Cummins）发现，糟糕的合同管理和合同缔结过程会导致年均收入9.5%的价值流失。[①] 安永会计师事务所的类似研

[①] Tim Cummins, Poor Contract Management Costs Companies 9% —Bottom Line, Oct. 23, 2012, Commitment Matters blog, https://commitmentmatters.com/2012/10/23/poor-contract-management-costs-companies-9-bottom-line/ (last visited Dec. 9, 2017).

究报告称，通过签订具有商业效率的合同，在整个运营周期内有效地管理这些合同，并将与供应商的商业活动中的浪费降至最低，一个组织通常可以节省5%～15%的合同支出。② 最后，根据毕马威的研究，供应商对合同的无效管理会导致17%～40%的价值损失。③

鉴于这种价值的巨大损失，世界各地的许多政府、企业、大学和个人都在开发下一代系统，对合同生成进行自动化和流程化。本章概述了一些关键措施，内容主题分成四个部分。第一部分研究技术是否能够真正用于执行合同相关的任务。第二部分描述了复杂性理论如何应用于层级解构（hierarchical deconstruction）和简化。第三部分将这些理论应用于合同分析的实践技术。第四部分介绍了合同语言的模块化和简化。

二、技术能否完成人的工作

在审查合同分析之前，我们必须首先回答这样一个问题：技术是否能够成功地模拟人工任务。人工智能最著名的支持者之一雷·库兹韦尔（Ray Kurzweil）是《奇点临近》一书的作者，他普及了这样一个概念：在不久的将来，技术将超过人类的能力。库兹韦尔预言，技术将以不断增长的速度帮助设计它的后继产品，创造一个技术奇点，或一个我们无法看到的世界。库兹韦尔和许多人都认为，技术的创新将是指数式的，而不是线性的。这种变化的速度发生在所有的技术应用领域，引发爆炸性的增长，有时还被称为"曲棍球棒效应"④。思考加速创新的一种方式是考虑计算机诞生以来所有的前人创新，并想象所有这些技术能力在未来一两年内翻倍。

---

② Ernst & Young, Supporting Local Public Services Through Contract Optimization, 2016, www.ey.com/Publication/vwLUAssets/Supporting_local_public_services_through_change_-_Contracts_optimisation/$FILE/EY_Contracts_optimisation.pdf（last visited Dec.9, 2017）.

③ Sourcing Focus, How to Stop the Value Leakage, 2016, www.sourcingfocus.com/site/featurescomments/how_to_stop_the_value_leakage/（last visited Dec.9, 2017）.

④ "曲棍球棒效应"，是指技术带来计算能力的提升所形成的创新增长，因笛卡尔坐标系曲线形状类似曲棍球棒，故以此命名。

以下是指数曲线告诉我们的（库兹韦尔）。到 21 世纪 20 年代中期，我们将成功地对人脑进行逆向工程。十年后，计算机将具备人类水平的智能。库兹韦尔将奇点的日期定在 2045 年——永远不要说他激进。他预计，在 2045 年，计算能力的大幅提高和成本的大幅降低，人工智能的数量将是当今人类智力总和的十亿倍。[5]

当然，也有很多人质疑计算机能否真正变得智能化。例如，休伯特·德雷福斯教授等在他们的著作《思维战胜机器》中，将学习的五个阶段描述为一个材料硅和逻辑电路无法模拟的过程。[6]《纽约时报》的一篇观点文章在回应 IBM 沃森文档的云开发工具在名为"出局"的节目上的获奖表现时断言："IBM 沃森文档的云开发工具仍然不能思考。"[7] 但我们是否相信机器在"思考"并不重要，结果才是最重要的。当我们从输出结果或者结果的角度来考虑任何情况时，智能、判断、暴力或深度学习之间的区别是什么？

微软联合创始人保罗·艾伦（Paul Allen）等其他人则认为，尽管奇点很可能发生，但在那之前还有很长一段路要走。[8] 艾伦指出，实现奇点将需要软件方面的巨大发展（不仅是硬件能力的提高），而且复制人类能力的速度不太可能加快。艾伦断言，事实上，我们可能会踩下"复杂性刹车"，因为"随着对自然系统的理解越来越深入，我们通常会发现需要更专业的知识来描述它们，并被迫以越来越复杂的方式不断扩展我们的科学理论"。

再次强调，核心的疑问是基于这样一个事实：人类大脑非常复杂，因而难以复制。但是，正如对艾伦的一篇评论所说，计算机能否执行人类的任务，这类怀疑的前提是奇点只在人类智能能够被设计制造出来时才会出现。更有可能的是，成千上万并不模仿人类的智能体聚积起来，使得系统具有超越人

---

[5] Lev Grossman, 2045: The Year Man Becomes Immortal. 我们正在快速接近人类与机器融合的时刻。Welcome to the Singularity movement, TIME, Feb. 10, 2011.

[6] Hubert L. Dreyfus, Stuart E. Dreyfus & Tom Athanasiou, Mind over machine: The Power of Human Intuition and Expertise in the Era of the Computer (1988).

[7] Stanley Fish, Watson Still Can't Think, The New York Times, Feb. 28, 2011.

[8] Paul Allen, The Singularity Isn't Near, MIT Technology Review, Oct. 12, 2011.

类的智能，在许多任务上超过了人的能力，以至于除了最有创造力的人之外，所有人类智能将显得微不足道。

或者，正如另一个评论预测的那样：奇点是指"生产力增长率永久超过经济产出增长率的点"。一旦出现这种情况，人类在经济领域的工作岗位势必不断减少。

即使对于高级自动化的支持者来说，这个奇点也要过很多年才能实现。并且，这种进步不应被视为在某个时间点机器变成超智能的状态。它是一种技术在一系列阶段的进化。自动化的可能阶段如图3.1所示。这些阶段反映了回答一个复杂问题所需的技能，如哪种形式的合同最能满足委托人的需求。

首先，需要我们找到相关的材料，比如之前的合同。我们可以使用传统的编目技术或更现代的搜索工具来完成这项任务。一旦我们收集了相关材料，就必须进行数据分析，并确定可能在每种类型的合同中找到的全部条款元素（以及替代方案）。最后，一旦确定了所有的元素并检查了备选表单，就必须确定最佳配置。

如图3.1所示，技术尚不具备预测最佳合同形式的能力。因此，技术本身不应被视为夺走工作岗位的威胁。现在的技术水平更像是外科医生用来增强医生洞察力的核磁共振成像机。在合同分析方面，今天的技术可以分析大量的合同，创建一个清单供律师考虑，并为其他律师提供如何起草合同条款的例子。可以把合同分析技术想象成类似于拼写和语法检查。当你起草一份文档时，检查器会将你起草的内容与它的每一个拼写正确的单词和语法规则库进行比较。它清楚地展示了你所写的内容与规范化的标准之间的区别，然后允许你比较、选择。合同分析技术做了一些类似的事情，但是它不仅是简单的拼写和语法检查，而是将合同中的复杂条款和语言表达（要么是你写的，要么是别人写但你需要审查的）与大量成功执行的合同条款和语言表达进行比较。该技术清楚地向你显示了拟定的合同与标准合同相比的情况，并允许你快速、轻松地进行更改，以提高文档的质量和全面性。

法律任务自动化

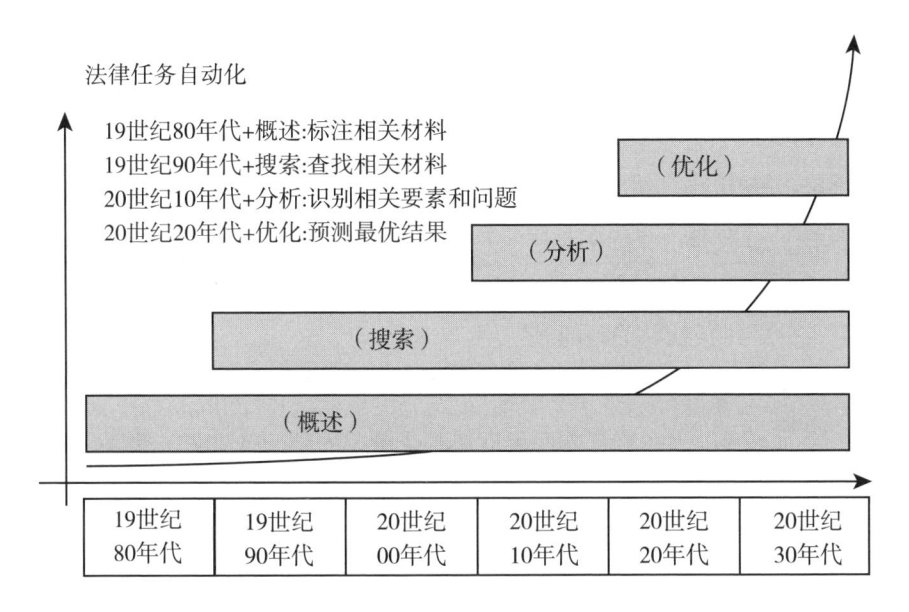

19世纪80年代+概述:标注相关材料
19世纪90年代+搜索:查找相关材料
20世纪10年代+分析:识别相关要素和问题
20世纪20年代+优化:预测最优结果

（优化）

（分析）

（搜索）

（概述）

| 19世纪
80年代 | 19世纪
90年代 | 20世纪
00年代 | 20世纪
10年代 | 20世纪
20年代 | 20世纪
30年代 |

图3.1 法律任务自动化的阶段

三、理论

本章的理论基础建立在两个主要假设之上。首先，所有复杂的系统都可以通过层级解构的过程进行检查，从而可以发现共同的构建模块或模式。其次，所有复杂的系统，随着时间的推移，都遵循一个从一次性到大宗商品的成熟度模型。通过组合，解构和成熟度模型允许我们通过树木看到整个森林，并简化整个过程，而不限制最终系统适应各种适用环境的能力。

（一）技术：复杂性和层级解构

从层级解构中获得的洞察力来自由诺贝尔奖得主赫伯特·西蒙（Herbert Simon）首先开发的复杂性科学。解构主义已经被应用于科学、工程、艺术和文学，它的目标是透过云复杂性，识别出核心元素，并确定它们是如何拼凑在一起的。以任何标准衡量，合同都是复杂的文件。将每个合同视为文字独一无二的组合，并且是为每个交易专门定制的。但是，它们的不同之处真的大于相似之处吗？我们怎样才能透过差异和复杂性看到基本模式呢？

首先是检查合同的结构。复杂性理论不同于传统的因果或线性思维，它具有非线性的特点。⑨ 它设法解决的问题如动态的、不可预测的、多维的合同，由一系列相互关联的关系和部分组成，其中确定性被概率取代。复杂性的思想领袖赫伯特·西蒙注意到，所有复杂的系统都可以分解成一个嵌套的子系统层次结构。⑩"然而，关键的是，并不是所有的子系统都是同等重要的（如中心）。特别地，一些子系统是系统性能的核心，而其他子系统只是外围的。"⑪ 合同也有类似的属性。并不是所有的术语都同等重要。在许多情况下，只有少量的条款是关键的。⑫

实证分析证实，在结构或基本构成要素层次存在高度的相似性。这并不奇怪，因为合同记录的业务关系已经执行了数百万次。多年来，购买、销售、授权和参与服务的方式已经被记录成一套可知的规范。例如，交付商品、提供服务或给付某物的方式是有限的。事实上，正如"合同标准"（contract standards）统一合同框架所描述的那样，所有的合同间存在连贯性。⑬ 当然，也有非常罕见的情况，即第一次执行交易，但这种罕见的情况不应掩盖一般规则，毕竟它们只是例外。

（二）内容：自动化和标准化

维基百科将成熟度描述为"一个组织在特定学科中持续改进的能力的度量"。⑭ 不同的成熟度阶段可以通过其他行业的镜头来观察，以便更好地理解商品化的过程。例如，亨利·福特（Henry Ford）通过引进装配线技术以及模块化、标准化部件，彻底改变了汽车制造业。如果福特只是引进自动化装配线，他可能就不会取得成功。如果一辆车的每个部件都设计得不

---

⑨ Complexity Science in Brief, 2012, www.uvic.ca/research/groups/cphfri/assets/docs/Complexity_Science_in_Brief.pdf (last visited Dec. 8, 2017).

⑩ Herbert A. Simon, The Architecture of Complexity, Proceedings of the American Philosophical Society, Vol. 106, No. 6. (Dec. 12, 1962), pp. 467–482.

⑪ Alan MacCormack, Carliss Baldwin, and John Rusnak, The Architecture of Complex Systems: Do Core–periphery Structures Dominate? Harvard Business School Working Paper 10–059, Jan. 19, 2010.

⑫ Kingsley Martin, Some Observations on the Nature of Contract Drafting, Feb. 28, 2011, http://contractanalysis.blogspot.com/2011/02/some-observations-on-nature-of-contract.html (last visited Dec. 8, 2017).

⑬ www.contractstandards.com/resources/csframework.

⑭ https://en.wikipedia.org/wiki/Maturity_model (last visited Dec. 8, 2017).

一样，而没有考虑它们是如何组装在一起的，那么这条生产线很快就会熄火。

理查德·萨斯坎德（Richard Susskind）在《法律的未来》一书中描述了法律行业的发展轨迹。⑮ 他将这些阶段分类为从定制的、标准化的、系统化的、打包式的、商品化的过程。不幸的是，法律在很大程度上仍然停留在定制阶段，在这个阶段中，所有问题都被视为独特的，需要定制的解决方案（见图 3.2）。

定制 → 标准化 → 系统化 → 打包 → 商品化

图 3.2　法律服务的演变⑯

资料来源：Richard Susskind。

四、合同分析

（一）合同技术的演变

在接下来的几年里，技术可能会从单点解决方案（实现特定任务的自动化）发展到完全集成的平台，实现合同自动化配置流程，协调合同生命周期的所有阶段。总的趋势是引入更多的标准化流程，然后在内部和外部的所有系统中集成这些标准。现在，大多数合同工作是由专业人员执行的，而技术在其中的应用有限。随着时间的推移，这种模式可能会发生逆转，更多的合同任务由标准程序处理，而较少的非标准任务由个人承担。如图 3.3 所示⑰，趋势线预示着由专业人员一次性完成的任务占比下降，而由技术和系统进行的任务占比将上升。

---

⑮ Richard Susskind, The Future of Law, Clarendon Press Publication, 1998.

⑯ Richard Susskind, "Susskind on the Evolution of Legal Services," The Am Law Daily, Oct. 10, 2017.

⑰ Kingsley Martin, Contract Maturity Model（Part 2）: Technology Assembly Line—from Active to Passive Systems, June 16, 2016, http://legalexecutiveinstitute.com/contract-maturity-technology-assembly-line/ (last visited Dec. 8, 2017).

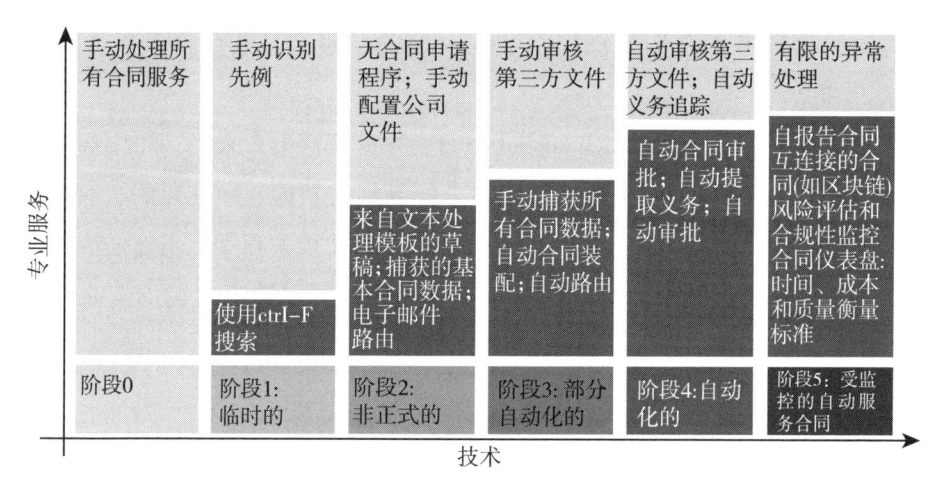

图3.3中各区块文字（自左上至右下，按阶段列）：

- 手动处理所有合同服务
- 手动识别先例
- 无合同申请程序；手动配置公司文件
- 手动审核第三方文件
- 自动审核第三方文件；自动义务追踪
- 有限的异常处理

- 使用ctrl-F搜索
- 来自文本处理模板的草稿；捕获的基本合同数据；电子邮件路由
- 手动捕获所有合同数据；自动合同装配；自动路由
- 自动合同审批；自动提取义务；自动审批
- 自报告合同 互连接的合同（如区块链）风险评估和合规性监控 合同仪表盘：时间、成本和质量衡量标准

横轴：技术　纵轴：专业服务

阶段0 | 阶段1:临时的 | 阶段2:非正式的 | 阶段3:部分自动化的 | 阶段4:自动化的 | 阶段5:受监控的自动服务合同

图 3.3　合同技术成熟度模型

（二）合同分析工具

最近，合同分析技术已经出现，为我们提供了富有前景的工具，让我们能够洞察单个合同和数千个合同的投资组合。合同分析的核心是一套技术和流程，能够解析一个、几十个、几百个、几千个甚至几百万个合同，并识别所有合同中的模式。

整体的方法是层级解构。首先，算法将合同分解成它们的条款组件（或构建模块）。其次，将每个条款分解成句子，软件分析每个条款的精确语言。最后，在单词级别检查句子，以确定关键的合同变量，如名称、地点、日期和数量。总体方法如图3.4所示。

图3.4中文字：

结构分类
确定
- 合同的组织方式
- 它们包含哪些条款
- 每个条款的标准语言
- 各种交易特定的备选方案

自然语言
识别
- 主题物
- 行动/义务
- 对象
- 上下文

元数据提取
提取
- 条款存在与否
- 关键合同语言
- 关键业务条款
  - 名称
  - 地点
  - 日期
  - 金额

图 3.4　合同分析工具组件

合同分析应用归纳推理技术来识别特定类型合同的要素。算法首先将一组合同样本分解成基本组件，如法律条款和句子。接下来，软件在其他文档中寻找相似的组件。最后，这些工具将组件聚合到一个组织框架中，并捕获关键的统计信息。

（1）解构。对于简单的合同，可以将其解构生成一个扁平的条款段落列表；对于较长的和更复杂的合同，可以解构生成章、节、条款和子条款的分级提纲。合同分节（section）解构的一个关键优点是，输出的结果可以利用作为提纲标题和归类概念的标题。例如，软件可以将所有的代理、担保和条款归入相关概念的章节。

（2）匹配。接下来，软件对于每个条款块或句子，在所有其他合同中找到与该块或句子最接近的匹配。通常，"最近匹配算法"（closet match algorithms）基于某种形式的术语频率（term frequency，TF）—逆文档频率（inverse document frequency，IDF）。该公式由两个要素组成。第一个要素，TF 使用以下公式衡量术语在文档或一组文档中的一个文本块中出现的频率：

TF（t）=（术语 t 在文档中出现次数）/（文档中术语的总数）

但是，TF 将识别常见（或不可区分的）单词，如"the"或"and"。第二个要素，即 IDF，使用以下公式来衡量术语的重要性或区别度：

IDF（t）= log（文档的总数/包含术语 t 的文档数量）

在管辖法条款的适用下，将公式应用于一组条款（相对于文件）时，"管辖""翻译""解释"这些词将产生较高的 IDF 分数。与其他条款相比，这些词在该条款中出现的频率较高，因此可以用作搜索模式，在其他合同中查找匹配项。

TF–IDF 可以通过使用额外的统计度量（如单词邻近度和 n–grams[18]）调整单词权重来进行改进。图 3.5 显示了一个例子，从一组简历中匹配文本模块来识别标题为"爱好"的段落的部分。

（3）整合。整合过程将所有匹配的要素重新组装成一个单一的公共提纲。图 3.6 给出了一种匹配块的方法。产生的提纲如图 3.7 所示。这个过程通常是迭代的。它类似于游戏 MasterMind™，玩家试图通过一系列问题和二

---

[18] n–gram 是由给定文本或语言序列中的几个条目组成的连续序列，如"保持无害"。

进制答案来构建自己的知识体系来解码一个模式序列。在每次整合时，软件以特定的顺序组织从句并对其进行排序，并确定样本集中有多少文档与从句匹配。然后，它对演进的提纲进行整理和排序，并确定结构是否匹配更多（或更少）的样本。每次匹配得越多，就越接近总体标准。其结果是匹配出所提供样本中最大数量实例的分层构建块的提纲。

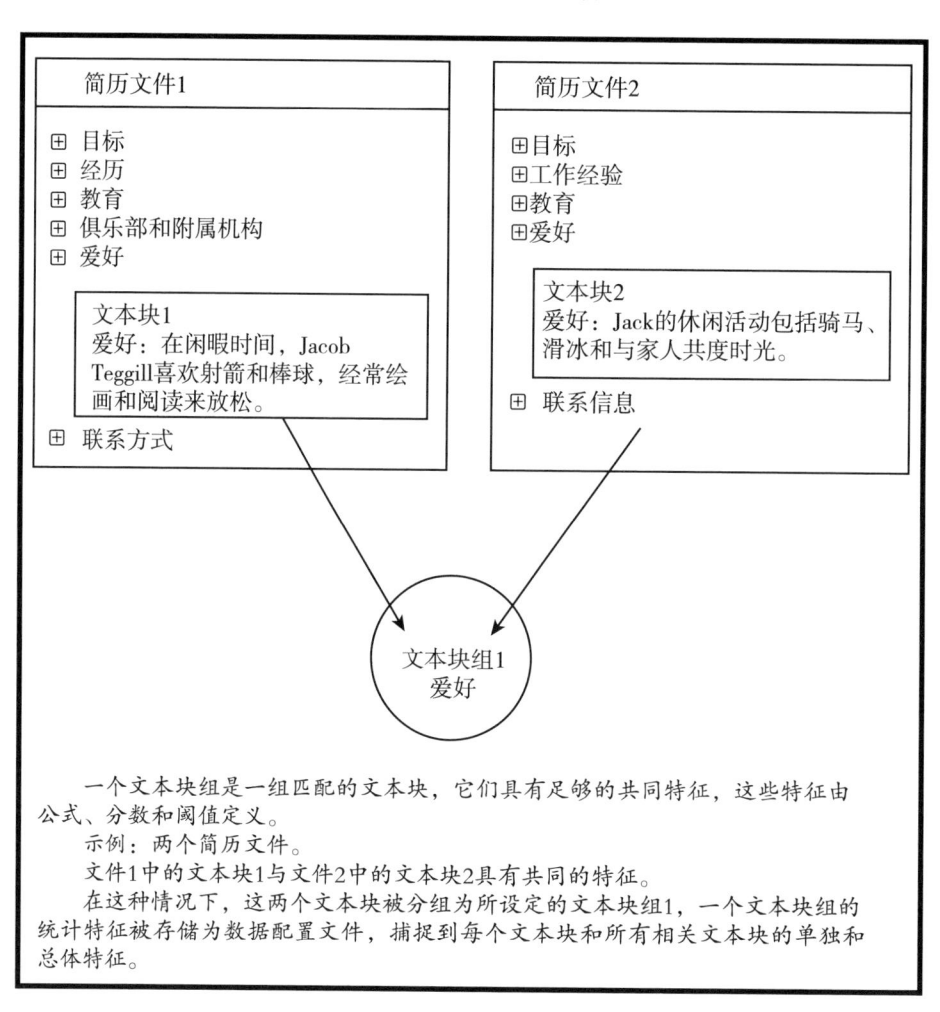

```
┌─────────────────────────────────────────────────────────────────┐
│  ┌─────────────────────────────┐   ┌─────────────────────────┐  │
│  │ 简历文件1                    │   │ 简历文件2                │  │
│  │ ⊞ 目标                      │   │ ⊞ 目标                  │  │
│  │ ⊞ 经历                      │   │ ⊞ 工作经验              │  │
│  │ ⊞ 教育                      │   │ ⊞ 教育                  │  │
│  │ ⊞ 俱乐部和附属机构           │   │ ⊞ 爱好                  │  │
│  │ ⊞ 爱好                      │   │                         │  │
│  │   ┌───────────────────────┐ │   │ ┌─────────────────────┐ │  │
│  │   │ 文本块1                │ │   │ │ 文本块2              │ │  │
│  │   │ 爱好：在闲暇时间，Jacob │ │   │ │ 爱好：Jack的休闲活动 │ │  │
│  │   │ Teggill喜欢射箭和棒球， │ │   │ │ 包括骑马、滑冰和与家 │ │  │
│  │   │ 经常绘画和阅读来放松。  │ │   │ │ 人共度时光。         │ │  │
│  │   └───────────────────────┘ │   │ └─────────────────────┘ │  │
│  │ ⊞ 联系方式                  │   │ ⊞ 联系信息              │  │
│  └─────────────────────────────┘   └─────────────────────────┘  │
│                        ╲                 ╱                      │
│                         ╲               ╱                       │
│                          ⭢   ⭠                                 │
│                       ╱─────────╲                               │
│                      │ 文本块组1  │                              │
│                      │  爱好     │                              │
│                       ╲─────────╱                               │
│                                                                 │
│   一个文本块组是一组匹配的文本块，它们具有足够的共同特征，这些特征由 │
│ 公式、分数和阈值定义。                                           │
│   示例：两个简历文件。                                           │
│   文件1中的文本块1与文件2中的文本块2具有共同的特征。             │
│   在这种情况下，这两个文本块被分组为所设定的文本块组1，一个文本块组的│
│ 统计特征被存储为数据配置文件，捕捉到每个文本块和所有相关文本块的单独和│
│ 总体特征。                                                      │
└─────────────────────────────────────────────────────────────────┘
```

图 3.5 匹配文本块组（一）[19]

---

[19] 来自美国专利编号为 8606796 的插图：用于创建识别和分析文件与文件部分的数据概要引擎、工具创建引擎和产品接口的方法和系统。

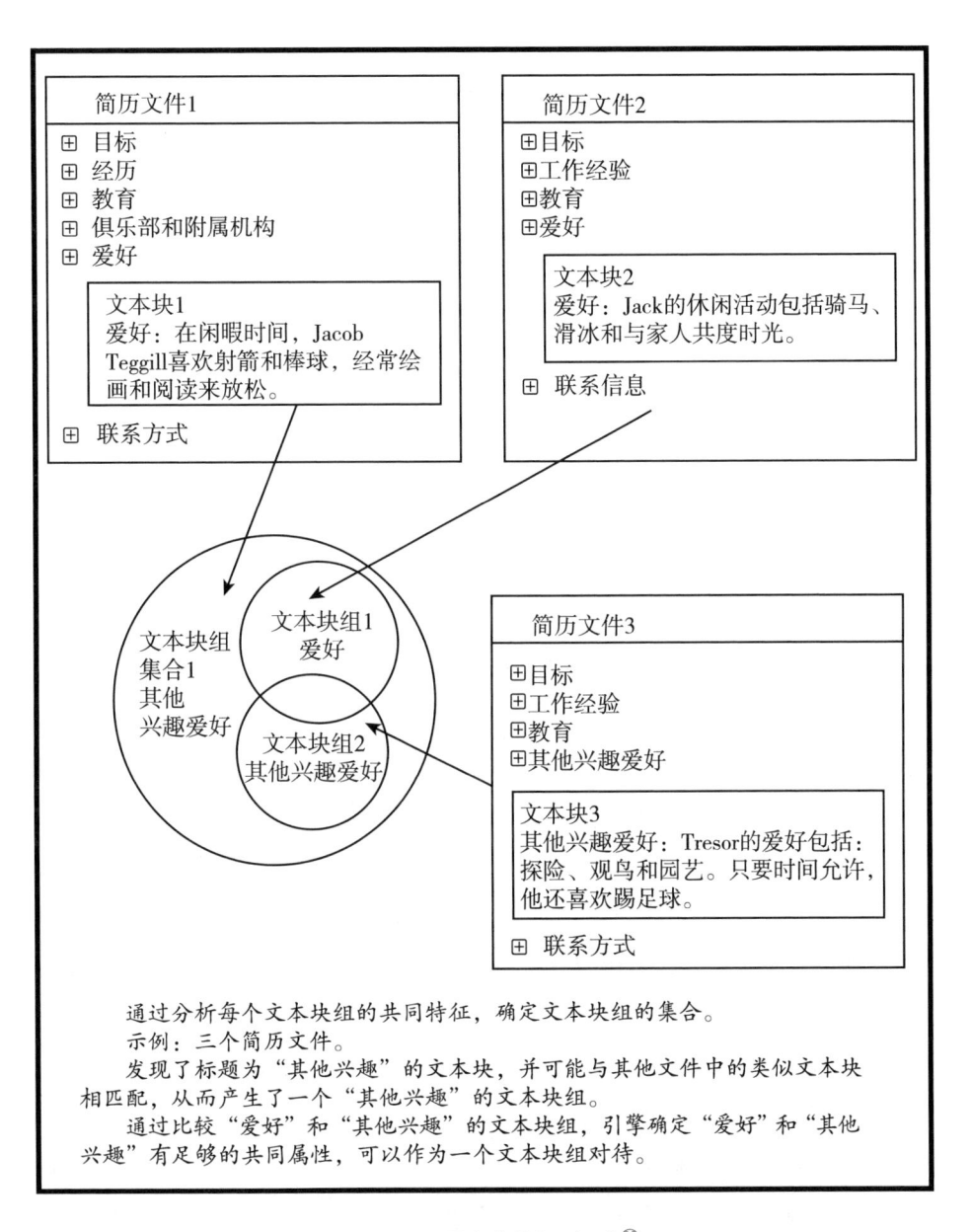

第三章 ‖ 解构合同：合同分析和合同标准

```
┌─────────────────────────────┐  ┌─────────────────────────────┐
│ 简历文件1                    │  │ 简历文件2                    │
│ ⊞ 目标                       │  │ ⊞ 目标                       │
│ ⊞ 经历                       │  │ ⊞ 工作经验                   │
│ ⊞ 教育                       │  │ ⊞ 教育                       │
│ ⊞ 俱乐部和附属机构            │  │ ⊞ 爱好                       │
│ ⊞ 爱好                       │  │  ┌───────────────────────┐  │
│  ┌─────────────────────┐    │  │  │ 文本块2                │  │
│  │ 文本块1              │    │  │  │ 爱好：Jack的休闲活动   │  │
│  │ 爱好：在闲暇时间，Jacob│    │  │  │ 包括骑马、滑冰和与家人 │  │
│  │ Teggill喜欢射箭和棒球，│    │  │  │ 共度时光。             │  │
│  │ 经常绘画和阅读来放松。 │    │  │  └───────────────────────┘  │
│  └─────────────────────┘    │  │ ⊞ 联系信息                   │
│ ⊞ 联系方式                   │  │                              │
└─────────────────────────────┘  └─────────────────────────────┘
```

文本块组集合1 其他兴趣爱好
  - 文本块组1 爱好
  - 文本块组2 其他兴趣爱好

```
┌─────────────────────────────┐
│ 简历文件3                    │
│ ⊞ 目标                       │
│ ⊞ 工作经验                   │
│ ⊞ 教育                       │
│ ⊞ 其他兴趣爱好               │
│  ┌─────────────────────┐    │
│  │ 文本块3              │    │
│  │ 其他兴趣爱好：Tresor的│   │
│  │ 爱好包括：探险、观鸟和 │    │
│  │ 园艺。只要时间允许，   │    │
│  │ 他还喜欢踢足球。       │    │
│  └─────────────────────┘    │
│ ⊞ 联系方式                   │
└─────────────────────────────┘
```

通过分析每个文本块组的共同特征，确定文本块组的集合。
示例：三个简历文件。
发现了标题为"其他兴趣"的文本块，并可能与其他文件中的类似文本块相匹配，从而产生了一个"其他兴趣"的文本块组。
通过比较"爱好"和"其他兴趣"的文本块组，引擎确定"爱好"和"其他兴趣"有足够的共同属性，可以作为一个文本块组对待。

图 3.6 匹配文本块组（二）[20]

---

[20] Id US Patent 8606796.

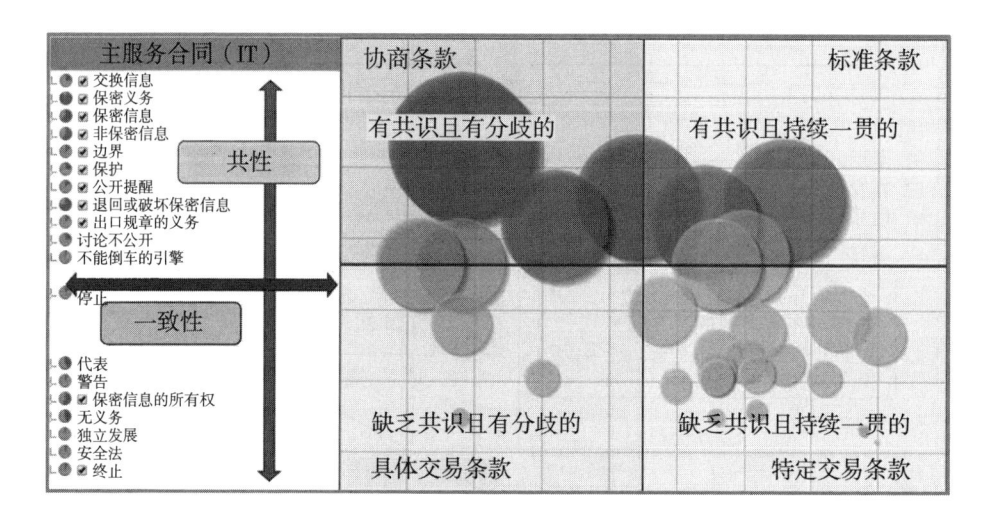

图 3.7 合同分析可视化

（4）参考标准——统计的基准点。在整合过程中，合同分析工具还能捕获公共提纲中每个分支的关键统计信息，并计算集合中每个条款的频率。共性统计数据提供了对条款使用的理解。抽样的大多数合同中都有数据支持吗？如果有，我们则可假设该条款是合同中所必需的。或者，它只出现在部分而非全部的合同中？如果是这样，我们可以推测该条款在特定的情况下是可选的。此外，合同分析工具还可以检测样本语言表述的一致性，以提供更深入的理解。在语言表述大体一致的地方，我们可以考虑使用术语标准（或者范本）。如果这个术语是高度变化的，那么我们可以把它归类为高度协商性的术语，或是用于特定情境的术语。

分析结果可以发现像所有样本中显示的那样，以最具代表性的方式组织的所有条款的提纲。条款也可以绘制在图 3.7 所示的图上，显示协商条款（negotiated clauses）、标准条款（standard clauses）、特定交易条款 transaction-specific clauses）和具体交易条款（deal-specific clauses）。

- 右上象限是标准条款，包含经常出现的、一致的条款。此类条款的例子应包括所谓的"样板"条款。然而，正如分析所显示的那样，这种样板条款实际上可能在语言表述上存在很大的差异。
- 左上象限是协商条款，包含经常出现的分歧条款。这些条款出现在大多数合同中，但包含不同的语言表述。这种语言表述差异可能是由于双方之间的谈判产生了不同的措辞，也可能是由于不同的起草习惯和个人偏好。例如，收购合同中的购买价格条款可能会在一系列文件中表现出很大的差异。然而，在可分割条款中也可以找到类似程度的差异。

- 右下象限是特定交易条款，包含不常出现的条款，但当发现这些条款时，它们都是一致的语言表述。特定交易条款的一个很好的例子是合并合同中的"要约"条款。该术语可能出现在大约20%的合同中，表明此类交易是以要约的形式进行的。在这些情况下，语言表述可能是一致的。
- 左下象限是具体交易条款，包含不常出现的条款。这些条款显示出较大的语言表述差异。这些条款是为特定交易定制的。

然而，并不是所有的条款都适合上述四种象限模式（模型）。应当表述一致的条款在现实中经常变化。这种差异在很大程度上可以归因于交易习惯和个人的起草偏好。事实上，当分析来自大量不同组织的文档时，与来自单个律师事务所或公司法务部的文档相比，这一点非常明显。文件来源越多样化，条款和语言表述就越多样化。当然，随着来源的多样化，差异也会增加，这并不奇怪，因为它们包含了更多的起草习惯和个人偏好。关键的一点是，当差异增加到某个阈值以上时，统计数据的有效性就会降低。

（三）语言表述（法律术语）

在确定了结构性条款块之后，接下来技术可以检查每个条款的语言表述，锁定上下文，以及对其含义的理解。

1. 监督式解构（分解清单）

正如合同分析工具分析整个合同并识别条款构建块一样，算法以类似于将整个合同分解成条款的方式来研究复杂条款的共性，但是在更细化的级别上。例如，赔偿条款可以分解为核心的、突出的要素：谁赔偿谁、赔偿什么、在什么情况下赔偿。该方法可应用于详细的文件解构，其中高亮显示的文本展示了共同的要素。

实证分析再一次证实，每项条款中的核心概念在实质上高度一致的，而准确的词语在语义上可能因条款示例的不同而不同。

副本条款和条件的约束

X. 赔偿（Indemnification）。根据本文的条款和条件……在交易结束时，母公司应对公司的每个证券持有人及其各自的关联公司，以及上述每个人的代理人、关联公司、继承人和受让人（每个人即"卖方赔偿方"）进行赔偿，使其免受卖方赔偿方直接或间接因以下原因引起或遭受的任何和所有损害：

（a）违反或不准确地执行本合同中规定的母公司或并购子公司的表达或保证，或违反根据……条款，在交易完成时交付的母公司或合并子公司的证明。

（b）违反本公司中母公司或并购子公司的任何约定或公司，或母公司及并购子公司为本合同预期的任何其他合同（或任何第三方主张的索赔，如果成功，将导致任何上述任何索赔）以及公司违反本合同第……节规定的承诺。

2. 程序化解构

如今，"分解"分析是以半自动化的方式进行的，专家们审阅程序输出，并编制出全面的清单以确定赔偿的核心要素、可选要素和其他条款。与此同时，技术人员正在进一步自动化这一过程，为所有类型的合同创建详细的清单。这项工作很大程度上依赖自然语言处理技术。自然语言处理是计算机程序理解人类书面和口头交流的能力，该技术由许多关联技术组成，[21] 其核心能力是通过标注单词的词性，找出单词之间的关系，并解决歧义，将句子解析为它们的词汇成分。

斯坦福大学的分析程序是著名且使用广泛的自然语言处理平台之一。例

---

[21] Introduction to Natural Language Processing（NLP），Algorithmia Blog，Aug. 11，2016，https：//blog. algorithmia. com/introduction‐natural‐language‐processing‐nlp/（last visited Dec. 8，2017）.

如，斯坦福大学的分析程序可以用词性标记单词，并识别单词之间的关系，如图 3.8 所示。

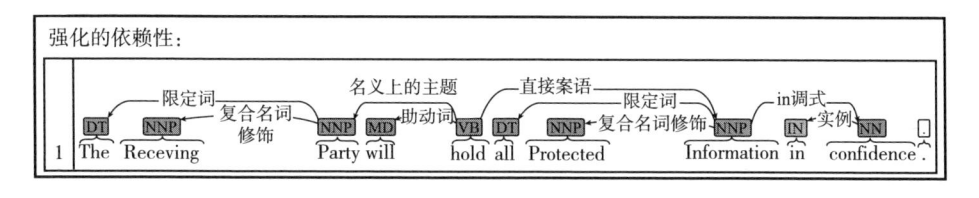

```
强化的依赖性：
                    名义上的主题      直接宾语
        限定词 ┐  ┌─复合名词─┐ ┌─助动词─┐ ┌─┐ ┌限定词─┐        ┌in调式─┐
             │  │   修饰   │ │       │ │ │ │      │         │  实例  │
        DT   │ NNP        │NNP  MD  │ VB DT      │NNP复合名词│  IN   │NN
   1   The  Receiving     Party will hold all   Protected修饰Information in confidence.
```

图 3.8　斯坦福大学的自然语言处理解析器[22]

幸运的是，与日常用语相比，合同通常使用一个较为狭窄的词汇表。它们是以主语、谓语和宾语的形式写成的一系列陈述句。这给了自然语言处理一个框架来决定谁是行为者（或主体），什么行为（或动词），行为的性质（对象）。当然，当试图解析长句、复合句或非常复杂的句子时，这可能会很复杂（并且容易引起更多的解释或歧义）。同样地，人类很难在超过几百个单词的句子中找到确定的含义。

（四）数据（业务术语）

1. 识别业务术语

最后，在每个句子中，软件可以检查单词并识别关键变量术语（通常代表合同的业务术语），如名称、地点、日期和价格等。例如，在下面的句子中，关键术语被突出显示。

> 本主服务合同于 2017 年 1 月 1 日由 ABC 公司、特拉华公司（"卖方"）与加州有限责任合伙企业 XYZ 公司（"买方"）签订。

这些摘要可以总结在一个术语表中，其中包含关键变量，如合同类型、当事人名称、律师事务所名称、报酬、司法辖区以及通知期限。

2. 元数据提取工具

用于自动化的数据提取（automated data extraction）编程工具通常是正则表达式和自然语言处理等技术的结合。正则表达式（regular expression，

---

[22] 使用 brat 可视化/注释软件提供可视化服务。

regex）是定义搜索模式的字符序列。在某些情况下，它们可以是单词或单词的一部分。但它们也可以是字符，如 XXX－XX－XXXX：一种描述社会安全号码的模式。

该模式可以用正则表达式表示为：^\d{3}－\d{2}－\d{4}$。其中，\d 代表一个从 0 到 9 的数字；{3} 表示重复最后一条指令三次。

但是，即使是相对可预测的模式，如社会安全号码，也可能变得复杂，例如，用空格或点代替破折号。在诸如地址类的文字表述中，明显的可变性要求编程解决方案能够检测地址变化的部分，并应用概率解决方案来预测文本内容实际上是地址的可能性有多大。

尽管很复杂，但每年都有重大进展，比如与全球开发者社区共享的斯坦福大学自然语言处理分析程序，这种开源程序正在不断创新。例如，图 3.9 显示了斯坦福大学的分析程序获取的示例开头的句子。

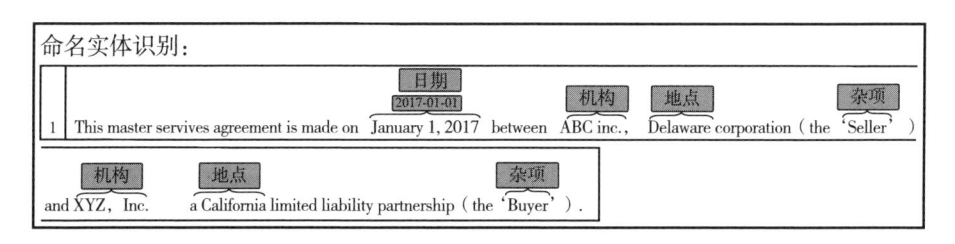

命名实体识别：

| 日期 | 机构 | 地点 | 杂项 |

1 This master servises agreement is made on January 1, 2017 between ABC inc., Delaware corporation (the 'Seller')

| 机构 | 地点 | 杂项 |

and XYZ, Inc. a California limited liability partnership (the 'Buyer').

图 3.9 斯坦福大学的一个分析程序应用实例

（五）训练的方法

合同自动化最重要的发展是在机器训练领域。如下所示，这项工作的重点是创建特定合同类型的要素，并匹配其他合同中的类似要素。它已经从很大程度上的手动流程集发展到越来越自动化的流程集。

方法	框架	匹配
手动的	人工鉴定条款	基于规则的匹配
有监督的	结构化匹配	机器学习/TF－IDF
自动化的	深度学习	机器学习/TF－IDF

1. 手动的：基于规则的机器学习

在早期，合同分析主要是手工操作的。专家们经常使用搜索工具，手动创建一个术语清单。然后，对每个术语，程序员开发基于规则的脚本来查找条款范例。例如，使用正则表达式作为搜索模式，如以下表中显示的支配规则实例，可以尝试重找匹配的语句。

</>	th(?:e|is)\s+{AGREEMENT}.*?(?:governed|construed).*?laws.*?of.*?({STATE}) Where{AGREEMENT} and {STATE} are macros that expand out to a list of alternatives.

这种方法面临的挑战在于，专家手工创建的模式不太可能找到适用管辖法律条款的所有案例。从技术角度而言，这种模式可能会产生很高的精度，但由于合同语言表述之间的高度差异，能找到的案例并不多。此外，需要为所有语言手动创建模式。

2. 有监督的：机器学习

为了克服基于规则的技术固有的局限性，机器学习工具（如 TF - IDF）训练计算机来识别匹配的特征。专家定义相关的文本块，提供范例和指导，机器识别区分文本块的相关特征。

> 机器学习是人工智能（AI）的一种应用，它提供系统自动学习和从经验改进的能力，而并非程序编码。[23]

汤姆·米切尔（Tom Mitchell）将机器学习解释为："如果计算机在任务 T 中的表现（用 P 衡量）随着经验 E 的提高，那么计算机在任务 T 中的表现（用 P 衡量）就会从经验 E 中学习。"

3. 自动化的：深度机器学习

深度学习将自动化过程进一步推进，算法自动识别构建要素和哪些特征对分类是重要的（见图 3.10）。

> 深度学习是一种特殊的机器学习，它通过学习将世界表示为嵌套的概念层次结构，每个概念的定义相对简单，而抽象的表达则以不那么抽

---

[23] What is Machine Learning? A definition, Expert System blog, www.expertsystem.com/machine - learning - definition/（last visited Dec. 8，2017）.

象的概念计算，从而获得强大的功能和灵活性。[24]

概念的层次结构允许计算机将简单概念构建为复杂的概念。如果我们画一个图来显示这些概念是如何建立在彼此之上的，这个图纵深很广且多层。出于这个原因，我们把这种方法称为人工智能深度学习。[25]

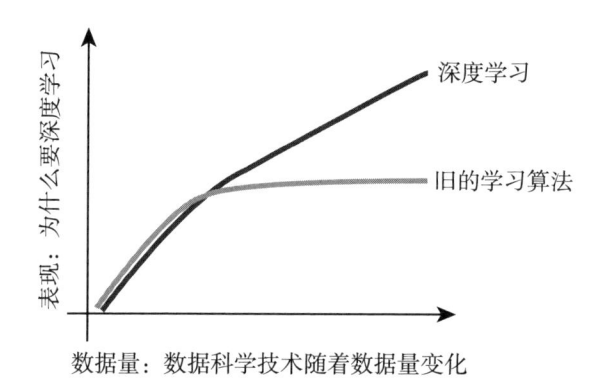

图 3.10 深度学习对比

深度学习最好采取整体协作，将整个合同作为软件检查的基础。因此，深度学习系统（见图 3.9）[26]所需的训练时间更长，对计算能力的要求也更高。不过一旦训练完成，其可以比传统的机器学习技术运作更快，因为数据量更大、学习时间更长。

分析交易类合同面临的挑战通常是由于缺乏大量的样本和内容的高可变性。事实上，这就是合同分析的机器学习技术的训练仍处于监管状态的原因。

五、合同标准——模块化、标准化和简化

（一）内容标准的演进

正如理查德·萨斯坎德观察到的，从一次性合同到系统化和打包系统的

---

[24] Faizan Shaik, Deep Learning vs. Machine Learning – the essential differences you need to know! Analytics Vidhya Blog, April 8, 2017, www.analyticsvidhya.com/blog/2017/04/comparisonbetween – deep – learning – machine – learning/ (last visited Dec. 9, 2017).

[25] Ian Goodfellow, Yoshua Bengio and Aaron Courville, Deep Learning, MIT Press, 2016.

[26] Andrew Ng (www.slideshare.net/ExtractConf).

进程始于建立标准。㉗ 这种标准化趋势是所有企业所应遵循的路径。当然，与自动化制造相比，法律是一个更具挑战性的技术领域，法律的主题是用语言表达人类和商业互动的全部广度。尽管如此，如图 3.11 所示，趋势线从一次性合同（每种合同都略不相同）演变为由标准、模块化和可重用组件构建的合同组名，并由输入变量配置。

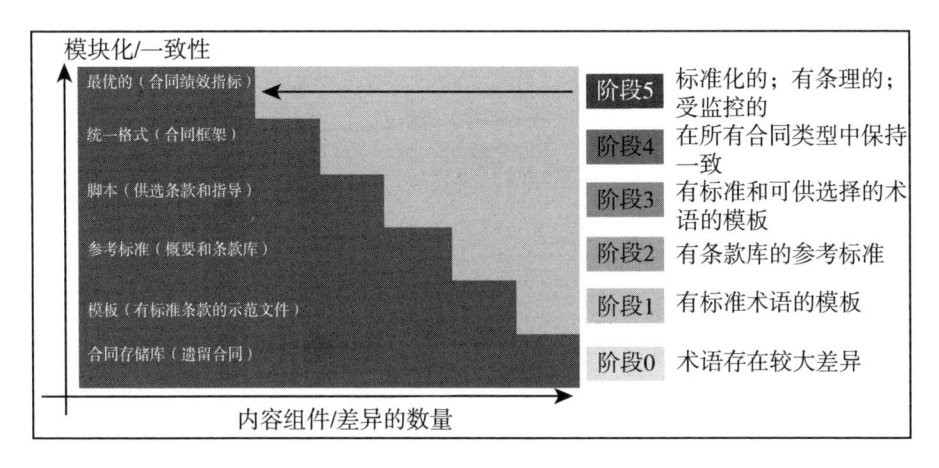

图 3.11　内容从一次性演进到模块化组件㉘

内容标准化和模块化的方法遵循了与技术方法类似的进程。它也运用了层级解构的技术。我们首先将所有合同类型组织成模块化的类，然后标准化条款以构建块，㉙ 最后简化语言。㉚

（二）一致的组织——统一的表单库

建立统一表单库的第一步是收集并组织所有合同类型到一个分类标准或一组补充的分类标准中。这可以通过收集所有归档合同的标题完成，如美国证券交易委员会的电子数据收集、分析和检索数据库系统或其他公共资源。

㉗　Richard Susskind, *The End of Lawyers*?, 2008.

㉘　Kingsley Martin, *Contract Maturity Model*（Part 3）: *Evolution of Content from One - Offs to Modular Components*, Legal Executive Institute Blog, July 20, 2016, http://legalexecutiveinstitute.com/contract - maturity - modular - components/（last visited Dec. 9, 2017）.

㉙　See ContractStandards Unified Contract Framework, www.contractstandards.com/resources/csframework（last visited Dec. 9, 2017）.

㉚　See ContractStandards Style Guide, www.contractstandards.com/resources/style - guide（last visited Dec. 9, 2017）.

对电子数据收集、分析和检索数据库文件的分析产生了大约750种合同类型（该列表可以进一步细化，删除重叠类型，限定在500种左右）。这些合同可按照合同、交易和财产的性质进行分类。根据合同标准，我们根据不同的标准对合同进行分类。

- 根据合同的性质
    - ——单边合同（如遗嘱、信托、保险合同、股票证书等）
    - ——双方或多方之间的交易合同
    - ——组织合同（如章程、经营合同等）
- 根据交易的性质
    - ——买卖合同
    - ——租赁或执照合同
    - ——服务或表演合同
- 根据资产、利息、权利或限制的性质
    - ——财产（包括不动产、有形财产、知识产权）
    - ——利息或权利
- 根据资产、利息、权利或限制的时间性
    - ——现有的权利
    - ——将来的权利
    - ——或有的权利

（三）一致的合同条款——统一的合同框架

在每种合同类型中，软件和专家可以识别出共同条款。有些可能是特定合同类型所独有的条款，有些条款可能存在于不同的合同中。虽然一个最终的实证研究尚未完成，但可以通过以下公式估算出不同条款的总数。

交易合同的估计数量（500）× 每个合同的条款平均数量（50）× 每个合同中独有条款的比例（0.3）＝7500

根据该公式估算出有7500个条款（这对计算机来说是相对较少的数目）的数据库可以组合产生任何合同。

这些条款可以进一步组成一个共同或统一的框架，如图 3.12 所示。交易框架由三行三列的网格组成。第一行描述了商业合同。它详细说明了交易的性质（描述了各方给予和接收的价值）、交换的机制（详细说明如何交换或接受的对价），以及各方受合同条款约束的时间期限。第二行描述了各方为确保获得交易利益所需的声明、行为和情况。最后，第三行描述了在违反合同或其他情况下阻碍各方实现交易利益会发生什么，以及如何解释合同。

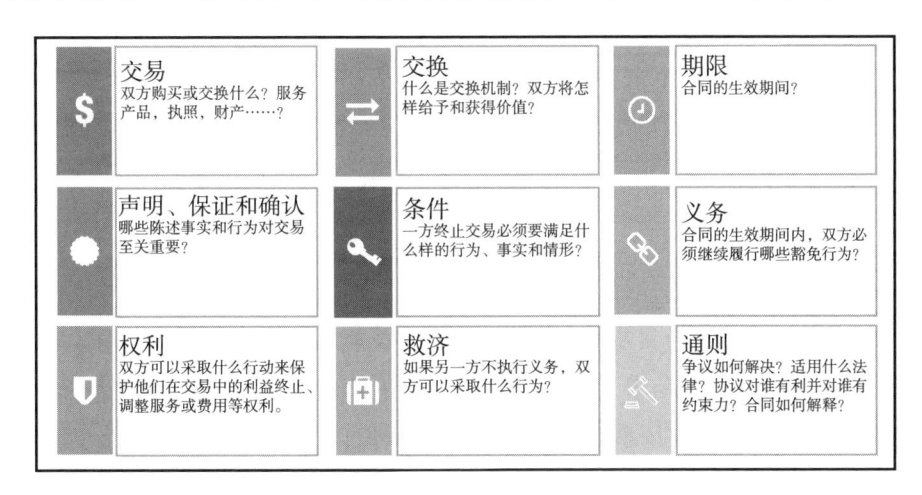

交易 双方购买或交换什么？服务产品，执照，财产……？	交换 什么是交换机制？双方将怎样给予和获得价值？	期限 合同的生效期间？
声明、保证和确认 哪些陈述事实和行为对交易至关重要？	条件 一方终止交易必须要满足什么样的行为、事实和情形？	义务 合同的生效期间内，双方必须继续履行哪些豁免行为？
权利 双方可以采取什么行动来保护他们在交易中的利益终止、调整服务或费用等权利。	救济 如果另一方不执行义务，双方可以采取什么行为？	通则 争议如何解决？适用什么法律？协议对谁有利并对谁有约束力？合同如何解释？

图 3.12　合同标准统一框架[31]

1. 条款变量：行动手册

对于合同中的每一条款，合同分析工具还将进一步识别其变体。一般来说，这些条款的变化是由三个主要因素驱动的：一是交易的性质；二是条款对一方或另一方有利的程度；三是司法辖区的要求（按重要性排序）。人们普遍认为，合同条款必须精心制定，以满足每个司法辖区的要求。但事实上，这被严重夸大了。相对来说，只有很少的合同条款必须特别措辞以符合当地法律。合同是一种由法律强制执行的私下交易，双方可自由签订任何合同条款，只要这些条款不违反法律或违反公共政策。明确、公平、平衡的条款更有可能由法院强制执行，而且从一开始就不太可能被提起诉讼。

---

[31] Contract Standards Framework, www.contractstandards.com/resources/csframework （last visited Dec. 9, 2017）.

条款变量可以通过行动手册的形式供大家使用，它为合同领域的专业人员提供了使用每个条款替代方案的指导，并根据偏好标记它们。例如，一些企业使用 PADU 系统，将条款标记为首选、可接受、不鼓励和不可接受。

2. 交易变量：条款清单

除条款变化之外，文本变量数据（通过元数据提取工具识别）还可捕获关键的合同或商业条款。如前所述，这些变量标识当事人、日期、金额和地点的名称。结合所有的条款变量，合同分析工具可以概括出交易合同需要的所有选择。这个过程可以看作一组合同样本的法律逻辑逆向工程。[32] 虽然这听起来像是对人类智力的入侵，甚至是僭越，但它只是照抄了我们学习的方式。主要区别是，我们用归纳推理的方法训练机器可以学得更快。

3. 怪物矩阵

最终的目标是为所有的合同类型创建一个资源库和一个模块化条款库（以及它们的特定交易变体），它们可以组合起来创建各种类型的合同，并根据任何交易的特定需求定制。笔者有时将最终结构称为"怪物矩阵"（Monster Matrix）。它从水平维度描述了每一种合同类型，以及垂直维度上的每一项合同条款（见图3.13）。

> 1. 组织：遵循一致合理的组织结构
> 2. 标题：使用信息性标题充当内容摘要
> 3. 条款：将文本分成更小的单元，每个条款有实质性主题
> 4. 语句：用简短的陈述句起草
> 5. 词汇：使用标准语言，不使用行话或法律术语
> 6. 标点符号：使用标点符号以增加可读性

图 3.13　合同标准起草原则

（四）一致的语言——风格指南

联系的一致性可能最好通过风格指南实现，确保所有合同都以一致的人

---

[32] Kingsley Martin, Waston J. D. —Breaking the Subjectivity Barrier, Reinvent Law Channel, www.reinventlawchannel.com/kingsley-martin-watson-jd-breaking-the-subjectivity-barrier（last visited Dec. 9, 2017）.

和机器都能阅读的形式编写。㉝ 该风格指南用于起草一致的合同句子。合同句子采用一致的起草方式可以分为三种基本句式，每一种都是以主谓宾的形式撰写的。

- 双方声明
    - ——义务（当事人必须做的事）：一方……将……动词……宾语。
    - ——限制（当事人不能做的事）：一方……不会……动词……宾语。
    - ——许可（当事人可以做的事）：一方……可以……动词……宾语。
    - ——陈述（双方同意的内容）：一方……［联结词］……动词……宾语。
- 合同声明
    - ——肯定＝这个合同将是……动词……宾语。
    - ——否定＝这个合同可能不是……动词……宾语。
- 定义
    - ——术语……（"意味着"/"包括"）……定义

许多合同都包含第四种类型的句子，即关于其他主题的句子。然而，这些句式中有很多是被动句的形式，应该避免使用。

义务、限制和许可可以通过自然语言处理进一步细化和分类：

- 有期限的（如在特定日期交货或付款的义务）。
- 持续的（如每月的付款义务）。
- 有条件的（如以另一行为或事件为条件的义务）。

此外，合同声明可能受限于限定条件（如要求、例外、最低、最高或其他限制）。

㉝ See Auditable Contracts：Moving from Literary Prose to Machine Code，Legal Executive Institute Blog，http：//legalexecutiveinstitute.com/auditable－contracts－moving－from－literary－prose－to－machine－code/（last visited Dec.9，2017）.

（五）一致的措辞——受控的合同语言

一致性的最后一级可以通过创建受控的合同词汇表来实现。在这种词汇表中，合同陈述句是从有限的词汇表中精心挑选的。关键的合同陈述句一般由一个情态动词和一个主动词来表达。英语中有12个情态动词，其中只有5个在合同中经常出现（"可以""可能""必须""应当""将要"）。生成受控的合同语言（controlled contract language）过程可以借助技术检查每个条款类型的动词使用频率，并使用生成的列表为每个合同义务选择最精确的动词。

许多人会怀疑将合同条款用词范围缩小到有限和受控清单的可行性。律师们可能认为这是一种严格的限制，限制了对每笔交易的细微差别使用定制语言的需求。然而，最近的一项研究表明，这种方法能够提供真正的价值。该研究分析了大量保密合同，并确定了核心的保密义务。通过测量两个文本块之间的相似度，即莱文斯坦距离向量（Levenshtein Distance Vector），分析发现根据经验测量的措辞存在很大差异。然而，作为概念清单，合同分析工具发现了四个主要的保密义务：一是仅为披露目的而使用信息（87%）；二是保密信息（93%）；三是防止信息丢失或未经授权披露（42%）；四是在信息丢失或未经授权披露时通知披露方（12%）。

该软件进一步获得了每项义务在集合中出现的频率（如括号中数据所示）。有了这些信息，我们可以使用一种受控的合同语言提出新的简化标准，其好处是显著缩短合同期限，并且提高可读性。一组义务示例如下所示。

> 信息的使用：接收方将仅为（目的）使用受保护信息。
> 保密义务：接收方将对受保护的信息保密。
> 信息的保护：接收方将采取合理谨慎的措施，防止受保护信息丢失或未经授权的披露。
> 信息披露的通知义务：接收方在发现受保护信息丢失或未经授权披露时，应立即通知披露方。

六、结论：合同的未来

几百年间基本上没有变化的合同世界，即将进入一个由全球经济推动的快速转型期。过去仅以印刷形式呈现的合同，现在可以通过电子形式准备、执行和传送。事实上，某些条款可能会链接到网站上的信息，而这些信息的变更情况有可能通知，也有可能不通知。

合同自动化和合同标准的结合很可能引发合同应用程序的兴起。不单是编辑和审查合同，而是将合同条款与应用程序进行关联的技术。最著名的是区块链技术，可实现安全地管理账目，包括债务和支付条款。我们还将看到保险应用程序的集成，以防止损失（如所有权保险或代理和保证保险），管理担保（如信托投资），合规监管的应用程序来管理当事人之间的义务，并确保符合迅速变化的监管标准。

第四章

人事聘用方面的大动作
——大数据

亚伦·克鲁斯[①]

目次

一、大数据及其在职场中的潜在用途简介
二、职场中大数据和人工智能的时代到来
三、在招聘和选拔过程中收集并使用大数据
四、大数据在绩效管理和工作纪律中的应用
五、大数据时代的诉讼

一、大数据及其在职场中的潜在用途简介

数字一直被用来记录人类活动。从蚀刻在古代洞穴墙壁上的原始计数，到运行在"云端"的计算机程序生成的多卷记录，人类一直试图利用数学和数字的力量来帮助理解和指导行为。例如，当精算师使用有关预期寿命和健康风险的数据来设定人寿保险费时，我们并不感到惊讶。当附近的银行或汽车经销商在决定是否借钱给我们之前，询问我们一系列问题并给打出信用评分时，我们也不会感到惊讶。此外，雇主还会通过研究销售人员的数据来评

---

① 本章改编自 a Littler Mendelson 的白皮书。该白皮书由 Marko Mrkonich, Allan King, Rod Fliegel, Philip Gordon, Harry Jones, Tamsen Leachman, Michael Lotito, Garry Mathiason, Michael McGuire, Natalie Pierce, Paul Weiner, Corinn Jackson, Zoe Argento, Shiva Shirazi Davoudian, Chad Kaldor, Elaine Lee, Catherine Losey, Joseph Wientge, Jr. 共同撰写。该文出版已经获得公司许可。

估他们的业绩。不足为奇的是，在当今的超级计算机和数字化信息时代，我们能够获取和使用的数据已经呈指数级增长，每天都有我们所知道的（或者更准确地说，如果我们选择知道就可以知道的）和我们如何使用这些数据方面的新进展。

大数据的世界已经到来，它开始以几年前还难以想象的方式影响着雇主和他们的决策。雇主可以比以往任何时候获得更多的申请者信息，并有能力将从申请中收集的数据联系起来，或许还可以通过公开的社交媒体资源进行补充，以确定候选人可能会在某一个工作岗位上待多久。同样地，通过梳理计算机化的日历条目和电子邮件标题，大数据可以告诉我们哪些员工可能在未来12个月内离职。与此同时，基于大数据概念的新工具和新方法正在成为人力资源部门日常工作的一部分，并且雇主继续基于以往惯例完成日常工作，但他们缺少无缝转换进入大数据的世界的引导的法律环境。现在出现的问题是从依从以往范式难以应用的环境中新产生或者新发展出现的。

本章的目的是帮助雇主了解大数据的世界，以及大数据的到来对他们的日常活动意味着什么。近年来，信息数字化所产生的数据比以往人类历史上所有数据的总和还要多，这已成为不言自明的事实。在我们获得所有这些数据的同时，我们基于计算机的先进技术（advanced computer-based techniques）来使用这些信息的能力也同样呈指数级增长。对几乎所有人来说，这样做使得数据利用更加便宜和容易。对雇主来说，这些发展既创造了机会，也带来了新问题，大数据对几乎每个行业的各类规模的雇主雇佣决策产生潜在影响，从选择和招聘过程，到绩效管理和晋升决策，一直延续到终止决策时限，无论是绩效原因还是作为重组的一部分。

从本质上讲，雇主需要理解如何在令人惊叹的大数据的世界中平衡机遇和风险。理论上，大数据意味着雇主可以分析每一个决策的方方面面，不用仅依靠部分样本而做出决策，并且大数据可以让雇主发现（可废止地推翻，即某些情况下推翻）特征和结论之间的相关性，这些相关性可能存在逻辑上的因果关系。因此，雇主需要理解什么是大数据背景调查和员工的隐私，理解雇主的数据安全义务的含义，使用大数据降低传统以及新的歧视索赔的风险，并了解雇主需要如何利用扩展的电子案情先悉、新的义务理论和基于统计相关性的新辩护来管理诉讼。

二、职场中大数据和人工智能的时代到来

通常,应用程序仍被设计为执行预定的功能或自动化业务流程,因此它的设计者必须为每个使用场景进行规划,并相应地编写逻辑代码。传统的应用程序不适应数据的变化,也不从经验中学习。计算机更快、更便宜,但也没聪明多少。②

计算机不做任何决定;它只执行命令。这完全是个白痴,而这也正是它的力量所在。③

这是认知计算出现之前的大数据分析图景。大数据分析的可行性确实存在,但大数据分析可能面临挑战。

计算使简单的分析变得更快、更容易,但需要大量的人工指导。

当认知计算应用于大数据时,将产生如下变化:"作为人类用户的合作伙伴或合作者,(认知计算)……系统从大量的自然语言文本中获取含义,并基于一个人一辈子都无法吸收的数据分析,在几秒钟内生成和评估假设。"④ 将这些洞察力应用到职场中有创造和减轻法律挑战的潜力。

(一)什么是认知计算

认知计算的工作原理是识别数据点之间的关联,并据此进行推理。⑤ 简单而言,认知计算系统洞察世界的过程,在一个非常简单的层面上,类似于人们走进一个黑暗的房间,凭直觉找到电灯开关的过程。⑥ 随着时间的推移,人类已经注意到电灯开关的放置模式,并由此推断出它们通常的位置。⑦ 认知计算系统试图复制这种基于洞察的学习过程。

---

② Judith Hurwitz, Marcia Kaufman, Adrian Bowles, *Cognitive Computing and Big Data Analytics* (Apr. 8 2015), kindle cloud location 289.

③ Peter Drucker, *Technology, Management, and Society* (Sep. 10, 2012), p. 147.

④ *Supra* note 1.

⑤ www.techrepublic.com/article/cognitive-computing-leads-to-the-next-level-of-big-data-queries/ (last visited July 14, 2015).

⑥ Id.

⑦ Id.

认知计算是由假设驱动的。这意味着一个认知系统可以形成一个假设,测试和修改认知计算,并达到对世界上某些事物本质的洞察。这将使认知计算为基础的算法与其他类型的算法区别开来。⑧

从历史上来看,认知计算是人工智能(AI)广泛应用的产物。⑨ 不幸的是,由于人工智能的定义各不相同,⑩ 所以人工智能和认知计算有许多不同的区分方式。有学者提出区别是,人工智能是"思考",而认知计算是"学习"。⑪ 还有人将认知计算描述为人工智能的一个分支或子集。认知计算要么是人工智能的一个分支,用于学习和处理大数据,要么替代人工智能,这取决于你如何看待人工智能。

(二)认知计算如何实现大数据分析

认知计算通过识别世界上的大部分数据,并提供更复杂、更动态的分析方法以增强大数据分析能力。

认知计算和大数据是相得益彰的,认知计算系统需要大量的数据集来完成"学习"过程,⑫ 大数据可以提供这些数据集。反过来,认知计算系统解释非结构化数据和类似来源(如文章、视频、照片和人类语言)的数据的能力,极大地增强了机器对大量的非结构化人类交互数据的识别能力。这些数据涉及一些最重要的人类交互,80% 的数据是非结构化的。⑬ 认知计算使计算机能够识别这些信息。

允许机器识别这 80% 的数据,就能让它们对世界有更准确的了解。例如,流媒体和移动数据在传统上意义上难以分析。这些信息包括物体在传感器上的运动、温度的波动、视频信号以及股票市场的走势。直到有了认知计算,计算机才有了实时访问和解释这些数据的有效方法。

---

⑧ *Supra* note 1 at 585.

⑨ See generally Id. at 503 – 590.

⑩ 人工智能是一个非常广泛的领域,目前并没有一个普遍接受的定义,因为人们还在继续讨论到底什么是智能。当然,在机器学习算法、知识表示、自然语言处理等领域,认知计算和 AI 之间存在高度重叠。

⑪ www.computerworld.com.au/article/522302/watson_future_cognitive_computing/ (last visited Jul. 14, 2015).

⑫ *Supra* note 1 at 1568 – 1588.

⑬ Id. at 1652.

认知计算的另一个优势是，它有能力从这些数据中学习。认知计算的一些潜在用途在《认知计算与大数据分析》一文中被描述如下：

- 通过对运动传感器检测到的运动进行分析，从而判断来自无害事件的潜在风险，为职场提供更好的安全保障。例如，区分人类入侵者和兔子。
- 在医疗仪器上使用传感器检测故障并提醒医生。
- 解释发生在危险场所的事件的背景，以确定是否存在问题。[14]

因此，认知计算可以克服人类在记忆和观察能力方面的一些限制，同时模仿人类认知中允许学习的方面。

（三）将认知计算应用于大数据的劳动法的影响

1. 平等就业机会问题

如果偏见是人类思维的产物，那么它也一定是机械思维的产物吗？不一定。

如果使用认知计算算法来做雇佣决策，其中一些决策可能会形成不可容忍的歧视。正如将在稍后的章节中讨论的，要在差别影响歧视理论下获胜，起诉方必须证明用于做出雇佣决策的算法对受保护群体产生了不利影响；或者，如果雇主成功地给出了使用该算法的合法商业理由，起诉方则须证明存在一种不那么歧视的替代方案，它同样有效地服务于雇主的合法业务需求。因为认知计算是基于算法的，一种认知计算算法可能是这种主张的基础。然而，使认知计算能够"学习"算法，只有通过认知计算获得的见解被用于创建算法，并在后来用于招聘决策时，才会对员工产生影响。因此，更有可能的是，这些洞察算法（insight algorithms）将成为法律挑战的主题，产生不同的影响。例如，高工作绩效与访问特定网站或参与特定社交媒体之间的联系，是一种可以由认知计算过程产生的洞察算法。

如果在招聘决策中依赖这些洞察算法，那么这些算法可能会成为不同影响主张的基础。例如，社交媒体的参与度因受保护因素的不同而不同。

---

[14] Id. at 1850.

表 4-1 由皮尤研究中心（Pew Research Center）创建，显示社交媒体参与度因受法律保护的年龄和性别类别而不同。

表 4-1　使用社交网站的人在每个组中使用社交网站的互联网用户的百分比 *

全部互联网用户	74%
a. 男士	72%
b. 女士	76%
a. 18～29 岁	89%
b. 30～49 岁	82%
c. 50～64 岁	65%
d. 65 岁及以上	49%
a. 高中及高中以下学历	72%
b. 本科学历	78%
c. 本科以上学历	73%
a. ＜30 000 美元/年	79%
b. 30 000～49 999 美元/年	73%
c. 50 000～74 999 美元/年	70%
d. ≥75 000 美元/年	78%

注：皮尤研究中心互联网项目开展综合调查（具体时间为 2014 年 1 月 23 日—26 日）。

注意：小写英语字母（如 a）标识的每一行对应一种统计情况，在每个区域内不同行的表述代表着统计上的差异。

如果用于创建算法的数据本身是有偏差的，那么认知计算过程产生非法定义且影响不可控影响算法的可能性就会增加，大数据的准确性是实用性的基础。[15] 管理咨询公司麦肯锡公司最近的一份白皮书强调："'垃圾输入，垃圾输出'适用于超级计算机，就像 50 年前的 IBM System/360 一样。"[16]

考虑到这点，关于人口不同横截面的数据类型和数量的差异可能会导致认知计算系统产生不正确的假设。例如，认知计算系统得出结论，戴眼镜的

---

* 表 4-1 中的百分比数据源自该书英文原版——编者注。

[15]　*Supra* note 1 at 1588-1610.

[16]　Martin Dewhurst and Paul Willmott, *Manager and Machine：The New Leadership Equation* McKinsey & Company（Sept. 2014）available at www.mckinsey.com/insights/leading_in_the_21st_century/manager_and_machine（last visited Jul. 14, 2015）.

人在特定位置上更成功，18～29岁的人上传自己照片的频率与65岁以上的人相同，一个认知计算系统可能会得出错误的结论：18～29岁的人戴眼镜的频率几乎是65岁以上的人的两倍。[17] 如果年轻的社交媒体用户发布的自己的照片比65岁以上的人更多，那么结果可能会更加不准确。可以想象，认知计算软件可以通过编程来评估它接收到的信息是否存在偏差并加以纠正，或者至少标记出来，但它的设计者需要意识到这些可能性，以避免出现这种结果。

2. 职场的安全与自动化

认知计算能够分析运动和流数据来解释现实世界中正在发生的事情，这种能力在职场的安全和管理方面有着明显的应用。最简单的例子是使用认知计算软件来解释连续的视频和音频流，以识别那里发生的非法活动。就像认知计算可以用来识别工作现场的入侵者，以及区分未经授权的人和兔子一样，这种软件也可以识别危险活动，比如没有穿戴美国职业安全和健康管理局要求的安全装备，或者通过电子邮件，甚至当面发生的性骚扰。这使得管理者能够更早地进行干预，以防歧视或伤害。

虽然认知计算可能成为歧视索赔的焦点，但它也可能有助于减少职场中的歧视行为。认知计算可以用来识别由它们自己的洞察算法产生的不同影响。《财富》杂志中的一篇文章提到的一名受访者指出："如果用于大数据的机器学习算法会导致种族歧视，那么其他算法也可以衡量该歧视的影响。"[18]

通过使雇主更容易地获得有关法律的答案，认知计算最终可能会简化雇佣法律的流程。如果认知系统能够产生与人类研究人员质量相当的结果，那么在某些情况下，它们就可以替代律师作为顾问的角色作用。

三、在招聘和选拔过程中收集并使用大数据

(一) 背景资料数据

《公平信用报告法案》（Fair Credit Reporting Act，FCRA）的适用条件和

---

[17] 这是非常保守的假设，即29岁以下的人和65岁以上的人戴眼镜的频率是一样的。

[18] http://fortune.com/2015/01/15/will-big-data-help-end-discrimination-or-make-it-worse/ (last visited Jul. 14, 2015).

范围经常令人困惑。⑲ 甚至连法案的名称也具有误导性，因为《公平信用报告法案》管理着许多种类的背景调查报告，而不仅是来自某一个信用机构（如 Experian、Trans Union 和 Equifax）的具有真实性的信用报告。再加上大数据，在线雇主或他们的大数据公司几乎可以即时获取员工和求职者的大量信息，《公平信用报告法案》的应用就会变得更加复杂。

当雇主基于"雇佣目的"使用大数据获取信息时，适用同样的《公平信用报告法案》规定可能伴随着同样的风险，包括潜在的集体诉讼风险。⑳

综上所述，《公平信用报告法案》被广泛认为是一项联邦法律，它规范了与抵押贷款和其他消费者信贷交易（如真实信用报告）有关的信用机构和债权人之间的消费者信贷信息交换。然而，根据其条款，《公平信用报告法案》还对雇主与提供"消费者报告"（即背景报告）的"消费者报告机构"㉑（Consumer Reporting Agencies，CRAs）之间的信息交换进行了规范㉒。《公平信用报告法案》对雇主施加的义务不仅在雇主从消费者报告机构订购信用报告时触发，而且雇主还必须遵守《公平信用报告法案》，如雇主从消费者报告机构订购任何类型的消费者报告，包括犯罪记录和机动车检查记录。

当雇主本身没有使用消费者报告机构，而是直接从其主流渠道获得雇员犯罪和其他背景信息时（例如，当雇主获取公开可获得的法庭记录时），《公平信用报告法案》通常不适用。㉓ 根据这一概念，直到最近几年，雇主是否可以在不触发《公平信用报告法案》的情况下对求职者和雇员进行内

---

⑲ 15 U. S. C. § 1681 *et seq*.

⑳ 15 U. S. C. § 1681a（h）.（"'雇用目的'一词……指用于评估消费者就业、晋升、调任或保留其雇员身份的报告。"）

㉑ 15 U. S. C. § 1681a（f）.（"'消费者报告机构'一词是指为了向第三方提供消费者报告而定期全部或部分地从事收集或评估消费者信用信息或其他消费者信息的实践，并利用州际贸易的任何手段或设施来准备或提供消费者报告的任何人。"）

㉒ 15 U. S. C. § 1681a（d）.（"消费者报告是指消费者报告机构对消费者的信用状况、信用状况、信用能力、性格、一般声誉、个人特征或生活方式的任何书面、口头或其他形式的信息交流，这些信息被使用或预期被使用或收集，全部或部分用作作为确定消费者是否有资格就业的因素。"）"'就业目的'一词……指用于评估消费者就业、晋升、重新分配或保留其雇员身份的报告。" 15 U. S. C. § 1681a（h）.

㉓ 请参见 Cal. Civ. Code § 1786. 53. 即使没有使用消费者报告机构收集信息，这仍是少数可以适用于特定定义的"公共记录"的法律之一。

部互联网调查,仍然没有定论。美国联邦贸易委员会(Federal Trade Commission,FTC)最近在大数据背景下采取的行动,㉔ 以及对《公平信用报告法案》中"消费者报告"和"消费者报告机构"定义进行扩大解释的法院判决,表明背景调查如何进行可能不再是个案(至少在联邦贸易委员会看来是这样)。

鉴于《公平信用报告法案》对雇主的集体诉讼和其他违背《公平信用报告法案》的风险日益高涨,雇主了解这一领域的潜在风险很重要。㉕ 即使雇主认为内部数据调查不受《公平信用报告法案》的约束,他们仍旧可能无意中触犯该法案。随着地区法院继续努力解决 FCRA 在信息共享等方面可能涉及的新问题并提出解决方法,这条界线将很快被划定。本节总结了使用消费者报告的雇主在《公平信用报告法案》上的义务,以及在大数据背景下 FCRA 的最新趋势,并为减少该趋势下的风险提出实用性的见解。

1. 《公平信用报告法案》中雇主使用消费者报告的义务概要

《公平信用报告法案》对出于雇佣目的使用"消费者报告"或"消费者调查报告"的雇主提出了要求。㉖ 消费者报告被称为信用报告或消费者报告机构编写的背景报告,而调查性消费者报告是一种特殊类型的消费者报告,消费者报告机构通过个人访谈(如深入的参考调查)获得信息。㉗

㉔ 有时备受争议的消费者金融保护局(CFPB)与美国联邦贸易委员会共同监督《公平信用报告法案》。See Rod M. Fliegel and Jennifer Mora, *Employers Must Update FCRA Notices for Their Background Check Programs Before January 1, 2013*, Littler Insight(Sept. 4, 2012)available at www. littler. com/publication – press/publication/employers – must – update – fcra – notices – their – background – check – programs – jan.

㉕ 关于雇主在《公平信用报告法案》下面临的集体诉讼风险的详细讨论, see Rod Fliegel, Jennifer Mora, and William Simmons, *The Swelling Tide of Fair Credit Reporting Act(FCRA)Class Actions:Practical Risk – Mitigating Measures for Employers*, Littler Report(Aug. 1, 2014)available at www. littler. com/publication – press/publication/swelling – tide – fair – credit – reporting – act – fcra – class – actions – practical – r.

㉖ 有关《公平信用报告法案》要求的详细讨论, see Rod Fliegel and Jennifer Mora, *The FTC Staff Report on "40 Years of Experience with the Fair Credit Reporting Act" Illuminates Areas of Potential Class Action Exposure for Employers*, Littler Report(Dec. 12, 2011), available at www. littler. com/publication – press/publication/ftc – staff – report – 40 – years – experience – fair – credit – reporting – act – illumin.

㉗ 15 U. S. C. §§ 1681a(d)and(e).

雇主在从消费者报告机构获得消费者报告之前，通常必须在一份文件中向消费者做出明确的书面披露，该文件仅包含该披露。㉘ 求职者或雇员必须提供书面授权文件，雇主才能获得包含背景调查的消费者报告。㉙ 雇主还必须向消费者报告机构证明其报告的"允许目的"及其符合相关的《公平信用报告法案》规定以及州的《平等信用机会法案》和联邦的《平等信用机会法案》。㉚

雇主在取得有关雇员或求职者的消费者报告或消费者调查报告后，如果打算根据报告的部分内容对求职者或雇员采取"不利行动"，必须遵循一定的要求。㉛ 首先，在雇主对求职者或雇员采取不利行动之前，雇主必须向个人提供不利行动通知，该通知必须包括一份消费者报告和法定权利摘要。㉜ 这一要求为求职者或雇员提供了在雇主采取不利行动之前与雇主讨论报告的机会。㉝ 如果雇主最终决定对求职者或雇员采取不利行动，则必须向个人提

㉘ 15 U.S.C. § 1681b (b). But see 15 U.S.C. § 1681a (y)（关于不当行为调查的相关规则），15 U.S.C. § 1681b (b) (2) (B) (i)（关于联邦交通运输部对某些商业司机的不同披露要求）。如果雇主获得"消费者调查报告"，则需要进行额外披露。雇主必须允许雇员要求提供有关调查"性质和范围"的信息，雇主必须在五日内以书面形式答复此类要求。15 U.S.C. § 168 Id.

㉙ 15 U.S.C. § 1681b (a) (3) (B) & 1681b (b). 对于交通运输部监管的汽车承运人，如果申请人通过邮件、电话、计算机或其他类似方式申请就业，同意可以通过口头、书面或电子方式。15 U.S.C. § 1681b (b) (2) (B) (ii). 此外，FTC于2001年发布了一份意见信，表明其认为根据《公平信用报告法案》，"消费者的同意并不仅因为以电子形式传达而无效"。See FTC Opinion Letter May 24, 2001 (Brinckerhoff).

㉚ 15 U.S.C. § 1681b.

㉛ 不利诉讼广义上包括"拒绝雇佣或任何其他出于雇佣目的而对任何现有的或未来的雇员产生不利影响的决定"。15 U.S.C. § 1681a (k)(1)(B)(ii).

㉜ 15 U.S.C. § 1681b (b). 如果个人联系雇主回应不利行动前通知，说消费者报告中存有错误（不准确或不完整），雇主可以行使其自由裁量权，是否继续做出雇佣决定或聘用；《公平信用报告法案》并没有规定行动方针。如果申请人通过邮件、电话、电脑或其他类似方式申请就业，受DOT监管的汽车承运人不需要向申请人或雇员提供"不利行动前"通知。15 U.S.C. § 1681b (b) (3)(B). 相反地，汽车承运人必须在采取不利行动后三日内向个人提供已采取不利行动的口头、书面或电子通知，其中必须包括非卡车运输雇主"不利行动"通知中要求的相同披露。

㉝ Obabueki v. IBM and Choicepoint, Inc., 145 F. Supp. 2d 371, 392 (S.D.N.Y. 2001).《公平信用报告法案》的文本没有规定雇主在邮寄不利诉讼通知前和不利诉讼通知过程中必须等待的最短时间，一个广为接受的标准是五个工作日。See, e.g., Beverly v. Wal-Mart Stores, Inc., No. 3: 07cv469 (E.D. Va. 2008); see also Johnson v. ADP Screening and Selection Services, 768 F. Supp. 2d 979, 983-984 (D. Minn. 2011).

供不利行动通知,其中包含《公平信用报告法案》规定的某些信息。㉞

在大数据背景下,《公平信用报告法案》执法的趋势、《公平信用报告法案》对"消费者报告"和"消费者报告机构"定义的广泛解读,改变了人们对如何触发上述雇主义务的传统看法。

2.《公平信用报告法案》下的大数据实施趋势和对雇主义务的潜在影响

联邦贸易委员会最近扩大了消费者报告机构的定义范围。传统上,信用评级机构主要被认为是信用机构或背景筛选公司,负责为雇主编写和生成有关特定求职者和雇员的纸质报告。联邦贸易委员会超越了这一传统观念,发现某些在线数据中间商,甚至是移动应用程序开发商在没有遵守《公平信用报告法案》的严格规定的情况下,充当了 CRAs 的角色。因为这些公司中至少一些现在可能被视为评级机构(取决于它们提供产品的范围和性质),雇主从它们那里获得的信息也可能被视为消费者报告。㉟ 这反过来又可能触发 FCRA 规定的雇主为就业目的获取和使用此类报告的义务。

联邦贸易委员会对开发手机应用程序(App)的两家公司提出了行政诉讼。㊱ 这些公司明确声明,它们开发的应用程序中的信息不应被视为雇佣筛选工具,也不属于《公平信用报告法案》的范围。联邦贸易委员会认为这些免责声明无效,并指出这些公司的广告暗示这些应用程序可以用来筛选潜在员工。㊲

㉞ 15 U. S. C. § 1681m(a).[要求雇主提供:(1)提供报告的消费者报告机构的名称、地址和电话号码;(2)消费者报告机构没有做出不利决定,并且不能说明该决定的原因并做出声明;(3)一份声明,列明该人有权在六十日内要求消费者报告机构免费披露其报告;(4)一份声明,说明该人有权直接向消费者报告机构就报告中任何信息的准确性或完整性提出争议。]

㉟ 一些法院也采纳了在《公平信用报告法案》下消费者报告构成的广泛观点,超越了由背景审查公司编制和提供的纸质报告的传统观念。See Ernst v. Dish Network, LLC, 49 F. Supp. 3d 377 (S. D. N. Y. 2014).(认定有争议的报告是一份消费者报告,尽管指定被告并未将该报告用于就业目的);Dunford v. American Data Bank, LLC, No. C 13-03829 WHA(N. D. Cal. Aug. 12, 2014).(发现有争议的报告是 FCRA 下的消费者报告,尽管 CRA 仅向消费者本人提供,而不是向任何潜在雇主或其他人提供。)

㊱ In the Matter of Filiquarian Publishing, et al., FTC Matter/File Number 112 3195(filed Jan. 10, 2013)available at http://www.ftc.gov/enforcement/cases-proceedings/112-3195-filiquarian-publishing-llc-choice-level-llc-joshua-linsk.

㊲ See Federal Trade Commission, Analysis of Proposed Consent Order to Aid Public Comment in the Matter of Filiquarian Publishing, LLC; Choice Level, LLC; and Joshua Linsk, individually and as an officer of the companies,(File No. 112 3195)available at http://www.ftc.gov/enforcement/cases-proceedings/112-3195-filiquarian-publishing-llc-choice-level-llc-joshua-linsk.

联邦贸易委员会认为这些公司是消费者报告机构，受《公平信用报告法案》约束，并违反了《公平信用报告法案》。[38]

在另一起诉讼中，联邦贸易委员会起诉了一家数据代理公司，该公司从互联网和社交媒体来源收集个人信息概况。[39] 联邦贸易委员会声称，该数据代理公司在人力资源专业人士、招聘人员和其他人订阅服务的基础上，向数据代理公司的订阅服务人员推销这些作为雇佣筛选工具的个人资料。联邦贸易委员会进一步声称，该公司是消费者报告机构，这些资料是消费者报告。[40] 该公司最终向联邦贸易委员会支付了 80 万美元，从而解决了这一问题。[41] 这个案件说明了这一领域有多模糊，因为数据中介公司可以说它们的产品不过是一个像谷歌一样的搜索引擎。不同之处在于，数据代理公司提供了对个人在线身份的有针对性的搜索，而个人可以在谷歌上搜索任何东西。

虽然联邦贸易委员会在这些案件中针对的是数据代理公司，但该行为可以说对许多雇主都有重大影响。由于联邦贸易委员会认为数据代理公司是 CRAs，它们提供的信息也将被视为一份消费者报告。任何使用这些信息做出雇佣决定的雇主都有义务向求职者披露他将寻求这些信息，并在查看这些信息之前获得求职者的授权。可以说，哪怕雇主只是部分地基于这些信息拒绝雇用申请人，也有可能不得不提供"事前不利后果通知"和"不利后果通知"。大多数雇主可能认为《公平信用报告法案》甚至不会适用于它们通过互联网数据代理商获得的信息，就像之前讨论的那样。联邦贸易委员会的立

---

[38] 虽然美国联邦贸易委员会没有对这些公司处以罚款，但它确实要求这些公司在事件解决后的几年内遵守严格的报告和记录保存要求，以确定它们是否遵守《公平信用报告法案》。

[39] United States of America v. Spokeo, Inc., U. S. District Court Case No. 12 – cv – 05001 (C. D. Cal. filed Jun. 7, 2012).

[40] See Id.; see also FTC Staff Closing Letter to Renee Jackson (May 9, 2011) available at www. ftc. gov/enforcement/cases – proceedings/closing – letters – and – other – public – statements/staff – closing – letters? title = Social + Intelligence&field_matter_number_value = &field_document_ description = &date_filter% 5Bmin% 5D% 5Bdate% 5D = &date_filter% 5Bmax% 5D% 5Bdate % 5D = & = Apply. （认为从社交网站编译信息的类似数据代理是消费者报告机构。）

[41] See Federal Trade Commission, Press Release：Spokeo to Pay ＄800 000 to Settle FTC Charges Company Allegedly Marketed Information to Employers and Recruiters in Violation of FCRA （Jun. 12, 2012）available at www. ftc. gov/news – events/press – releases/2012/06/spokeo – pay – 800000 – settle – ftc – charges – company – allegedly – marketed.

场作为一种法律观点，却表明了相反的情况。

一个例子进一步说明在大数据的世界中，触发《公平信用报告法案》和不触发《公平信用报告法案》之间的模糊界限。假设某家公司的内部招聘人员浏览了应聘者的脸书和照片墙主页，却因为应聘者的攻击性帖子和不恰当的照片墙照片而决定不雇用他。可以说，雇主没有触发《公平信用报告法案》，因为雇主直接访问了单独的信息来源，而没有任何第三方为雇主汇编信息。假设同一名内部招聘人员有一个网站账户，该网站在一个地方为应聘者编辑了相同的脸书和照片墙页面内容，招聘人员登录该账户查看此信息。招聘人员查看的信息项与第一个例子中的信息项完全相同，但这种行为可能会触发雇主的《公平信用报告法案》义务，因为该信息可能是由联邦贸易委员会广义观点下的消费者报告机构汇编的。

3. 应对措施

在大数据环境下，雇主可以采取以下几个切实可行的步骤来降低违反《公平信用报告法案》的风险，包括：

（1）雇主应考虑检讨其现行的政策和做法，关于招聘人员和其他人员（包括直接参与招聘过程的人员，如经理和主管）以招聘为目的的互联网搜索。

（2）雇主亦应考虑采取措施，确保他们已经提供了所需的信息披露，并在获得可能受《公平信用报告法案》约束的背景信息之前，获得申请人和雇员签署的授权。[42]（遵守州和地方法律也是如此，不过这个话题超出了本节讨论的范围，在此不作赘述。）

（3）当雇主根据第三方收集的全部或部分背景信息对求职者和雇员采取不利行动时，应考虑发送或安排发送不利行动通知。

---

[42] 十年前，《公平准确信用交易法案修正案》（Fair and Accurate Credit Transactions Act Amendment，FACTA）中增加了对 FCRA 覆盖范围的豁免，规定如果 CRA 向雇主发出的通信与调查 "涉嫌不当行为" 或遵守 "联邦、州或地方法律法规、自律组织规则或雇主任何预先存在的书面政策" 有关，则该通信不属于 "消费者报告"。在这一例外情况下，雇主在进行这类调查时不必提供所需的披露或获得消费者报告的授权。For a detailed discussion of the FACTA, see Rod Fliegel, Jennifer Mora and William Simmons, Fair Credit Reporting Act Amendment Offers Important Protections rom Lawsuits Targeting Background Check Programs, Littler Report（Sept. 10, 2013）available at www.littler.com/publication – press/publication/fair – credit – reporting – act – amendment – offers – important – protections.

在大数据时代，雇主可以即时获取雇员和求职者的信息。当雇主将大数据分析用于就业目的时，同样的《公平信用报告法案》规定可能适用，同时也会伴生不合规风险。雇主们应该注意到《公平信用报告法案》在大数据领域适用的最新进展，并考虑采取措施以降低与大数据应用相关的风险。

（二）大数据如何影响数字：联邦合同法规遵从性计划办公室和就业机会均等委员会的启示

就业机会均等委员会和联邦合同法规遵从性计划办公室（Office of Federal Contract Compliance Programs，OFCCP）的调查通常都是基于数据，特别是在涉及招聘、晋升、薪酬或解雇方面的不平等指控时。调查人员接受培训，以获取有关面临诉讼的决策过程的数据，并将这些数据进行基本的统计分析，如机构遵守手册中所解释的内容。这通常被称为"标准差分析"，因为决定接受或拒绝没有不利影响的零假设的统计量是基于受保护和受偏爱群体之间的估计差异与零之间的标准差的数量。[43]

关于不利影响的另一种衡量办法来自《员工选拔程序统一指南》（UGESP）。[44] 该准则指出：

> 对于任何种族、性别或族裔群体，如果选择率低于最高群体的五分之四（或80%），联邦执法机构通常将其视为产生不利影响的证据，而超过五分之四的比例通常不会被联邦执法机构视为产生不利影响的证据。[45]

这些替代方案不必然产生相同的结果。雇主选择不受欢迎群体的比例可能低于受欢迎群体的80%，但这种差异可能在统计上并不显著。另外，结果可能具有统计学意义，但选择比例可能大于80%。可以预期，各方会主张以最有利的角度看待他们测试出的数据。法院裁判不太容易预测，但大多数人主张将统计意义作为决定是否具有实质差异并具有法律意义的试金石，并认为这样是公平的。[46]

---

[43] Watson *v.* Ft. Worth Bank & Trust, 487 U. S. 977, 995 (1988).

[44] 29 C. F. R. § 1607.

[45] 29 C. F. R. § 1607.4 (D).

[46] But see, *e. g.*, Matrixx Initiatives, Inc. *v.* Siracusano, 131 S. Ct. 1309, 1321 (2011). （在确定重要性时必须考虑统计显著性以外的因素）；and Clady *v.* Los Angeles Co., 770 F. 2d 1421, 1428 (9th Cir. 1985)（拒绝80%的检验），被驳回, 475 U. S. 1109 (1986).

大多数法院采用"二标准差"标准完成了一系列判决，这一做法始于美国最高法院对卡斯塔涅达诉帕提达案（Castaneda v. Partida）的判决。[47] 然而，该案不是就业歧视案件，更不是差异影响案件。该案的争议焦点是得克萨斯州南部的一个县召集大陪审团的方法是否不公正地将墨西哥裔美国人排除，导致在刑事案件中对墨西哥裔美国人被告做出歧视性裁判。[48]

在审查这一申诉时，最高法院比较了墨西哥裔美国人在县大陪审团中的比例，以及墨西哥裔美国人在该县合格人口中的代表性。最高法院指出，在限定的时间范围内，870 名被传唤的大陪审员中只有 339 名墨西哥裔美国人，而严格的比例代表制将使 688 名墨西哥裔美国人担任大陪审员。[49] 法院认为，这种接近 100% 的差异是巨大的，并指出"如果期望值和观测值之间的差异大于三个标准差，那么假设……会被社会科学家所质疑"。[50] 然而在卡斯塔涅达诉帕提达案中，墨西哥裔美国大陪审员的实际人数和预期人数之间的差异约为 29 个标准差。[51] 基于这种比较，最高法院确认了地方法院的裁决，即墨西哥裔美国人被歧视性地排除在大陪审团成员之外。[52]

在黑兹尔伍德学区诉美利坚合众国案中，法院再次引用了"两到三个标准差"的基准。[53] 该案是一桩范式性的案例，指控黑兹尔伍德学区存在歧视雇用非裔美国人担任教师的情况。[54] 法院比较了该地区非裔美国教师的比例与相关劳动力市场的比例。法院注意到差距在一年内超过六个标准差，并在下一年超过五个标准差，因此断定统计证据反映了一个明显的差距，这是歧

---

[47] 430 U. S. 482（1977）.

[48] Id. at 482.

[49] Id. at 496 n. 17.

[50] Id.

[51] Id. "标准差"是一种测量单位，统计学家可以用它来衡量所有类型的差异。从技术上讲，"标准差"被定义为"一组数字的扩散、分散或可变性的度量，等于该组数字方差的平方根"。Palmer v. Shultz, 815 F. 2d 84, 92 n. 7（1987） ［quoting David Baldus & James Cole, Statistical Proof of Discrimination 359（1980）］. 判例法经常错误地将这个术语与技术上更合适的术语"标准差"互换，标准误差描述了样本估计量（如均值）在其真实值周围的分布。See David H. Kaye & David A. Freedman, Reference Guide on Statistics, Federal Judicial Center, Reference Manual on Scientific Evidence 174（2d ed. 2000）.

[52] Castenada, 430 U. S. at 517.

[53] 433 U. S. 299, 308 n. 14（1977）.

[54] Id. at 299.

视的一种模式和做法的证据。㊺ 根据这部分的发现,法院发回重审此案,并指示地方法院拟定一项可接受的补救办法,其中包括禁令和其他衡平法上的补救方法。

在沃森诉沃斯堡信托银行案(Watson v. Fort Worth Bank & Trust)中,桑德拉·戴·奥康纳大法官回顾了法院在就业歧视案件中的统计标准。㊻ 虽然她承认前述两个案件"两到三个标准差"的普遍存在,但她指出,最高法院从未指示下级法院机械地应用这一标准。㊼ 相反,法院应评估与争议问题有关的统计证据,并逐案确定这种证据的适当性。奥康纳大法官观察到:

> 我们已经强调了统计方法在(美国《公平就业机会法案》)第七章中所发挥的有利作用,但我们并没有提出,任何特定数字的"标准差"可以决定原告是否在复杂的就业歧视案中提出初步证据,也没有就任何替代的数字标准达成共识。相反地,法院似乎通常是在个案基础上对数字差异的"重要性"或"实质性"做出判断。至少在法律发展的当前阶段,这种个案分析的方法恰当地反映了我们的认识,即统计数据"有无限的多样性和……它们是否有用取决于该案中的事实和情况"。㊽

然而,许多下级法院采用了"两到三个标准差"的前述两个案件标准作为一项"明线规则"(bright-line rule)。在这样做的过程中,法院注意到一个标准,即当应用于通常假设的钟形正态分布时,对应于科学文献中普遍存在的显著性水平为 0.05 的"统计显著性"。㊾ 这个标准即 5% 的概率阈值,反过来对应于"第一类错误"的概率,即错误地拒绝非歧视点假设为零的概率。一般来说,第一类错误的概率越低,研究人员就越有信心认为他声称的统计发现是重要的。第七巡回上诉法院解释如下:

㊺ Id. at 308 n. 14.
㊻ 487 U. S. 977 (1988).
㊼ Id. at 995 n. 3.
㊽ Id. (internal citations omitted).
㊾ 在卡斯塔涅达一案中,最高法院指出,在处理大量数据时,社会科学家拒绝接受"平等假设",即如果实际情况与预期情况之间的差异超过两到三个标准差,事件发生的可能性"同样"可能来自偶然或一个提议。430 U. S. at 496 n. 17.

除用标准差的水平来描述统计显著性外,统计显著性还可以表示为概率值(P),在 0~1.0 的连续或相对尺度上。随着 P 水平值的下降,也就是说,当差异是由偶然造成的概率小于5%时,统计显著性水平上升……P 值低于 0.05 通常被认为具有统计学意义。对于大样本来说,0.05 或 0.01 以下范围内的统计显著性与两三个标准差水平上的显著性"本质上相等"。[60]

这一推理导致许多法院采用了一项"本身违法原则",即未能达到显著性水平为 0.05 的统计证据不具有可采性。[61]

例如,在帕尔默诉沙尔兹案(Palmer v. Shultz)中,美国华盛顿哥伦比亚特区巡回上诉法院广泛地考虑了一个相当深奥的问题,即应该采用统计显著性的单侧检验还是双侧检验。[62] 法院决定采用双侧检验的结果最终决定了原告的统计证据被驳回。[63] 类似地,在贝内特诉道达尔·米纳托姆公司案中,第五巡回上诉法院明确讨论了标准偏差的数值与"P 值"之间的关系,即与该差异相关的第一类错误的概率。[64] 第五巡回上诉法院重申其规则,即只有 P 值小于或等于 0.05 的统计结果才具有可采性。同样地,第十一巡回上诉法院认为:

> "一般规则"是,差距必须"大于两三个标准差",才能推断出雇主存在第七章规定的非法歧视行为。最高法院将这种不平衡称为"总体统计差异"。[65]

---

[60] Griffin v. Bd. of Regents of Regency Univs., 795 F. 2d 1281, 1291 n. 19 (7th Cir. 1986) [citing Coates v. Johnson & Johnson, 756 F. 2d 524, 537 n. 13 (7th Cir. 1985)].

[61] See, e. g., Bennett v. Total Minatome Corp., 138 F. 3d 1053, 1062 (5th Cir. 1998).

[62] *Palmer*, 815 F. 2d 84, 92 (D. C. Cir. 1987).

[63] Id. at 94 - 95.

[64] *Total Minatome*, 138 F. 3d at 1062 (and cases cited therein).

[65] Peightal v. Metropolitan Dade Co., 940 F. 2d 1394, 1406 (11th Cir. 1991) (省略内部引文), cert. denied, 502 U. S. 1073 (1992) [citing: *Casteneda*, 430 U. S. at 497 n. 17; *Hazelwood*, 433 U. S. at 308; and City of Richmond v. J. A. Croson Co., 488 U. S. 469, 501 (1989)]. See also Smith v. Xerox Corp., 196 F. 3d 358, 364 - 366 (2d Cir. 1999) (发现两个或三个标准差的差异等于总统计差异); Ottaviani v. State Univ. of N. Y. at New Paltz, 875 F. 2d 365, 370 - 374 (2d Cir. 1989) (同上), cert. denied, 493 U. S. 1021 (1990); *Palmer*, 815 F. 2d at 96 - 97 (同上); NAACP v. Town of East Haven, 892 F. Supp. 46, 48, 50 - 51 (D. Conn. 1995) (同上).

80%规则或统计显著性检验是否可能有利于某一方,在很大程度上取决于有争议的决策的数量。其他的事情也一样,决策的数量越多,任何差异的统计意义也就越大:⑯

例如,如果平均工资是每小时 10.00 美元,那么男性和女性之间每小时 0.10 美元的工资差距可能被认为是微不足道的,因为此差距仅代表平均工资的 1%(0.10 美元/10.00 美元)。然而,如果对足够大的男性和女性统计样本进行研究,那么同样的差异可能具有统计学意义。因为统计学意义在某种程度上是由数据集中观察到的数据数量所决定的。⑰

因此,选择差异低于 80% 的小雇主(这表明存在法律意义上的差异)倾向于强调这种差异在统计上并不显著。相比之下,一个大雇主,由于所分析的决策数量,很可能提倡 80% 的规则,因为有足够的数据,即使数字上的小差异也可能具有统计学意义。因此,随着雇主人数的增加和可用于分析的数据的增加,原告和政府呼吁,统计的意义(显著性)是评估差异的标准,而不是评估机构自身的经验法则。

大数据将这个统计框架推向极限,甚至超越极限。随着越来越多的数据被用于雇员选聘过程,人口统计学意义上的人口群体之间的差距必然会越来越大,这是超大数据库的自然结果。在极端情况下,即使大多数人认为微不足道的差异也可能超过"两个标准差"标准。一个突出的例子是沃尔玛商超诉杜克斯案(Wal-Mart Stores, Inc. v. Dukes)中报告的统计分析,该案被认为是一场就业歧视诉讼中需要分析的最大数据集之一。⑱ 原告专家在比较男女薪酬差异时,报告的标准差为 0.1%。这意味着,工资上的性别差异仅为 0.2 个百分点,即时薪 10 美元的男员工与时薪 9.99 美元的女员工之间的差

- ⑯ "样本量越大,结果越可靠,精度越高,统计力也越强……" The Importance and Effect of Sample Size, Select Statistical Services, www.select‐statistics.co.uk/article/blog‐post/the‐importance‐and‐effect‐of‐sample‐size.
- ⑰ See Daniel L. Rubenfeld, Reference Guide on Multiple Regression, Federal Judicial Center, Reference Manual on Scientific Evidence 191 (2d ed. 2000).
- ⑱ 131 S. Ct. 2541 (2011). 在这起诉讼中,全国范围的该阶层大约由 150 万女员工组成。Id. at 2544.

异被认为是"统计上显著的"。当数据集增长到这么大的规模时，统计标准就有可能忽视什么可能构成歧视这一重要问题。[69]

经过几十年不断完善统计标准，法院现在不得不面对这样一个问题：在小数据世界中磨炼出来的判别歧视的标准，在大数据的世界中可能毫无用处。正因它的规模很大，所以大数据使得不同人口群体在选择率上的任何差异，无论是晋升、雇佣还是终止，都可能极具统计学意义，无论这种差异有多小。法院的合理回应可能是恢复采用经验法则，即一种武断但合理的判断差异可以构成法律后果的门槛（标准）。

经验法则在年龄歧视诉讼案件中很常见。例如，几个巡回上诉法院已经宣布，员工待遇的差异小于5年、6年甚至8年，不能证明存在歧视。[70] 类似地，第八巡回上诉法院认为，没有将40岁及40岁以上劳动力的比例减少4个百分点以上，那么这一裁减本身就不属于歧视。[71]虽然法院接受超过这些阈值的统计证明，但这些证明标准反映了许多法院的观点，即尽管统计意义重大，但微小的差异缺乏证明价值，应当予以忽略。更普遍地说，也许是时候恢复《员工选拔程序统一指南》的80%门槛，并应认识到，在大数据时代，统计意义是一种常态，而仅以此作为衡量法律相关性则是一个不太好的指标。

（三）大数据和美国残疾人法案

对《美国残疾人法案（1990）》（Americans with Disabilities Act of 1990,

---

[69] See, *e. g.*, Mark Kelson, Significantly misleading, Significance Magazine（Oct. 22, 2013），www. statslife. org. uk/the－statistics－dictionary/1000－the－statistics－dictionary－significantlyisleading.（"想象一下，如果一个环保主义者说，从一个受保护的珊瑚礁的水样中可以检测到石油污染。根据环保主义者所说是对水样的肉眼评估还是电子显微镜检查，这句话的重要性会发生巨大变化。油的量越小，我们就越难寻找。对于检测到统计学上显著的治疗效果的临床研究也是如此。如果研究规模很大，那么统计显著性的问题就变得不重要了，因为即使是微小的、临床上不重要的差异也可以被发现具有统计显著性。"）

[70] See, *e. g.*, Holowecki *v.* Fed. Exp. Corp., 644 F. Supp. 2d 338, 357－358（S. D. N. Y. 2009）aff'd, 392 F. App'x 42（2d Cir. 2010）（2010年第二联邦法院模糊地表明，比自己小3岁的人受到优待不足以在法律上推断年龄歧视）；Grosjean *v.* First Energy Corp., 349 F. 3d 332, 339（6th Cir. 2003）（采用"明线规则"，即"在没有直接证据表明雇主认为年龄重要的情况下，雇员与替代者之间年龄相差6岁或更小的差距不重要"）；Aliotta *v.* Bair, 576 F. Supp. 2d 113, 125 n. 6（D. C. Cir. 2008）（没有进一步证据表明年龄是决定性因素，7岁的年龄差异不显著）[citing Dunaway *v.* Int'l Bhd. of Teamsters, 310 F. 3d 758, 767（D. C. Cir. 2002）].

[71] See Clark *v.* Matthews Intern. Corp., 639 F. 3d 391, 399（8th Cir. 2011）.

ADA）修订得到的《美国残疾人法案（2008）》对大数据提出了特殊的挑战。⑫ 与其他仅禁止某些行为的反歧视法不同，《美国残疾人法案（2008）》对雇主规定了积极性义务。⑬ 而该规定反思了 20 多年前制定的筛选和雇佣程序。法规要求雇主：

> 以最有效的方式选择和管理有关就业的测试，以确保在对有感知、手工或表达能力有障碍的求职者或雇员进行测试时，测试结果旨在能准确反映工作能力、潜在能力或其他能力，而不是反映该求职者或雇员的感知、手工或表达能力的受损……⑭

根据立法解释文件，"这一规定的目的是进一步强调，不能仅因为残疾妨碍求职者或雇员参加测试，或对测试结果产生负面影响，就把残疾人排除在他们实际可以从事的工作之外。"⑮

大数据不大容易符合这一规定，至少有两个原因。第一，大数据的优势之一是，输入到算法中的信息是从个人自愿参与的活动中收集的，这些活动往往与任何工作要求无关。⑯ 因此，大数据可能会利用特定网站的访问量筛选求职者，但这类活动传统上并不被视为一种测试。

第二，由于大数据所依赖的一些信息是个人在正常生活中产生的，因此他们没有意识到他们的业余活动可能是判断他们是否适合某一职位的依据。在大数据监测的活动中，如果有残疾的求职者没有意识到自己是如何被屏蔽掉的，往往无法要求合理对待。另外，雇主也可能不知道，从网上收集数据的求职者有缺陷，可能需要合理对待残疾人。雇主不仅可能不知道应聘者是

---

⑫ 42 U.S.C. § 12101, et seq. (2009).

⑬ 雇主有责任让雇员或申请人参与互动过程，以确定有已知残疾的雇员或申请人能否在合理的便利下履行职位的基本职能。42 U.S.C. § 12111 (8), (9), 12112 (a) & (b) (5) (2009); 29 C.F.R. § 1630.2 (o), 1630.9 & Pt. 1630, App. § 1630.2 (o) & 1630.9; Humphrey v. Memorial Hosps. Ass'n, 239 F.3d 1128, 1137 (9th Cir. 2001) ("当雇主意识到需要提供便利时，根据《美国残疾人法案》，雇主有义务与雇员进行互动，以确定并实施适当的合理便利"); see Equal Employment Opportunity Comm'n v. , 417 F.3d 789, 805–808 (7th Cir. 2005).

⑭ 42 U.S.C. § 12112 (b) (7) (2009).

⑮ Section 1630.11 Administration of Tests, 29 C.F.R. Pt. 1630.

⑯ See e.g., How Big Data is Taking Recruiters from "I Think" to "I Know." Theundercoverrecruiter.com, available at http://theundercoverrecruiter.com/big-data-recruiters/ (last visited Jul. 14, 2015).

残疾人，而且可能不知道大数据跟踪并影响应聘者评估的行为。虽然要求雇主容纳未知的残疾是不公平的，但依据求职者是否残疾为标准来决定雇佣同样是不公平的。然而，除非就业的测试被解释为包含大数据算法，并且告知求职者算法的情况，否则，残疾求职者可能会在申请过程中没有得到合理的对待。

《美国残疾人法案（2008）》为残疾人提供了有关雇主招聘政策和实践存在歧视影响的起诉理由，[77] 但这一理论可能不适用于合理对待的诉讼问题。残疾人是一个异质群体（heterogeneous group），雇主的大数据算法中对某个有残疾的求职者产生的影响，可能对其他有残疾的求职者没有影响。因此，数据量的不足可能导致残疾求职者难以证明某歧视影响了残疾人。事实上，在《美国残疾人法案（2008）》下，很少有成功获赔的歧视影响索赔案例公开。[78] 相比之下，残疾人求职者有权得到合理对待，不论其他人如何受到算法筛选程序某方面的影响。[79]

一个可能的解决方案是，要求大数据的使用应披露算法的输入数据，使得残疾人求职者能够知道他们处于大数据的监控之中。然而，这些算法是专有的，反映了大数据分析所开展的广泛开发的成果。当然，公开披露会大大降低这些知识产权的价值。或者，雇主可能会被要求披露他们的雇佣决定是否基于从外部渠道收集的数据。这可能会引起一场对话，即让有残疾的求职者解释他或她的身体或精神缺陷。一个合理的替代方案或许是在独立于大数据算法的情况下评估这些候选人。

四、大数据在绩效管理和工作纪律中的应用

（一）职场中的大数据和隐私：入侵的界限在哪里

在雇佣关系中使用大数据的公司（在本节中称为"大数据分析公司"和

---

[77] 42 U. S. C. § 12112 (b) (3) (2009); Raytheon Co. v. Hernandez, 540 U. S. 44, 52 (2003).

[78] See e. g., McGregor v. National R. R. Passenger Corp., 187 F. 3d 1113, 1116 (9th Cir. 1999)（要求雇员在受伤后"100%痊愈"或"完全痊愈"才能重返工作岗位的政策是表面歧视，本身就违反了 ADA）；Bates v. United Parcel Service, Inc., 511 F. 3d 974, 994 – 995 (9th Cir. 2007)（法律没有强制规定听力标准本身就违反了 ADA，因为该政策筛选了其他方面有资格执行该工作的听力受损人员。因此，雇主有责任建立肯定性抗辩，证明"不能通过合理的便利来建立绩效"）。

[79] 42 U. S. C. § 12112 (a), (b) (1) & (b) (5) (2009).

"人力资源分析公司")声称,它们可以提高员工的工作效率和士气,并降低离职率。[80] 尽管这些宣传很引人注目,但如果雇主使用这些服务,就必须设法解决隐私和数据安全方面的问题。首先,收集雇员信息可能会侵犯员工的隐私权。其次,雇主必须保护收集到的员工敏感信息的安全。最后,如果雇主收集和分析国际雇员的数据,那么隐私和数据安全问题将会变得异常复杂。

(二)隐私

在隐私方面,联邦法、州法以及普通法限制了雇主可以收集并使用雇员信息的范围。尽管在收集和使用员工健康信息方面,限制特别烦琐,但在与健康无关的员工数据方面,如业绩和薪酬信息,雇主拥有惊人的高自由度。

1. 健康数据

因为员工和家人的健康状况会对企业的利润产生很大影响,所以企业可能会对员工和家人的健康状况进行大数据分析很感兴趣。有严重健康问题的职员或职员家属的保险费较高。此外,员工可能会因为这种情况而错过更多的工作,并且他的工作表现也可能会受到影响。然而,雇主不能利用员工的健康信息进行大数据分析,而大数据分析的结果可以用于做出雇佣决定。

有几部联邦法旨在保护一般的健康信息,特别是雇员(及其家庭成员)的医疗信息。[81] 这些法律承认,雇主可以基于特定目的获得雇员的健康信息,旨在防止基于其他目的获取和使用这些信息。1996年《健康保险携带和责任法案》(Health Insurance Portability and Accountability Act of 1996,HIPAA)、《卫生信息技术促进经济和临床健康法案》及其实施条例是这些法律中最全面的。1996年《健康保险携带和责任法案》规范个人可识别健康信息的使用和披露,并在很大程度上限制信息的获取和雇主使用现有信息的方式。拥有自我保险健康计划的公司受到1996年《健康保险携带和责任法案》的最直

---

[80] Steven Pearlstein, *People analytics*:'*Moneyball*' *for human resources*, Wash. Post, Aug. 1, 2014, available at www.washingtonpost.com/business/people–analytics–moneyball–for–human–resources/2014/08/01/3a8fb6ac–1749–11e4–9e3b–7f2f110c6265_story.html (last visited Jul. 14, 2015).

[81] 雇主还应该了解保护雇员医疗信息的州法律,比如《加州医疗信息保密法案》禁止雇主滥用医疗信息。Ca. Civ. Code §§ 56.20–56.245.

接影响，需要最全面的隐私保护措施，以确保用于管理健康福利索赔的信息不会用于其他目的，包括做出雇佣决定。[82]

《美国残疾人法案（2008）》还对雇员健康信息的收集和使用施加了严格的限制。该法案规定，雇主不得向求职者和雇员询问有关健康状况或残疾的问题，只有限的例外情况，如雇员或求职者要求合理对待时。在更具侵入性的询问的情况下，如要求考试，考试必须是"与工作相关的以及与商业需要一致的"。[83] 此外，为处理影响工作的残疾问题而向雇员收集法律允许的健康检查结果和其他健康信息，必须与雇员的人事档案分开保管，并且只能向雇主组织内部和外部非常有限的几类人员披露。[84]

《家庭医疗休假法案》（Family Medical Leave Act）也有强有力的隐私保护，因为它引用了《美国残疾人法案（2008）》的保密语言。所以，有关雇员根据《家庭医疗休假法案》申请休假的信息，除管理休假外，雇主不得提供。[85]

《基因信息不歧视法案》（Genetic Information Nondiscrimination Act, GINA），尽管条约名称可能会使人产生误解，但该法案所保护的远不止基因检测结果。《基因信息不歧视法案》将基因检测结果定义为"遗传信息"，保护与家庭成员疾病或失调症状相关的任何信息，其程度可达四级[86]。《基因信息不歧视法案》严格限制雇主基于雇佣目的收集和使用基因信息，并规定了大量的保密义务。[87] 这些限制可能会有效地阻止雇主使用基因信息进行大数据分析。

2. 与健康无关的信息

撇开员工的健康数据不谈，雇主们开始对收集和分析员工健康信息之外的信息越来越感兴趣，以便做出更好的决定，或更好地了解当前或未来的员工。以下几类资料是雇主特别感兴趣的：（1）薪酬信息；（2）绩效评估；（3）工

---

[82] 45 C. F. R. § 164.504 (f) (2) (ii) (C).
[83] 42 U. S. C. § 12112 (d) (4).
[84] See 42 U. S. C. § 12112 (d) (3).
[85] 29 C. F. R. § 825.500 (g).
[86] 42 U. S. C. § 2000ff (4); 29 § C. F. R. § 1635.3 (c).
[87] See generally 42 U. S. C. § 2000ff – 1, 2000ff – 5.

作进展；（4）任期；（5）业务费用报销以及遵守公司报销和文件制度。

雇主通常可以利用雇员这些类别的信息进行大数据分析，几乎不受法律限制。然而，如果雇主对雇员的数据保留了隐私政策，那么雇主应该确认任何使用这些信息的大数据分析都符合雇主自己的隐私政策。

随着人力资源数据分析变得越来越普遍，雇主可能会发现离职雇员的潜在未来雇主越来越多地致电询问该雇员的信息。虽然这些类别的信息通常不受法律保护，也不作为私人信息受到保护，但雇主在考虑是否向前雇员的未来雇主披露这些类别的信息时，应考虑披露这些信息是否符合本公司有关雇员信息保密政策。例如，向未来的雇主披露个人信息可能与把个人信息视为秘密的公司财产政策不一致，并明显限制对档案信息的访问。

3. 对员工信息肩窥

过去几年里，人们对隐私保护和数据使用的规则和态度发生了巨大变化。虽然个人隐私保护可能处于历史最低水平，但在雇主尊重求职者和雇员个人生活方面的期望值每年都在增加。这一趋势与人力资源分析特别相关的例子是近期的密码保护立法浪潮。

虽然雇主可能对使用社交媒体内容建立在职场取得成功的个人资料感兴趣，但一些法律对雇主访问不公开的在线内容施加了大量限制。目前，21个州已经颁布了旨在保护求职者和雇员个人社交媒体内容的法律：阿肯色州、加利福尼亚州、科罗拉多州、康涅狄格州、伊利诺伊州、路易斯安那州、缅因州、马里兰州、密歇根州、内华达州、新罕布什尔州、新泽西州、新墨西哥州、俄克拉荷马州、俄勒冈州、罗得岛州、田纳西州、犹他州、弗吉尼亚州、华盛顿州和威斯康星州。[88] 上述所有法律都规定禁止雇主要求或命令求职者或雇员[89]披露他们的用户名、密码或访问个人社交媒体账户所需的其他信息，大多数法律还对雇主访问个人在线内容施加了其他限制，如禁止肩窥。

---

[88] 关于密码保护法的更多讨论，see Philip L. Gordon & Joon Hwang, *Virginia's Password Protection Law Continues the Trend Toward Increasing Legislative Protection of Personal Online Accounts*, Littler Insight（Mar. 30, 2015）available at www. littler. com/publication‐press/publication/virginias‐password‐protection‐law‐continues‐trendtoward‐increasing‐le#sthash. bo3qapdM. dpuf.

[89] 值得注意的例外是新墨西哥州，该州只对申请人实行禁令。

这些法律将有效禁止雇主为进行数据分析而"获取"求职者和雇员的非公开在线内容。

4. 电子通信审查

为了人力资源分析的目的，寻求从员工电子通信中收集信息的雇主也应该了解美国联邦《存储通信法案》（Stored Communications Act，SCA）施加的限制。该法案禁止访问存储在"提供电子通信服务（Electronic Communications Service，ECS）的设施"中的电子通信。⑩ 相关立法史上将电话公司和电子邮件服务商作为电子通信服务提供商。⑪ 多年来，法院毫不犹豫地将这一术语应用于新形式的服务提供商，例如，从互联网服务提供商和电子公告服务商⑫到 Gmail⑬、Skype⑭ 和 Facebook⑮。因此，雇主未经允许访问员工的信息，如存储在员工 Gmail 账户中的信息，可能会违反《存储通信法案》。

对雇主来说，关键点是《存储通信法案》为电子通信服务提供商提供了例外，即可以访问存储在自己的服务器上的通信。⑯ 这意味着，当雇主访问存储在他们自己提供的电子通信系统上的通信（比如公司自己的电子邮件服务器上的电子邮件）时，并不会违反该法案的要求。⑰

5. 位置追踪设备

使用全球定位系统（Global Positioning System，GPS）收集有关员工位置数据也存在风险。美国的几个州已经通过法律，禁止在未经车主同意的情况下对车辆进行 GPS 跟踪。⑱ 此外，雇主将面临普通法侵犯隐私索赔的风险。

---

⑩ 18 U. S. C. § 2701（a）（1）.

⑪ S. Rep. No. 99-541, at 14.

⑫ Garcia *v.* City of Laredo, 702 F. 3d 788, 792（5th Cir. 2012）.

⑬ Lazette *v.* Kulmatycki, 949 F. Supp. 2d. 748（N. D. Ohio 2013）.

⑭ Snyder *v.* Fantasy Interactive, Inc., No. 11 Civ. 3593（S. D. N. Y. 2012）.

⑮ Crispin *v.* Christian Audigier, Inc., 717 F. Supp. 2d 965, 981-982（C. D. Cal. 2010）.

⑯ 18 U. S. C. § 2701（c）（1）.

⑰ See, *e. g.*, Fraser *v.* Nationwide Mut. Ins. Co., 352 F. 3d 107, 115（3rd Cir. 2003）; Bohach. *v.* City of Reno, 932 F. Supp. 1232, 1236（D. Nev. 1996）.

⑱ See, *e. g.*, Cal. Penal Code § 637.7. 然而，加州法规对雇主在其车辆上放置的位置追踪装置规定了例外。Id. at § 637.7（b）.

尽管这方面的法律规定刚开始出现，但是最高法院在美利坚合众国诉琼斯案（U. S. v. Jones）中认为，根据美国联邦宪法第四修正案，政府使用位置追踪设备持续一个月跟踪贩毒嫌疑人的车辆是不合理的搜查，因为这是在没有逮捕证的情况下进行的。[99]

美国联邦宪法第四修正案不适用于私人雇主对雇员位置追踪，但普通法隐私侵权中的"合理预期隐私"标准与第四修正案中的"合理预期隐私"标准非常相似。[100]因此，法院可能会遵循最高法院在美利坚合众国诉琼斯案中的裁决，判定员工的类似定位跟踪行为侵犯了普通法规定的员工隐私权。

最近的一个案例说明了法院如何分析雇主使用位置追踪设备的索赔。在坎宁安诉纽约州劳动部案（Cunningham v. New York State Dept. of Labor）中，纽约上诉法院认为，当机构的负责人在雇员不知情或不同意的情况下调查他或她是否缺勤和伪造工时记录，并指令跟踪定位雇员的车辆时，机构负责人的行为是不合理的。[101]经过一个月的定位跟踪，该机构以员工的不端行为为由解雇了他，部分理由是基于 GPS 数据。该名员工随后提起诉讼，声称解雇是不正当的，未经员工本人的同意不能收集他的 GPS 数据。纽约上诉法院发现，该机构负责人对 GPS 技术的使用从一开始就是合理的，因为有"充足的"理由怀疑该员工提交了虚假的工时记录。[102]然而，法院认为 GPS 的使用范围并不合理，因为"它监控了许多活动，而州在这些活动上并没有合法的监控权限，即对该员工在美国全境范围内的所有夜晚、周末和假期进行跟踪（员工）"。[103] 法院指出，该州政府曾两次拆除 GPS 设备以更换新设备，但在员工即将开始年假时却没有将 GPS 设备拆除。[104]

坎宁安诉纽约州劳动部案的主要教训是，虽然 GPS 跟踪可以作为人力资源分析的有用工具，但它应该只用于适当的目的，并且在一个明确和有限的

---

[99] 132 S. Ct. 945（2012）.

[100] See, e. g., Smyth v. Pillsbury Co., 914 F. Supp. 97, 101（E. D. Pa. 1996）.（认为在侵犯隐居侵权下对雇主的侵犯隐私索赔要求证明雇主侵犯了对隐私的合理期望。）

[101] 21 N. Y. 3d 515, 974 N. Y. S. 2d 896, 997 N. E. 2d 468.

[102] 21 N. Y. 3d at 522.

[103] Id.

[104] Id.

范围内使用，特别是当员工的工作和家庭生活必然重叠时。[105]此外，根据普通法隐私侵权理论，以及州法律限制使用位置跟踪设备，向雇员提供明确的定位跟踪通知并事先征得他们的同意，可以有效地消除雇主面临的索赔风险。

（三）数据安全

多个联邦和州法律法规保护个人信息的安全。这一领域的法律倾向于将社会安全号码、驾驶执照号、信用卡号、借记卡号、金融账号等可能被用于身份盗窃的信息以及关于健康的隐私信息作为关注重点。重要的是，即使雇主将数据分析外包给第三方，雇主也保留对数据的责任。因此，雇主可能要为服务提供商代替雇主处理数据的失误负责。

为了降低外包数据分析的风险，雇主应该尽可能地将个人数据去识别化。"去识别化"（Deidentification）指的是从一个数据集中删除具有识别性的个人信息的过程，如姓名和社会安全号码。有几项研究对标准的去识别化步骤在多大程度上实际切断了数据与可识别个人之间的联系提出了疑问。[106]然而，毫无疑问，将个人资料去识别化至少使某些人更难利用这些资料进行身份冒认或其他非法目的的行为。此外，根据1996年《健康保险携带和责任法案》等一些法律，只要去识别化过程符合公认的标准，确认数据就可以提供一个安全的港湾。[107]即使在法规或监管体制不包括明确的"避风港"条款的情况下，去识别化也可以有效地创建安全港，因为几乎所有的数据保护和信息安全法律只适用于个人可识别的信息。

如果服务提供商必须使用可识别的数据，那么雇主应对服务提供商进行尽职调查，以确认其能保护数据，并取得服务提供商为该数据提供合理保障的书面保证。在某些情况下，雇主可能需要在服务合同中处理信息安全问题。

---

[105] 索托马约尔大法官在2012年美国诉琼斯案中表达了类似的观点，"可能有必要重新考虑个人在自愿向第三方披露信息时对隐私没有合理期望的前提"，"这种方法不适合数字时代，在这个时代，人们在执行日常任务的过程中向第三方透露了大量关于自己的信息"。

[106] See Paul Ohm, Broken Promises of Privacy: Responding to the Surprising Failure of Anonymization, 57 UCLA L. Rev. 1701, 1716 – 1723 (2010).

[107] See Paul Ohm, Broken Promises of Privacy: Responding to the Surprising Failure of Anonymization, 57 UCLA L. Rev. 1701, 1716 – 1723 (2010).

例如，加利福尼亚州已经颁布了一项法令，要求任何拥有或颁发执照获得加利福尼亚州居民的个人信息并与第三方共享此类信息的企业，通过合同要求第三方实施并维持适合于信息性质的合理的安全程序和措施，保护个人信息不受未经授权的访问、破坏、使用、篡改或泄露。[108] 马萨诸塞州和俄勒冈州已经颁布了有关居民的类似法令。[109]

雇主还应注意到，1996年《健康保险携带和责任法案》要求雇主与第三方服务提供商［按该法案的术语是"业务伙伴"（business associate）］签订的合同须规定有关受保护的健康信息之数据安全条款，业务伙伴将处理雇主受保护的健康信息。[110] 此类合同必须规定受保护健康信息的允许和要求的用途和披露，包括防止未经授权披露的适当保障措施，以及在发生任何此类未经授权披露时的报告要求。[111]

对于那些法律没有要求在与数据服务提供商的服务合同中设法解决信息安全问题的雇主，好的做法是要求服务提供商必须都通过合同保护数据。三分之一的州要求公司实施一般性保护措施来保护某些类型的个人信息。[112] 47个州要求在出现安全漏洞时履行通知义务，包括当个人信息被服务提供商持有时。[113] 因此，许多州的雇主不仅要对未履行通知义务负责，还要对保障措施的缺失负责，即使这些违规是由服务提供商造成的。

事实上，从理论上讲，如果服务公司没有采取合理的安全措施，就可能面临政府监管部门的处罚。在实践中，政府监管机构不太可能因为一家公司的服务提供商未能维持所需的安全措施而对其进行处罚。然而，如果一家公司未能进行尽职调查，而服务提供商泄露数据，那么该公司可能会面临执法行动。该公司也可能因疏忽而成为集体诉讼的被告。虽然在数据泄露的案件中，过失索赔通常是基于损害和因果关系的因素，但对索赔进行抗辩可能代

---

[108] See Cal. Civ. Code 1798.81.5 (c).
[109] M. G. L. c. 93H as implemented by 201 C. M. R. 17.00; Or. Rev. Stat. 646A.622 (2) (d).
[110] 45 C. F. R. 164.504 (e).
[111] Id.
[112] See, e.g., Fla. Stat. § 501.171 (2); Tex. Bus. & Com. Code Ann. § 521.052 (a).
[113] See, e.g., 815 Ill. Comp. Stat. 530/5 et seq.; Mich. Comp. Laws § 445.72; N. Y. Bus. Law § 899 – aa; Ohio Rev. Code § 1349.19.

价高昂。⑭ 撇开法律责任不谈，违规可能使公司颜面尽失，并削弱员工士气。⑮ 安全漏洞也可能代价高昂，根据相关法律对安全漏洞的通知义务将产生不低的费用。⑯

公司可以通过合同将违约通知委托给服务提供商，但公司保留违约通知法律规定的责任，以确保向受影响的个人提供通知。⑰ 因此，除了要求服务提供商实施合理的数据安全保障措施外，雇主还应要求服务提供商及时向雇主报告任何数据泄露的情况，并在数据泄露调查中与雇主合作。合同还应规定，服务提供商将赔偿雇主在应对涉及服务提供商拥有的个人信息的安全漏洞时所产生的所有费用，并赔偿雇主因安全漏洞而引起的任何第三方索赔。最后，合同中应明确指出由哪一方提供安全漏洞通知，并赋予雇主监督通知过程的权利。

（四）国际数据保护

虽然对国际数据保护制度的全面讨论超出了本章的范围，但雇主在分析非美国数据时应特别谨慎，特别是居住在欧盟的雇员。欧盟的所有国家都制定了法律以实施《数据保护指令》（E. U. Data Protection Directive），该指令严格规范个人数据的处理。⑱ 许多其他国家也采用了与欧盟类似的数据保护法。⑲

---

⑭ Douglas H. Meal & David T. Cohen, Private Data Security Litigation in the United States, in Inside the Minds: Privacy and Surveillance Legal Issues (Aspatore 2014).

⑮ 根据波耐蒙研究所 2014 年关于数据泄露成本的调查，企业在经历数据泄露后平均损失价值 300 多万美元的业务。Ponemon Institute, 2014 Cost of Data Breach Study: Global Analysis, 16（May 2014）.

⑯ 波耐蒙研究所还估计，2014 年美国违规通知的平均成本超过 50 万美元。Id. at 15.

⑰ 例如，像许多其他州一样，纽约州规定有义务通知"拥有或许可"数据的受影响的个人。N. Y. Gen. Bus. Law § 899 - aa (2). 维护数据的一方仅有义务通知数据的所有者或许可方。Id. at § 899 - aa (3).

⑱ See Commission Directive 95/46/EC, 欧洲议会和理事会关于在个人数据处理和此类资料的自由流动方面保护个人的指令，1995 O. J. (L281) 31 [hereinafter E. U. Data Protection Directive].

⑲ 少数例子关于非欧洲国家却拥有广泛数据保护法的国家是澳大利亚（《隐私法案（1988）》(Cth)，印度（《信息技术法案（2000）》，No. 21 of 2000, 在 2008 年被修改为《信息技术（修订）法案（2008）》《信息技术规则（2011）》（合理安全实践和程序以及敏感个人数据或信息），G. S. R. 313 (E)（Apr. 11, 2011），墨西哥（Ley Federal de Protección de Datos Personales en Posesión de los Particulares, 5 de Julio de 2010），韩国（《个人信息保护法案》, Act No. 10465, Mar. 29, 2011).

《数据保护指令》涵盖的范围很广。例如,"个人数据"定义为"与被识别或可识别身份的自然人('数据当事人')有关的任何信息,可识别的人是指可直接或间接被识别的人,尤其是一个社会安全号码或其身体、生理、精神、经济、文化或社会身份的一个或多个特定因素"。[120] 这一定义涵盖的信息范围比美国大多数与个人信息有关的法律定义要宽泛得多,后者将保护限制在特定的数据之上,如社会安全号码或受 1996 年《健康保险携带和责任法案》保护的健康信息。在数据分析的背景下,更宽泛的定义尤其值得注意,因为通常不受美国法律保护的信息类别,如绩效评估、纪律记录和薪酬信息,都受该指令的保护。

重要的是,在讨论数据分析时,《数据保护指令》禁止基于自动化处理个人数据开展决策,除非有特殊情况。[121] 基于对员工个人数据的数据分析做出决定可能会违反这一禁令,因此,类似"点球成金"技术[122]在欧盟可能存在很大风险,即使后面讨论的所有其他要求都得到满足。

除其他要点之外,《数据保护指令》要求在处理个人数据时发出通知,并要求获得同意,除非有例外情况。[123] 这意味着雇主必须通知员工他们的个人数据是如何处理的,包括如何使用他们的个人数据进行数据分析。雇主必须告知员工数据分析的目的,以及是否由第三方进行分析。[124] 雇员通常有权反对数据处理,并可以拒绝雇主的数据分析。[125]

除了给予个人数据的主体反对处理的权利,《数据保护指令》还授予他们访问、更正和删除个人数据的权利。[126] 该指令还要求对个人资料提供合理的安全保障。[127] 因此,就像与服务提供商共享美国雇员的个人数据一样,雇

---

[120] E. U. Data Protection Directive, ch. I, art. 2(a).

[121] Id., ch. II, art. 15.

[122] 奥克兰运动家棒球队采用了一种因与《点球成金》一书和同名电影而闻名的方法,该方法使用数据驱动的分析技术来确定哪些可量化的标准使棒球运动员成功,然后根据这些统计数据招募球员。

[123] Id., ch. II, arts. 10, 14.

[124] See Id., ch. II, arts. 10(a), (b).

[125] See Id., ch. II, art. 14.

[126] Id., ch. II, art. 12.

[127] Id., ch. II, art. 17.

主在向服务提供商披露欧盟雇员的个人数据之前，应对服务提供商进行尽职调查，并执行数据安全条款中包含的义务。

雇主不能简单地绕过欧盟的限制，在美国境内处理数据。《数据保护指令》禁止将欧盟居民的数据转移到当地法律没有提供充分保护的国家。[128] 到目前为止，欧盟已经确定，美国法律通常不能达到充分保护的程度。[129] 然而，公司可以通过实施以下三种机制中的一种，为转移到美国的数据提供充分的保护，确保个人数据转移到美国将继续受到类似欧盟的保护：数据转移示范合同；[130] 具有约束力的公司章程；[131] 或向"美国—欧盟"安全港框架提供证明。[132] 这些方法中最常用的是"美国—欧盟"安全港框架。该框架认证要求公司为转移的个人数据实施隐私框架，并实施与《数据保护指令》要求相当的信息安全保障措施。[133]

联邦贸易委员会负责执行"避风港"框架。[134] 到目前为止，联邦贸易委员会的执法一直相对宽松；该机构主要关注的是那些在认证过期后仍能获得"避风港"认证的公司。最近，联邦贸易委员会受到来自欧洲监管机构的压力，原因是"避风港"框架执行不当，联邦贸易委员会可能会针对更多实质性的违规行为加大执法力度。

欧盟也可能收紧处理个人数据的规定。欧盟委员会已提议对《欧盟数据保护指令》进行全面改革，以加强对个人数据的隐私保护。[135] 在其他方面，最新的提案要求对不合规的公司处以占其全球年营业额2%～5%的罚款，消

---

[128] Id., ch. IV, art. 25（1）.

[129] 欧盟委员会拥有适当保护水平的国家名单可在此查询：http://ec.europa.eu/justice/data-protection/document/international-transfers/adequacy/index_en.htm.

[130] Commission Decision 2001/497/EC Controller to Controller Transfers [amended by Commission Decision C（2004）5271].

[131] 个人数据转移到第三国是应用欧盟数据保护指令第26（2）条对国际数据转移的约束性公司规则（2003年6月3日通过）.

[132] Commission Decision 2000/520/EC of 26 July 2000，根据欧洲议会和理事会关于美国商务部发布的安全港隐私原则提供的保护的充分性和相关问题的指令，2000 O.J.（L 215）7-47.

[133] See Id. at Art. 1,§3.134 Id., Annex Ⅶ.

[134] European Commission, *Data Protection Day* 2015：*Concluding the EU Data Protection Reform essential for the Digital Single Market*（Jan. 28, 2015）*available here*

[135] http://europa.eu/rapid/press-release_MEMO-15-3802_en.htm.

费者有权要求删除无用的数据("被遗忘的权利"),并强制向国家当局报告数据泄露。⑬⑥欧盟委员会选择法规而非指令,是因为不需要将其转换为当地法律,而且法规将直接平等地适用于所有成员国。⑬⑦

该指令修正草案的确切措辞正在由欧洲议会成员和成员国代表团进行协商,预计最终将在2015年底之前出台(截至2023年3月尚未出台)。⑬⑧在正式公布后,将有两年的过渡期。⑬⑨新的数据保护制度可能会对雇主使用欧盟雇员的个人数据进行数据分析的能力产生重大影响。

(五) 大数据:如何应对潜在的负面影响

经修正的1964年《民权法案》第七章,⑭⓪以及2020年《就业年龄歧视法案》⑭①和1967年《美国残疾人法案》⑭②都禁止差异性歧视。这一原则要点在每部法律中都相同,表面上证据确凿的案件要求起诉方:(1) 识别保持表面中立的政策或实践;(2) 证明这种政策或实践不利于受保护的特定群体;(3) 表明这将导致影响起诉方就业不利的行为。⑭③大数据可以证明这一点。

大数据的结果之一是,群体之间的细微差异可能有"统计显著性"(statistical significance)。"统计学意义"是许多法院用来评估不良影响的证明标准。⑭④然而,统计学意义是一种灵活的衡量标准,在其他条件相同的情况下,两组之间的任何差异,随着分析所依据的样本量增大,统计学意义也

---

⑬⑥ Id.

⑬⑦ Id.

⑬⑧ 2015年6月15日,欧盟理事会同意了提出该法规最终草案的"一般方法"。www. consilium. europa. eu/en/press/press – releases/2015/06/15 – jha – dataprotection/ (last visited Jul. 14, 2015).

⑬⑨ European Parliament, *Q & A on EU data protection reform*, Mar. 3, 2014, *available at* www. europarl. europa. eu/news/en/news – room/content/20130502BKG07917/html/QA – on – EU – data – protection – reform.

⑭⓪ Title Ⅶ of The Civil Rights Act, 42 U. S. C. § 2000e, *et seq*.

⑭① Age Discrimination in Employment Act of 1967 ("ADEA"), 29 U. S. C. § § 621 – 634 (2000).

⑭② Americans with Disabilities Act of 1990 ("ADA"), 42 U. S. C. § § 12101 – 12213 (2000).

⑭③ 法院将责任转移应用于法定框架下的索赔。See *e. g.*, 42 U. S. C. § 2000e – 2 (k) (Title Ⅶ of The Civil Rights Act); Shelley *v*. Geren, 666 F. 3d 599, 607 – 608 (9th Cir. 2012) (ADEA); Roggenbach *v*. Touro College of Osteopathic Medicine, 7 F. Supp. 3d 338, 343 – 344 (2014) (ADA).

⑭④ See, *e. g.*, Contreras *v*. City of Los Angeles, 656 F. 2d 1267 (9th Cir. 1981); Waison *v*. Port Authority, 948 F. 2d 1370, 1376 (2d Cir. 1991); Ottaviani *v*. State Univ. of N. Y. at New Paltz, 875 F. 3d 365, 370 – 371 (1989); Sobel *v*. Yeshiva Univ., 839 F. 2d 18 (1988).

就越大。⑭ 因此，大数据可以识别统计学意义的选择标准，尽管在实际操作中，成功和失败之间的差异可能非常小。在具有里程碑意义的沃尔玛商店公司诉杜克斯案（Wal‐Mart Stores, Inc. v. Dukes）中，⑯ 大量的晋升会导致男性和女性晋升人数的差距只有7%的"统计显著性"。⑰

一旦确定了选择标准的不利影响，起诉方接下来必须证明算法导致其在被雇用时遭受到不利影响。⑱ 问题是，如果算法对这位候选人的评价更高，原告是否会更有可能被雇用？这也可以通过统计来证实，方法是比较得分高于原告和得分低于原告的人的雇佣率。如果存在统计上的显著差异，事实认定者可以合理地得出结论——该算法导致了不利的雇佣决定。

如果起诉方提出这一证明，证明责任就转移到雇主这边，其须证明被质疑的算法是与该职位工作内容相关，并且符合业务需要。⑲ 这可能是大数据面临的最大挑战。大数据的一些最坚定的支持者认为，大数据之所以有价值，正是因为它处理的数据无处不在，而且与工作无关。雇主对算法的依赖可能与工作有关，但算法本身是测量和跟踪与工作表现没有直接关系的行为。它的价值仅存在于通过各种渠道收集到的信息与工作绩效之间的相关性。法律问题是，雇主是否能够履行其责任，以严格相关的证据为基础证明工作相关性。

1978年出版的《员工选拔程序统一指南》（Uniform Guidelines on Employee Selection Procedures）继续告知法院如何看待有效性。⑳ 首要原则是，除非在特殊情况下，雇主通常不能根据在其他地方工作的员工工作表现来推断确定其有效性。为了将统计结果从一个职场"传输"到另一个职场，

---

⑭ "更大的样本量提供了更可靠的结果，精度更高，更具统计力量……" The Importance and Effect of Sample Size, Select Statistical Services, www.selectstatistics.co.uk/article/blog‐post/the‐importance‐and‐effect‐of‐sample‐size.

⑯ 131 S. Ct. 2541 (2011).

⑰ Allan G. King, "Gross Statistical Disparities" as Evidence of a Pattern and Practice of Discrimination: Statistical versus Legal Significance, 22 The Labor Lawyer 271, 280 (2007).

⑱ McDonnell Douglas Corp. v. Green, 411 U.S. 792, 802‐804 (1973).

⑲ Id.; 42 U.S.C. § 2000e‐2 (k) (1) (A) (i).

⑳ "法院在决定一项检测是否得到适当验证时，通常依赖两种专业知识来源……也许最重要的指导来源是平等就业机会委员会的《就业选择程序统一指南》……" Gulina v. N.Y. State Educ. Dept., 460 F.3d 361, 383 (2d Cir. 2006).

雇主必须证明自己的员工和那些作为验证研究对象的员工表现出实质上相同的工作行为，正如适当的工作分析所显示的那样。[151] 这些规定考虑将确认研究的受试者的工作职责与甄选程序将甄选的受试者的工作职责进行比较，这些工作职责在实质性方面应相似。[152]

《员工选拔程序统一指南》批准了三种类型的有效性研究：标准效度（criterion validity）研究、内容效度（content validity）研究和构造效度（construct validity）研究。[153] 内容效度是最直接的，但与大数据的相关性最小。内容效度依赖于测试的技能和那些在工作中成功所需的技能之间的紧密联系。[154] 让应聘打字员的求职者参加打字测试就是范例，重点是要证明考试所用的文本与熟练员工键入的文本相似。

但这种密切的联系是大数据所憎恶的。大数据所声称的贡献在于，输入到算法中的信息可能与工作要求完全无关，只要它能预测工作绩效。从表面上看，算法所依赖的数据以及算法本身，很可能与工作要求的任务相距甚远。因此，内容效度不太可能用于验证大数据的方法。

构造效度与标准效度密切相关。构造效度衡量候选人具有可识别特征的程度，这些特征已被确定为对成功的工作表现很重要，[155] 有时这些特征可能很明显。同样地，对于一个足球运动员来说，速度可能是一项重要的能力。在其他情况下，识别显著特征更具挑战性。因此，《员工选拔程序统一指南》提醒雇主："使用者应意识到，为构造效度获得足够的实证支持的努力是一项广泛而艰巨的工作，包括一系列的研究……"[156] 因此，雇主必须首先确定所讨论的构造效度对特定工作的成功有重大贡献，并且程序或测试能准确识别出拥有该构造的人。[157]

标准效度有时也称为预测效度（predictive validity），不同之处在于其目

---

[151] 29 C.F.R. § 1607.7（B）（2）.
[152] Id.
[153] See generally 29 C.F.R. § 1607.14.
[154] 29 C.F.R. § 1607.14（C）.
[155] 29 C.F.R. § 1607.16（E）.
[156] 29 C.F.R. § 1607.14（D）.
[157] Id.

标是预测工作是否胜任，而不被认为能带来成功的特质。由于这种验证方法在制定统一的指南时就已经存在，因此对标准效度的规定要比有关构造效度的规定更详细。这些指导方针列出了被普遍认为"必不可少"的几个步骤，其中很多都属于"职业分析"。[158] 职业分析应当确定至关重要的行为或结果，花费在每个行为或结果上的时间比例，它们的难度、误差的影响，以及各种任务的执行频率。[159] 将这些信息系统化的目的是确定哪些工作可以合理地分组，以对员工的熟练程度进行评级，并确定一个通用的测试对他们进行筛选。[160] 雇主还必须解释选择衡量标准的依据以及观察、记录、评估和量化这些标准的方法。[161]

《员工选拔程序统一指南》规定："这些指南的目的是，当招聘程序中的工作绩效和标准中的工作绩效之间的关系在显著性水平为 0.05 时具有统计显著性时，招聘程序被认为与该标准有关。"[162] 一般来说，有两种方法来确定构造效度或标准效度，一个是"同时效度"（concurrent validity），另一个是"预测效度"（predictive validity）。[163] 在并行研究中，选择过程的分数（如测试分数）和它想要预测的表现分数都是同时收集的。例如，对在职员工的工作表现进行评估，通过实施一项测试，看看测试分数是否与工作绩效的评估方法相对应。在一项预测效度研究中，对一组求职者进行评分，但该分数不用于招聘决策。应聘者中有一部分会被录用，并对其在职工作绩效进行评估。然后，将前一分数与在职工作绩效分数进行对照，以评价前一分数是否准确地预测了绩效。[164]

这两种验证方法都对主要基于相关性的大数据解决方案构成挑战。因为大数据所依赖的相关性完全是经验性的，并且并行效度和预测效度都依赖于

---

[158] 29 C. F. R. § 1607.15 (B) (3).

[159] Id.

[160] Id.

[161] 29 C. F. R. § 1607.15 (B) (5).

[162] 29 C. F. R. § 1607.14B (5).

[163] 29 C. F. R. § 1607.14 (B) (4).

[164] Richard Jeanneret, *Professional and Technical Authorities and Guidelines*, in Employment Discrimination Litigation: Behavioral, Quantitative, and Legal Perspectives 47, 58 (Frank Landy, 2005).

时间（将在后文中解释），作为大数据解决方案基础的相关性没有理由在样本期之后继续存在。由于并行效度（concurrent validity）是基于在职员工的信息，因此只有在职员工和应聘者在大数据测量的维度上相似，这些个体之间的相关性才与求职者群体相关。例如，如果在职者比求职者年龄大，那么这一代年长群体的社交媒体资料可能会与年轻求职者明显不同。因此，一种能够对某一代在职者进行精确分类的算法，可能只会筛选出那些品位和生活方式"怀旧的"求职者。

同样地，在预测效度研究中，求职者首先在大数据的相关维度上被筛选，然后在受雇后合理时间段内对其工作绩效进行评估[165]，只有在过去观察到的模式持续与工作绩效相关的情况下，才具有相关性。如果在1月，最优秀的程序员涌向某个网站，但到7月，一个不同的网站成为最热门网站，那么继续依赖访问第一个网站的算法可能会错误地选择最优秀的求职者。因此，最好的标准不仅是相关性，而且是稳定的相关性，可以在相对较长的时间内产生可靠的预测。

在《员工选拔程序统一指南》批准的每种验证方法的基础上，都有职业分析的要求。[166]这反映了一种常识性观点，即要设计出一种测试或选择工具，以区分哪些人最能做某项工作，哪些人最不能做，这就需要对工作的要求有一定的了解。《员工选拔程序统一指南》的技术标准至少要求"任何有效性研究都应基于对将采用甄选程序的工作的资料审查"。[167]

大数据则从相反的角度出发。只要雇主能分辨出谁做得好，谁做得差，算法对任何员工的实际工作绩效并不感兴趣。该算法将识别最能区分这些组的变量集（对它可用的信息），以确保常规测试最终有效性的统计学意义测试和大数据的相关性要小得多。精心设计的算法将消除所有与工作绩效无关的替代方案，而这正是该方法论的基石。因此，将传统的有效性测试应用于大数据分析几乎没有意义，因为它的算法在设计上确定了最适合（工作表现）数据的相关因素，而不考虑它们为什么相关。

---

[165] 让纳雷特博士建议，应在被录用后六个月内评估绩效。Id.
[166] See generally 29 C. F. R. § 1607.15.
[167] 29 C. F. R. § 1607.14（A）.

这就是基于因果理论的预测与仅基于相关性的预测之间的显著差异。"因果关系"的逻辑是，相关的理论是建立在被认为是相关关系的基础之上的。例如，速度更快的运动员成为更好的足球运动员的逻辑反映了一个假设，即一个足球运动员跑向或逃离对手的速度越快，他就越有可能在正确的时间出现在正确的地点。只要游戏规则保持不变，这个命题就应该是正确的。

相反，假设这些队员是根据社交媒体资料和网络活动来选择的。比起依赖于队员的速度，我们可以利用这些信息获得更高的关联性，但我们却不知道这些关联性能持续多久。如果一种新潮流席卷大学校园，今天的高相关性可能很快就变成明天的零相关性。因此，《员工选拔程序统一指南》要求的相关性可能并不是判断大数据的最优标准。

因此，大数据实现了从与工作相关的知识、技能和能力中提炼出来的遴选标准，该遴选标准使用相关性以确定正确的标准，但从一开始就建立了相关性的转变，其与知识、技能、能力无关，但也产生了相关性持续时间的问题。因此，与其根据相关性来评估大数据，不如根据算法所基于的相关性持续时间来评估。在验证方面，这可以转化为相关性持续时间的比较，自算法首次被校准以来经过的时间与适用于起诉方的时间的比较。

由于大数据算法在设计上最大限度地提高了大数据变量与某些工作绩效指标之间的相关性，因此当算法最初被校准时，相关性应该是最大的；随着时间的推移，相关性应该会衰减。但是，在算法被认为太不可靠而无法通过法律审查之前，可以容忍多大的衰减？《员工选拔程序统一指南》建议："一般来说，员工选拔程序被认为与标准相关，为了实现该指南的目的，当选拔程序上的表现和标准测量的表现之间的关系在 0.05 的显著水平上具有统计显著性时……"这表明上述两种表现之间的相关性降低到 0.05 水平之前，算法的生命周期应该通过所经过的时间来衡量。因此，生命周期是评估大数据算法合规地应用于雇佣关系的关键问题。

五、大数据时代的诉讼

（一）集体诉讼的风险和曝光

集体诉讼对雇主构成重大风险。2015 年 3 月 17 日有报道称："2014 年，近 350 家公司的法律顾问平均处理了 5 起集体诉讼，在集体诉讼上花费 20 亿美元。"[168] 同一调查报告称，这些案件中有 23% 是雇佣领域的集体诉讼。[169] 大数据是否会增加这些诉讼风险，应该成为公司内部律师和雇主需要认真调查的重要问题。因此，一个重要的考虑因素是，集体诉讼对于大数据的质疑是否更易证明。

集体诉讼是由共同的问题和共同的答案驱动的。[170] 在沃尔玛高层公司诉杜克斯案（Wal－Mart Stores, Inc. v. Dukes）中，最高法院推翻了集体证明，因为被质疑为歧视性决定是去中心化的，没有反映通常适用于集体成员的政策的影响。[171] 因此，解决这些索赔诉讼就需要确定每一个集体成员是否受到歧视待遇。[172]

该案的意义在于，政策更加集中并统一应用，提高了集体诉讼证实的可能性。这表明，大数据算法一致并持续地应用于雇主的职场，实质上为该案所缺失的"胶水"（证据线索），即为证据证明过程提供背景的信息。然而，该结论可能尚不成熟。

大数据是一种方法论，而不是一种特定的选择工具。这是一种数据密集的方法，根据成功的衡量标准和开发者可以从各种来源收集到的其他信息之间的相关性，以区分有前途的员工和没有前途的员工。如果大数据是方法，那么算法就是用来选择最有前途的员工的预测模型。与大数据方法不同，该算法本质上是一个等式，该"等式"将求职者或在职员工所具备的发展潜力

---

[168] Melissa Maleske, *GCs Facing More Class Actions, Higher－Exposure Cases*, Law 360 (Mar. 17, 2015) www. law360. com/articles/632403/gcs－facing－more－class－actions－higher－exposure－cases（last visited Jul. 14, 2015）.

[169] Id.

[170] See, e. g., Fed. R. Civ. P. 23（a）（2）; Brinker Restaurant Corp. v. Super. Ct., 53 Cal. 4th 1004, 1022 n. 5（2012）.

[171] Wal－Mart Stores, Inc. v. Dukes, 131 S. Ct. 2541, 2554－2555（2011）. 在这起诉讼中，美国最高法院推翻了性别歧视索赔的集体证明，其中包括160万女性目前或曾经在沃尔玛门店工作。特别是原告指控沃尔玛公司从事歧视性的薪酬、晋升政策的做法。

[172] Id. at 2552. （"如果没有某种粘合剂把所有这些判决的理由联系在一起，就不可能说对所有集体成员的救济要求的审查将对为什么不支持这个关键问题产生共同的答案。"）See also, e. g., Duran v. US Bank Nat'l Ass'n, 59 Cal. 4th 1, 25（2014）. （"面对管理个别问题的潜在困难……许多初审法院在审判前拒绝认证或取消认证，这样的判决通常都得到了支持。"）

进行取值和归类。因此，该算法自然而然地成为歧视诉讼的合法目标。[173]

就集体诉讼和集体诉讼证明的关键问题而言，基于算法的决策是否增加了集体证明的风险。从表面上看，一种普遍应用的算法的歧视性影响似乎恰恰是一个需要共同回答的问题，也是集体诉讼的主要目标。然而，"算法"可能按天、按周或按月发生变化，这取决于任何雇员保持"最佳"状态的时间长短，并且可能有很多变化，就像导致该案集体证明被推翻的个性化决定一样。

但是首先让我们思考一个简单的例子，雇主采用一种单一的、不变的算法，它适用于所有求职者和那些寻求晋升的人。根据起诉方发现的求职者的人口统计特征，这似乎是一种适合于集体诉讼的做法。[174]尽管雇主可能会辩解提出该算法对不同职位的求职者（如工程师和会计）有不同的影响，但这可能被视为是子类争议，而不是一个失败的证明。[175]事实上，这个场景非常接近一个常见的事实模式，即雇主对其求职者进行标准化测试，而该测试对受保护群体有不利影响。这种情况的案件经常能够获得成功证明。[176]

然而，这种假设将大数据置于一件人造紧身衣中。大数据的优势之一是，一旦从数据来源中获得数据，挖掘数据的成本就变得相对较低。因此，开发特定于作业的算法可能比一个"标准"模型更精确，但前者的成本只比开发一个大型算法的成本略高。因此，一个集体诉讼的起诉方可能面临大量算法的挑战，因为大数据开发的算法数量多、变化快，可替换性强，某个算法或大数据很难举证证明其与侵权之间的关联性。

这带来的问题是，没有一个起诉方可能受到使用中的每一个算法的影响。

---

[173] See, e.g., Griggs v. Duke Power Co., 401 U.S. 424, 436 (1971).（"《民权法》中没有任何规定禁止使用测试或测量程序；很明显，它们是有用的。国会所禁止的是给予这些设备和机制控制权，除非它们能证明是衡量工作表现的合理标准。"）

[174] "提出一贯适用于一群员工的统一政策违反了工资和工时法的主张，是那种常规的、恰当的、适合阶级待遇的主张。" Brinker, 53 Cal. 4th at 531.

[175] "在适当的时候……一个类别可分为多个子类别，每个子类别均被视为一个类别，本条［23 (c) (4) (B)］的规定应据此解释和适用。" Fed. R. Civ. P. 23 (c) (4) (B).

[176] See, e.g., Griggs, 401 U.S. 424.（证明集体诉讼反对雇主要求高中学历或通过标准化的一般智力测试作为就业条件，当两者都与工作表现没有显著关系时，黑人申请人被取消资格的比例远高于白人申请人。）

因此，起诉方可能没有资格质疑未影响自身的算法。如果法院判定一个类或子类的范围必须限于受同一算法影响的那些人，那么如果雇主的决定基于一系列因职位不同而使用的不同算法，则不可能对他们提起大规模的集体诉讼。

除了特定工作的算法外，算法也应该周期性地更新。因此，不同时期聘用或晋升的员工可能会受不同的算法影响。开发人员可能会发现更新算法有很大用处，不是为了避免诉讼，而是因为大数据算法是基于相关性而不是因果关系。[177]这意味着，他们创建的算法只有在所基于的相关性保持实质性时才有用。

例如，《大西洋月刊》上的一篇文章描述了一家公司是如何寻找精通计算机代码编写的软件工程师的：

> 他们评估程序员在领英和推特等社交网络上使用语言的方式；该公司已经确定，某些短语和单词相互关联使用，可以区分专业程序员和技能较低的程序员……［该公司］知道这些短语和词汇与优秀的编码技能相关，因为它可以将他们与开源代码联系起来，并与在知名公司担任较高职位的程序员的语言习惯和在线行为联系起来。[178]

该文章解释了这些信息，通过比较他们的在线历史记录，确定他们的社交媒体足迹是否与最好的开源程序员相似，从而识别出那些在互联网上具备潜力的程序员。[179] 这家公司的首席科学家解释说："它们并不都很明显，也不容易解释……如对特定日本漫画网站的喜爱是优秀编码能力的一个可靠预测。"[180] 然而，任何网站最终都可能会把兴趣传递给曾经对其着迷的群体。

---

[177] Chris Taylor, *Big Data's Slippery Issue of Causation v. Correlation*, Wired（Jul. 15, 2013），available at http://insights.wired.com/profiles/blogs/big–data–s–slippery–issue–of–causationversus–correlation#axzz3WY6JsHAy（last visited Jul. 14, 2015）.

[178] Don Peck, *They're Watching You at Work*, The Atlantic（Nov. 20, 2013），www.theatlantic.com/magazine/archive/2013/12/theyre–watching–you–at–work/354681/（last visited Jul. 14, 2015）.

[179] Id.

[180] Id. 漫画是在日本创作或由日本创作者用日语创作的，符合日本19世纪末发展起来的风格。http://en.wikipedia.org/wiki/Manga（last visited Jul. 14, 2015）.

如果大数据挖掘出来的相关性是短暂的，那么它们的算法必须是动态的，以保持有效性。这需要不断更新最适合各种职位的个人资料，并可能产生新算法。因此，雇主的雇佣决定可能基于一系列不断变化的算法，它们之间只有最小的共性。结果，共同答案的可能性大大降低了，由于算法的每个版本可能具有不同的属性，无论是负面影响还是有效性程度。原则上，一个版本算法的影响可能是中性的，而另一个可能具有很高的预测性，尽管它的负面影响更大。因此，大数据中的动态差异可能是沃尔玛高层公司诉杜克斯案中排除集体证明的类似缘由。[181]

（二）一个全新的专家世界

大数据改变了在审判中承认专家证据的必要证词，并确立了使用特定大数据算法的业务必要性。对大多数雇主来说，大数据算法是一个"黑箱"，其内部工作原理大部分只有开发者才知道。尽管雇主可能对该算法一无所知，但如果该算法将受保护群体排除并造成不利影响，而雇主无法解释算法结果如何或为什么值得信任，那么雇主可能应承担责任。要在差异影响歧视理论下获胜，起诉方必须证明该算法对受保护群体产生了不利影响；或者，如果雇主成功地说明了使用该算法的业务理由，那么起诉方则须证明存在一种歧视影响更低的替代方案，该替代方案同样能有效地服务于雇主的合法业务需求。

大数据算法是通过收集有关员工表现的不同维度的数据，并将它们与这些员工的任何或所有信息相互关联而创建的。[182]因为大数据算法完全是基于经

---

[181] 杜克斯案中提到的一些商店间的差异，包括女性、合格女性或感兴趣女性，以及每个特定地点的性别中立、基于绩效标准的性质和影响。*Dukes*，131 S. Ct. at 2555.

[182] 在某些情况下，这些信息与员工完成特定工作的潜力无关。例如，吉尔德的大数据算法发现，对特定日本漫画网站的亲和力是强大的计算机编码的一个可靠预测因素。"很明显，这不是因果关系。"但吉尔德公司的首席科学家 Vivienne Ming 说："吉尔德公司的数据库中确实有 600 万名程序员，这种相关性即使无法解释，也是相当明显的。" Don Peck，*They're Watching You at Work*，The Atlantic（Nov. 20，2013），available at www. theatlantic. com/magazine/archive/2013/12/theyre - watching - you - at - work/354681/（last visited Jul. 14，2015）. 同样地，另一种不同的大数据算法发现，求职者在完成在线求职申请时使用的浏览器（例如，Windows 操作系统上的微软 IE 浏览器）不是电脑自带的，而是必须安装的（如火狐或谷歌 Chrome）。在工作中表现得更好，人员流动率也更低。*Robert recruiters*：*How software helps firms hire workers more efficiently*，The Economist，Apr. 6，2013，available at http://www. economist. com/news/business/21575820 - how - software - helps - firmshire - workers - more - efficiently - robot - recruiters（last visited Jul. 14，2015）.

验的——这是一种没有理论的量化分析——关于每位员工的所有信息都可能有相关性,直到某个大数据算法被证明无法有效区分好的工作绩效和差的工作绩效。在所有可能的数据组合中进行搜索,并允许搜索过程考虑每一项信息以达到最大效果后,该算法将识别出的最优组合。通过设计,所选择的算法必须对员工绩效的评估具有显著的统计关系;否则就会被丢弃,取而代之的是一个更好的预测算法。

由于大数据依赖于从雇主以外的来源收集信息,以及从求职者和雇员处间接地收集信息,所以各种各样的新问题随之出现。特别是对于求职者来说,潜在的起诉方面临着识别那些被大数据算法评价不佳的申请人的问题。问题在于,雇主既不会记录这些被拒绝的求职者的性别、种族和族群,也不可能知道算法通常如何产生更普遍的影响。例如,假设一个算法反馈的结果是,驾驶标准变速箱汽车的求职者将是最好、最聪明的员工,人们何以得知这个标准是否会对受保护群体产生不利影响呢?

诉讼当事人尝试了各种方法识别不自我认同的求职者的种族,有时结果是灾难性的。也许最臭名昭著的是就业机会均等委员会利用"种族事务委员会",从驾驶执照的照片来确定求职者的种族。在就业机会均等委员会诉卡普兰高等教育公司案(EEOC v. Kaplan Higher Education Corporation)中,[183]第六巡回法院维持了地方法院的判决,以相当严厉的措辞驳回了依赖这种方法的专家。"就业机会均等委员会是根据一种自制的方法提起此案的,这种方法由一名没有专门知识的证人制作,由没有专门知识的人管理,没有人测试,只有证人本人接受。"[184]

然而,其他种族归类的方法得到广泛接受。[185] "地理编码"(geocoding)是一种根据个人的居住地点,以及同一地点其他人的种族或族群构成,来推断某一特定个人的种族和族群身份的方法。例如,如果已知一个求职者居住在一个有50%西班牙裔的人口普查区,那么该求职者有50%的可能性是西班

---

[183] 748 F. 3d 749 (6th Cir. 2014).

[184] Id. at 754.

[185] See, e. g., Israel v. United States, No. 09 – CF – 687, Dist. of Columbia Ct. of Appeals (Nov. 26, 2014) (citing geocoded estimates of potential jurors).

牙裔。通过对所有申请者的概率求和,研究人员得到了整个申请者集体的种族组成的估值。⑱

起诉方还对那些被认定为求职者的人进行调查,以确定求职者集体的人口统计特征。私人调查公司比比皆是,这些机构被聘请提供有关求职者人口组成的专家证词。当调查方法符合普遍接受的原则(如美国人口普查局所遵循的原则)时,这些调查结果将作为证据予以采纳。⑰

因此,随着大数据越来越依赖雇主之外的数据来源,那些没有义务收集求职者人口统计数据的雇主可能在与专家的争论中发现,这些专家声称种族、族群和性别特征归咎于求职者的流动,其使用的方法可能经得起科学检验,也可能经不起科学检验。

正如大数据将微小的差异提升为统计学意义一样,它也淡化了传统定义中的"有效性"(validity)概念。在传统情况下,受到质疑的筛选机制采取测试的形式,标准的争议关注的是测试是否"有效",这通常由《员工选拔程序统一指南》来定义。⑱

大数据不会争论有效性,因为算法的选择是精确的,它们将相关性最大化,所以大数据应该会出色地解决这一争论,围绕一个在传统选择方法的诉讼中很少出现的问题展开争论。《民权法案》第七章规定,尽管雇主证明其选择标准有效,但如果起诉方能够证明存在另一种选择标准,既满足雇主的业务需求,又不产生具有歧视性的影响,则起诉方胜诉。⑲ 但在替代方案中进行选择,正是大数据的意义所在。

开发大数据算法的过程是在可用数据的限制下,评估所有可能算法的性能,并选择最有效的算法。起诉方对雇主的有效性辩护的反驳需要在这些相同算法中搜索,并确定是否有对受保护群体的影响较小的替代算法。这就在算法之间展开了一场竞赛,需要精通开发和衡量算法性能的专家。虽然可以

---

⑱ See, e.g., United States v. Reyes, 934 F. Supp. 553, 560 (S.D.N.Y. 1996).

⑰ EEOC v. FAPS, Inc., Civil No. 10-3095 (JAP) (DEA) (D.N.J. Sep. 26, 2014)(未发表的,引用承认调查证据的案例)。

⑱ See generally 29 C.F.R. § 1607.

⑲ See, e.g., Albemarle Paper Co. v. Moody, 422 U.S. 405, 425 (1975); Contreras v. City of Los Angeles, 656 F. 2d 1267, 1284-1285 (1981).

用统计的方法进行比较评估，但专家必须擅长设计和评估算法，并应用统计测试以得出该争议的结果。

（三）数据提高法律服务的准备工作

雇主应该准备迎接一个由数据集、分析和统计相关性为主导的人力资源新世界。根据雇主的不同，人力资源新世界要么已经到来，要么正在迅速到来，而且势头强劲。大数据将继续存在，不会轻易与有效的人力资源管理技术或雇主运营的法律界分离。无论是处理有关收集与存储求职者和雇员信息的法律，是用于确定是否发生了非法歧视的测试，还是审查当事人在诉讼中管理数据的方式，雇主需知晓并理解大数据和人力资源法律之间的相互影响，这些法律规定了什么可以做，什么不能做。

雇主面临的挑战是找到一种方法，既能发挥大数据的优势，又不会在潜在的法律风险中忽视自己的商业目标和文化。这一过程的一个重要部分是寻找关键的商业伙伴并与其在大数据领域进行合作，制定富有潜力并使职场更有效地为每个人服务的战略。雇主还需要与这些商业伙伴合作，明确谁负责管理哪些风险，以及谁应对可能出现的法律诉讼负责。

负责任的雇主会从数据收集者、隐私法和数据安全保管人的角度考虑收集和存储大数据所伴随的风险，同时利用大数据实现关键的商业目标，并创造一个更具凝聚力的工作环境。要做到这一点，至关重要的是，当制定有关如何以及何时使用大数据的商业决策时，人力资源专业人士和他们的律师能够参与其中。确保大数据在决策过程中的地位的第一步是要更好地理解何为大数据，以及它与当前法律体系和人力资源框架的关系。

第五章

计算法律、符号话语和人工智能宪法

史蒂芬·沃尔夫勒姆[①]

目次

一、莱布尼茨的梦想

二、一种新语言

三、话语工作流

四、代码与语言

五、为什么是现在

六、部分历史

七、将合同转化为代码

八、输入的信息从何而来

九、智能合约

十、撰写计算合同

十一、计算合同的世界

十二、这对人工智能意味着什么

十三、这个世界的原则

十四、使之成为现实

---

① 本章内容基于史蒂芬·沃尔夫勒姆个人博客上原创发表的一篇文章,访问网址:http://blog.stephenwolfram.com/2016/10/computational-law-symbolic-discourse-and-the-ai-constitution/.

一、莱布尼茨的梦想

戈特弗里德·莱布尼茨（Gottfried Leibniz）于 300 多年前的 1716 年 11 月去世。他研究了很多东西，但有一个主题贯穿他的一生，那就是将人类社会的法律变成可计算的演算过程。当然，如我们所知，他没有成功。但三个世纪后，我认为我们终于准备好再次认真地尝试一下。这是一件非常重要的事情：不仅因为法律的可计算化使得各种新的社会机会和社会结构成为可能，更是因为人工智能在与人类的互动过程中深刻地影响着人类文明未来的命运。

从定义来看，人类法律可以追溯到人类文明之初，毫无疑问，它是人类系统地定义的第一套规则体系。据推测，它是由欧几里得等人定义的数学公理逻辑系统的一个模型。当科学出现时，"自然法则"，顾名思义，最初被视为在概念上与人类法律相似，只是它被定义为对宇宙（或上帝）而非对人类的约束。

在过去的几个世纪里，我们在形成数字体系和精确科学方面取得了惊人的成就。由此产生了一个更普遍的概念，即"计算"的概念。在计算中，我们处理的是任意的规则系统，其不一定是我们所知道的数学概念，也不一定是我们所认知的世界特征。所以现在的问题是：我们能不能像莱布尼茨所设想的那样，用计算的思想对人类法律进行形式化表达？

最基本的问题是，人类法律是关于人类活动的，与质点力学（mechanic of particks）不同，我们没有描述人类活动的一般形式。例如，当谈及钱的时候，我们通常可以很精确。因此，可以轻松写出一份非常正式的合同以明确认购费用应该如何支付，或者决定公开交易股票的期权应该如何运作。

但是哪些典型法律合同要处理的事项呢？很明显，我们有一种书写法律合同的方式，即使用自然语言（如英语）。这种自然语言为了尽可能地精确，所以通常是非常程式化的，但最终它永远不会是精确的。因为在最低层次上，它总是取决于词汇的语意，而对于自然语言，语意是通过语言使用者的实践和经验被有效定义的。

二、一种新语言

但对于计算语言来说,情况就不一样了。因为这种语言中的结构是绝对精确的:它们不是对人类大脑有模糊的、社会定义的影响,而是对计算机有非常具体的影响。当然,传统的计算机语言并不直接地谈论与人类活动相关的事情,而是只直接谈论诸如为变量设置值或调用抽象定义的函数之类的事情。

但令我兴奋的是,我们开始在传统计算机语言的精确性和谈论现实世界结构的功能之间架起了一座桥梁。事实上,这是笔者个人30多年来一直在研究的对象:以知识为基础的Wolfram语言。

Wolfram语言是精确的:对于它所定义的一切,计算机都能准确地应用。但它在计算机语言中的独特之处在于它是以知识为基础的。它不仅是一种描述计算机低级操作的语言;相反,这种语言内置了尽可能多的关于现实世界的知识。这种语言不仅包括像"2.7"这样的数字和像"abc"这样的字符串,还包括像"美国""消费者价格指数"或"大象"这样的词语。这正是我们需要开始谈论的出现在法律合同或人类法律中的东西。

应该澄清的是,目前存在的Wolfram语言并没有包含所有必需的内容知识。我们已经有了一个庞大而坚实的框架,这是良好的开端。但我们必须对这个世界进行编码,才能捕捉到人类活动和人类法律规范的全部范围。

例如,Wolfram语言对香蕉有一个定义,这个定义被分解为各种各样的细节。因此,如果一个人说"你应该吃香蕉",Wolfram语言有一种方式来表示"香蕉";但是到目前为止,它仍旧没有一种有意义的方式来表示"你""应该"或"吃"。

有可能用精确的计算机语言来表示这样的东西吗?绝对有!但这需要语言设计确定如何去做。语言设计是一件很困难的事情,它可能是我所知道的对智力要求最高的事情,需要组合高度抽象的、深刻的认知并务实地做出判断。但为此我已经努力了近40年,我想我终于准备好迎接为日常话语进行语言设计的挑战了。

所以,为此需要做什么准备呢?好吧,我们先举一个简单的例子。当我们使用英语单词"plus"时，它可以有各种各样的含义。其中一种含义是把数字相加。但也有其他的含义，比如，"product × plus"（某个产品的升级版）、"the plus wire"（五线谱的加线）、"it's a real plus"（这真是一个优势），等等。

当我们开始在 Wolfram 语言中定义"plus"这个词时，我们将在这个词日常概念的基础上建立语言，但又希望更精确。我们可以通过选择"plus"的"把数字之类的东西加在一起"这一特定含义以实现精确目标。一旦我们知道了"plus"的意义，马上就能明白所有内容并对其进行显性计算。

现在考虑一个像"镁"（magnesium）这样的概念。它不像"plus"那样完美和抽象。但是物理和化学给了我们镁元素的清晰定义，借助它我们可以用 Wolfram 语言明确定义"镁"。

Wolfram 语言是一种符号语言，了解这一点非常重要，因为这意味着其中的元素不需要马上变量赋值，它们可以仅代表自己的符号结构。例如，实体"镁"被表示为一个符号结构，它本身不"做"任何事情，但仍然可以出现在计算中，就像一个数字（如数字"9.45"）的出现一样。

Wolfram 语言支持多种构造。比如"New York City"（纽约市）、"last Christmas"（上一个圣诞节）或"geographically contained within"（地理上包含在内）。关键是这种语言为它们定义了精确的含义。"New York City"被认为是纽约市的确切法律实体，其地理边界由法律界定。在 Wolfram 语言内部，总是有一个精确的规范表示，New York City（It's Entity〔"City"，{"New York"，"New York"，"United States"}〕）。当涉及计算时，这种内部表示是最重要的。将"New York City"称为"NYC"很方便，但在 Wolfram 语言中，自然语言形式被立即转换为精确的内部形式。

那"you should eat a banana"（你应该吃一根香蕉）这句话如何转化呢？在定义"eat"这个词的时候我们需要经历和为"plus"定义时一样的语言设计过程。基本的想法是，我们必须找出"eat"的标准含义。例如，它可能是"一个人（或动物）摄入食物"。现在，英语单词"eat"还有很多其他可能的意思，例如，"this function eats its arguments"（此函数接受其参数）。但就像定义"plus"一样，我们也定义一个精确且适合计算的"eat"的标准概念。

通过思考英语中的词性，我们就能对需要处理的结构有一个合理的概念。以名词为例，有时如"banana"（香蕉）或"elephant"（大象），它们对应的东西有一个相当精确的定义，所以通常Wolfram语言可以掌握它们。有时定义有点模糊，但仍然是具体的，例如"chair"（椅子）或"window"（窗户）；有时定义是抽象的，例如"happiness"（幸福）或"justice"（正义）。但在每种情况下，人们都可以想象一个或几个实体以捕捉名词的明确含义，就像Wolfram语言拥有了定义成千上万种事物的实体一样。

除了名词，还有动词，动词的定义附近通常有一定的上层结构。语法上，动词可能有主语、宾语，等等。动词类似于Wolfram语言中的函数：每一个函数都处理某些特定的参数，例如，对应它的主语、宾语等。当然，在英语（或任何其他自然语言）中，有各种各样与动词相联系的、复杂的特例和附加功能。但基本上我们并不关心这些，因为我们实际上只是试图定义代表某些概念的符号结构。不需要捕捉特定动词应用的每一个细节，只是用英语动词作为一种方式，给予我们对于概念的"认知挂钩"（cognitive hook）。

还有其他词类，如修饰动词的副词、修饰名词的形容词。在Wolfram语言中，这些词类有时可以用像实体对象的构造表示，有时也可以用函数的选项表示。但有一点很重要，就是在所有情况下，我们并没有试图忠实地再现自然语言是如何工作的；我们只是用自然语言指导如何建立概念。

代词就有趣了。它们的工作方式有点像完全匿名函数中的变量。在"you should eat a banana"（你应该吃一根香蕉）中，"you"（你）就像一个自由变量，将由特定的人填充。

词性和语法结构暗示了在话语的符号表达中需要捕捉的某些一般特征。不过，还有很多其他内容，例如，在一些演算中需要表示时间［如"within the time interval"（在时间间隔内）、"starting later"（稍后开始）等］或空间［如"on top of"（在上面）、"contained within"（包含在里面）］的概念。在Wolfram语言中，我们已经有很多这样的演算，最直接的是关于数字的［如"greater than"（大于）等］，或集合［加"member of"（的成员）等］，有些演算有很长的历史［如"temporal logic"（时序逻辑）、"set theory"（集合论）等］，其他的还需要进行构造。

是否存在一个关于该怎么做的全球性理论？就像关于世界是如何运转的，有一个全球理论一样。有些概念和结构是我们这个世界运作的一部分，需要我们捕捉它。毫无疑问，未来还会出现新事物，我们也想掌握这些新事物。我从构建 Wolfram∣Alpha（初始 Wolfram 语言）中获得的经验是，最好的做法就是只构建每个人需要的东西，而不是从任何一种全局理论开始。过一段时间，你可能会注意到自己已经多次建造了类似的东西，然后把它们统一起来。

人们可以深入研究这方面的科学和哲学基础，诚然，在系统运行的所有可能规则中，有一个计算宇宙（我花了很大一部分时间研究这方面的基础科学）。我们所在的物理宇宙，大致根据计算宇宙中的某些规则运行。但从这些规则中可以产生各种复杂的行为。事实上，计算的不可约性现象意味着，在某种意义上可以创建的事物是无限的。

但是并不存在一种全面的方法来谈论所有东西。如果我们要处理任何有限的话语，就只能捕捉某些特征。选择捕捉哪些特征，将由我们社会历史上演变的概念来决定，通常这些概念由我们使用的语言中的词汇来反映。

在基础层面上，计算的不可约性意味着总是会有新概念被引入。回溯到古代，亚里士多德将逻辑作为一种方法捕捉人类话语的某些方面。在哲学史上也引入了其他框架，而最近有自然语言处理和人工智能研究。但是计算的不可约性实际上意味着它们都不可能最终完成。我们必须预料到，当我们认为相关的概念演进时，我们对话语的符号表征也必须随之改变。

三、话语工作流

接下来，假设我们有一个话语的符号表征，它实际上将如何使用呢？从自然语言的工作方式中可以找到一些很好的线索。

在自然语言的标准讨论中，通常会谈到提出问题的"疑问句"、断言某事的"陈述句"和指令某事的"祈使句"（让我们暂且忽略像咒骂这样的"感叹句"）。

疑问句是我们在 Wolfram∣Alpha 语言中始终要处理的问题："黄金的密

度是多少""3+7得多少"那个传感器的最新读数是多少"等。这类语句Wolfram语言交互的应用终端中的应用也很常见，输入（In［1］：=2+2），就会有相应的程序输出（Out［1］=4）。

陈述句都是关于为变量填充特定值的。在典型的面向过程的语言中，可以用一种非常粗略的方式设置值，例如"$x=7$"。但更好的做法是考虑拥有一个可以表达陈述性的话语的环境。也许这个环境是真实世界，或是其中的某个角落；或者是指虚构世界，如恐龙没有灭绝的世界。

祈使命题是关于命令各种事物在世界上发生的语句，例如"打开救生舱""支付鲍勃0.23个比特币"等。

从某种意义上说，疑问句决定世界的状态，陈述句断言世界的状态，而祈使句改变世界的状态。

在不同的情况下，我们对"世界"有不同的理解。我们可以讨论抽象的结构，比如整数或者逻辑运算；可以谈论自然法则或者我们无法改变的物理宇宙的其他特征；可以谈论我们当地的环境，在桌子和椅子周围走动，选择吃香蕉等；可以谈论我们的精神状态，或者像计算机这样物件的内部状态。

如果一个人的话语用一般符号表示，那么他可以做很多事情。其中一种，也是本书的主题之一，就是用于表达法律合同之类的话语结构。合同的开头，包括各种各样的引用条款、事实陈述和释义等，广泛使用陈述命题（"事实性描述"）。然后，合同的实际条款往往以祈使命题结尾（"应该发生的事项"），祈使命题的阐述又可能以疑问命题的答案为条件（"前提是否发生?"）。

不难看出，合同的结构和程序很像。在简单的案例中，合同只包含逻辑条件句，例如："如果X发生，那么Y发生。"在其他的案例中，合同更适合通过数学模型来表达："如果有这么多X，就应该有这么多Y。"有时还会出现迭代："一直做X，直到Y发生。"偶尔会出现一些递归："把X应用到每一个Y上。"以及诸如此类的数学刻画。

在某些领域，法律合同通常由计算机程序语言进行表达。最明显的例子便是债券和期权之类的金融合同，它们只是基于各种公式和条件关系对支付进行定义的简单程序。

几乎所有的行业都在使用"规则引擎"来编码特定类型的规则,例如"如果……那么"规则,并且通常与公式混合在一起。事实上,这种做法几乎广泛应用于税收和保险计算,即它们在定价引擎等方面也很常见。

诚然,当人们谈论"legal codes"(法典)时并非巧合。"legal codes"一词来自拉丁语"codex",最初指的是法律规则的系统集合。几千年后,当计算机编程出现时,它借用了"code"(代码)这个词,因为计算机编程基本上被视为"为各类事物应该如何运行设定规则",只不过现在这些规则设定与计算机操作有关,而不与社会世俗事务的操作有关。

但现在怀着以知识为基础的计算机语言和符号话语语言的想法,我们试图以我们讨论计算过程同样的方式讨论广泛的世俗事务,故而我们将所有法律规范和合同转化成可计算的形式。

四、代码与语言

与普通的自然语言相比,我们应该如何看待符号话语语言?从某种意义上来说,符号话语语言是一种将所有的细微差别和"诗意"从自然语言中"挤压"出来的表现形式。符号话语语言是精确的,但它几乎不可避免地失去了原始自然语言的细微差别和诗意。

如果有人对Wolfram|Alpha说"2+2",它会忠实地回答"4"。但如果有人说:"嘿,你能帮我算出'2+2'吗?"那么其中的情感色彩就有所不同了。但是,Wolfram|Alpha将接收输入并将其转换为与"2+2"完全相同的符号形式,并且只输出"4"。

这正是符号话语语言中经常发生的事情。如果目标是回答精确的问题,或者创建一份精确的法律合同,那么只需要一些会对所涉事项产生实际影响的硬性内容,而不需要额外的修饰或客套。

当然,选择捕捉什么,取决于想要做什么。如果一个人试图获得心理信息,那么一段自然语言中的"语气"就非常重要了。那些"感叹句"(如咒骂语)承载着人们关心的意义。但人们仍然可以发挥想象,用一种象征性的方式捕捉事物,例如在一个人的符号话语语言中有一个"情感轨迹"(非常粗略地说,这可能由情感或情感空间中的位置来表示,或者由符号表情衍生出来的符号语言表示)。

在人类通过自然语言进行的实际交际中,"意义"是一个模糊的概念,不可避免地取决于交流的语境、交流者的经历等。我对符号话语语言的概念定义不是试图如变魔术一般捕捉一段自然语言的"真正含义"。相反地,我的目标只是捕捉一些可以用来计算的语言含义。

为了方便起见,可以选择从自然语言开始,试着将其翻译成符号话语语言。但关键是符号话语语言才是真正的表征,自然语言只是试图生成它的向导。最后,这个理念在于,如果一个人真的想确保自己说的话是准确的,他应该直接用符号话语语言来表达,而非使用可能引起意义含混的自然语言。

早在17世纪,莱布尼茨最关注的问题之一就是设计一种独立于人们使用的自然语言(法语、德语、拉丁语等)的表现形式。符号话语语言的特征之一是它必须在特定的自然语言下操作。

人类语言之间有一种大致的普遍共性,似乎可以用任何语言来近似地表示任何人类的概念。但是,有许多细微差别极难翻译,这种差别在不同语言之间、不同文化之间,甚至不同历史时期的同一种语言之间,都可能存在。但是符号话语语言可以有效地"消除"这些差异,并且使其更加精确,尽管它通常不会与任何特定的人类自然语言完全对应。

符号话语语言是关于表达世界事物的语言。自然语言只是描述这些事物的一种方式,其实还有其他方式。例如,给出一张图画,人们尝试用自然语言描述图画中的某些特征(一只戴帽子的猫),也可以直接将图画转化为符号话语语言。

以一张图片为例,很明显符号话语语言并不能捕捉一切。也许它能捕捉到某人在偷钻石之类的信息,但它无法详细说明每个像素的颜色,也不会在每个细节层次上描述场景的所有可能特征。

从某种意义上来说,符号话语语言所做的是具体化所描述的系统模型。像任何模型一样,它捕捉一些特征,而将其他特征理想化。但符号话语语言重要性在于它提供了一个坚实的基础,在此基础上可以进行计算,得出结论,并采取行动。

五、为什么是现在

近40年来，我一直在思考如何创造一种相当于一般符号话语的语言。但直到最近，在 Wolfram 语言的当前状态下，我才有了框架。而且是在最近，我才懂得如何以一种实践的方式思考这个问题。

原则上，用符号化的方式表现世界事物是不错的。在特定的情况下（比如在 Wolfram｜Alpha 中回答问题）也完全清楚为什么这么做是值得的。但是处理更一般的话语又有什么意义呢？比如，我们什么时候真正想和机器进行"一般性对话"？

图灵测试表明，有能力这样做是实现通用人工智能的标志。但迄今为止，与机器的一般对话并没有任何特定的目的，在实践中似乎很快就会演变成"派对戏法"和"复活节彩蛋"。至少这是我们观察人们与 Wolfram｜Alpha 互动的经验，以及几十年来与聊天机器人交互得出的经验。

但如果对话有目的，情况就会迅速改变：你会真的想让机器做些什么，或者从机器那里学些什么。然而，在大多数情况下，没有真正的理由对世界上的事物进行一般性描述。仅表示特定的机器操作、特定的客户服务目标或者其他内容就足够了。但如果你想解决法律和合同的一般性问题，那就是另一回事了，因为不可避免地要展现一个人所涉事务和问题的全貌。所以现在有一个明确的目标，那就是用符号表示这个世界：人们需要它能够说出应该发生什么，并且可以让机器理解。

有时这样做很有用，因为我们希望机器能够检查应该发生的事情是否真的发生了；有时我们想让机器自动执行一些事情。但不管怎样，我们都希望机器可以表示世界上的一般事物，所以我们需要一种符号话语语言。

六、部分历史

在某种意义上，拥有像符号话语语言这样的工具是一个符合直观的观点。事实上，这是一个在几个世纪反复出现的想法。但事实证明，这是一个很难实现的想法，而且历史上有不尽的失败（有时甚至是古怪的失败）。

从某种意义上来说，符号话语语言开始是很顺利的。回溯到古代，亚里士多德所讨论的逻辑提供了一个有限的符号话语语言的例子。并且，随着数学的形式主义逻辑开始出现，它提供了另一个有限制的符号话语语言的例子。

但是世界上存在更一般性的概念吗？从毕达哥拉斯学派的四重奏学派到中国的《易经》，许多人为一些重要概念赋予符号或数字做出过努力。但是在1300年左右，拉蒙·卢尔（Ramon Llull）更进一步，提出一个完整的组合方案以表达概念，然后试图用纸环实现，这些纸环可以机械地判断论证的有效性，特别是宗教领域的论证形式。

四个世纪后，戈特弗里德·莱布尼茨成为鲁尔所做工作的狂热爱好者。起初莱布尼茨认为也许所有的概念都可以转化为数字和真理，然后通过对质数进行因式分解确定真理。后来，莱布尼茨开始谈论特征普遍性（characteristica universalis），或如笛卡尔所说的：人类思想的字母表（指普通的符号语言），本质上是一种普遍的符号语言。但他从来没有真正尝试过构建这种符号语言，而是在研究人们可能会考虑的特殊情况，这也引导他走向了微积分。

17世纪，特别是在科学和外交领域，随着拉丁语作为通用自然语言的衰落，人们努力发明哲学语言，这种语言将以一种抽象的方式表示概念，而不受任何特定的自然语言束缚。其中最先进的是约翰·威尔金斯（John Wilkins）做出的努力，他在1668年出版了一本书，对超过10 000个概念进行分类，并以《主祷文》为例，用看起来奇怪的符号表示它们。

在某种程度上，这些努力演变成百科全书和后来同义词词典，但是作为类似语言的系统，它们基本上没有什么进展。然而，两个世纪后，随着国际化概念的传播，人们对构建独立于国家的新语言产生了浓厚的兴趣，由此产生了沃拉普克语（Volapük），随之而来的是世界语。这些语言实际上只是人工的自然语言；它们并不是试图制造出一种符号化的话语语言。我过去一直很喜欢在欧洲机场看到世界语的标识，但在20世纪80年代，当这些标识最终消失时，我感到很失望。但是，碰巧也就是在那个时候，出现了另一波语言构建浪潮。有一些语言，如逻辑语（Lojban），旨在尽可能明确地表达；此外，比如极简的道本语（Toki Pona），旨在支持简单的生活；还有相当怪异的伊斯奎尔语（Ithkuil），目的是包含最广泛的语言的认知结构和想象的认知结构。

在这一过程中，也有人试图简化语言，如英语，用 1000 或 2000 个基本单词（而不是通常的 20 000～30 000 个单词）来表达全部事物，就像维基百科简易英语版或知名网络漫画《xkcd》的"事物解释者"（Thing Explainer）。

还有一些更正式的尝试。例如，1960 年汉斯·弗勒登塔尔（Hans Freudenthal）的用于宇宙交流（即与外星人交流）的 Lincos 语言，它试图使用数学逻辑符号捕捉日常概念。在人工智能领域发展早期，有大量关于"知识表示"的讨论，其方法基于自然语言语法的方法、谓词逻辑的结构或数据库的形式主义。很少有大规模的项目尝试，道格·莱纳特（DougLenat）的 Cyc 是一个显著的反例，当我启动开发 Wolfram | Alpha 语言时，失望地发现，过往这些尝试对于我们的需求几乎没有太多帮助。

我觉得值得注意的是，像符号话语语言建构这么基础的事情，在过去却很少受到重视。但在某种程度上，这也并不令人惊讶。这是一个庞大困难的项目，而且它在现有领域之间进行。它并不是语言学项目，构造符号化语言的确可能最终能够阐明语言是如何运作的，但这并不是关键。构建符号话语语言不是一个计算机科学项目，因为它实际上关乎内容，而非算法。构建符号话语语言不是一个哲学项目，因为它主要关乎具体的本质，而不是宽泛的原则。

在过去的半个世纪里，有一些学术上的成果，讨论了"语义启动"和"自然语义元语言"这样的概念。这种尝试将自己与语言学领域联系起来，但它们对抽象意义而不是纯语言结构的强调使它们与主流趋势并不一致，所以没有成为一个大规模的项目。

在学术界之外，出现了源源不断的提议，有时是由非常古怪的人推动的，要求系统组织和命名世界上的概念。自拉蒙·鲁尔以来，这种追求已经走了多远还不清楚，通常它只涉及纯粹的本体论，而从未涉及自然语言所能表达的那种完整意义。

我想，随着人工智能机器学习的最新进展，会有一些神奇的方法来自动学习抽象的表意。人们可以使用维基百科或文本语料库，通过降维获得一些有效的"概念空间"。但不足为奇的是，简单的欧几里得空间似乎不是一个很好的概念关联模型（人们甚至不能忠实地表示图距离）。即使在字典中把单词所有的含义列出来,它们在概念空间中分成簇的问题似乎也不容易有效地解决。

尽管如此,我将在后面讨论,我认为符号话语语言和机器学习之间存在着非常有趣的相互作用。但目前而言,我的结论是:除了运用人类的判断来构建人类使用的符号话语语言的核心,没有其他选择。

七、将合同转化为代码

但是,让我们回到合同上来。今天,世界各地每年有数千亿份合同被签署(更多的文件被隐秘地签署),尽管修改原有合同以得到新合同的数量只有数百万份,但也可能与正在编写的原创计算机程序、应用程序的数量相当。

那么,这些合同能像莱布尼茨300年前希望的那样,以精确的符号形式来表达吗?如果我们能发展出一种相当完整的符号话语语言,那应该是有可能的(每一份合同都必须针对一些潜在的"管辖法律"规则来定义,这些规则在某种程度上类似于符号话语语言的内置功能)。

但这意味着什么呢?除此之外,它还意味着合同本身将成为可计算的东西。合同将被转换成符号话语语言的程序,我们可以在这个程序上做一些抽象运算。这就意味着我们可以通过一种逻辑的抽象化处理,形式上赋予给定的合同是否具有某种特定的含义,是否能够产生某种特定的结果,或者是否等价于另一份合同。

然而,最终还有一个理论问题。由于可能存在形式不可判定性的问题,这就意味着不能保证任何逻辑系统通过有限计算能够回答这些问题。同样的问题也出现在程序员编写的计算机程序中的推理,而在实践中,它类似于一个装有混合物的袋子,有些东西可以判定,有些东西不可以判定。

当然,即使在今天的Wolfram语言中,也存在很多问题,如最基本的问题"这些Wolfram语言编写的表达式相等吗?",这在原则上是不可确定的。当然,也有一些问题可以直接涉及这类难点。但是人们通常会问的诸多问题都可通过适度计算获得答案。如果关于合同的问题也是如此,我并不会感到惊讶。值得注意的是,与从整个充满可能性的计算宇宙中随机挑选的问题相比,人类提出的问题更容易陷入不确定性。

有了计算合同，其他的事情也可能实现，比如，计算合同是一种程序，不同输入意味着不同输出。20世纪80年代，计量金融学革命始于人们清楚地发现自动计算可以获取简单期权合约结果分布。如果有许多（也许是数十亿个）计算合同，那么就会有更多的合同可以按照这些思路来完成。不论如何，由此全新的金融工程领域将能够得以开发。

八、输入的信息从何而来

假设有一份计算合同，人们可以直接用它来做什么呢？这在一定程度上取决于输入的形式。一个重要的可能性是，它们在某种意义上是"天生的计算性"：它们是关于计算性系统的直接陈述。例如，今天有多少次访问这个ID，这个连接的互联网包探索器（ping）时间是多久，多少个比特币被转移，等等。在这种情况下，应该可以立即明确地对合同进行评估，并查明合同是否得到了满足。

这在很多方面都是非常有用的，无论是人类与机器之间的交互，还是机器与机器之间的交互。事实上，在很多情况下，各类计算合同已经在使用了。我们可以把计算机安全规则（如防火墙规则）看作是一个例子。还有其他一些规则也在逐渐出现，如自动化服务水平合同和自动化服务条款（我当然希望我们的公司不久就能把这些作为日常业务的一部分）。

但是，每份合同的每个输入都是"天生计算性的"，这当然是不正确的：大量的输入必须来自观察"外部"世界发生的事物（"这个人真的去了某地吗？"、"包裹是在特定的环境下保存的吗？"、"信息被泄露给社交媒体了吗？"、"鹦鹉死了吗？"，等等）。首要问题是，在现代，自动判断世界上的事物变得非常容易，尤其是人们可以用传感器进行测量，如查询GPS轨迹，查看汽车计数传感器等，以及包括整个物联网都在为计算合同提供关于现实世界的输入。

尽管如此，还是存在一个问题。有了GPS的踪迹，就有了一个明确的答案（假设GPS工作正常）——知道某人或某物是否去了某个特定的地方。但我们假设一个人试图确定一个不那么明显的数值，例如，一个人想确定一块水果是否为"高档的"？给定一些水果的图片，专家可以非常明确地做出判断，但我们如何让这个过程可计算呢？

我们可以使用当代的机器学习技术建立一些神经网络，比如在 Wolfram 语言中向它展示高档水果和非高档水果的例子。根据我和客户的经验，大多数情况下，我们会得到一个非常擅长进行水果分级的系统。它肯定会比人类判断的速度更快，甚至判断结果可能更可靠、更一致。

这提供了一种全新的方式建立关于世间事物的合同。双方意见如果达成一致，合同应该写"如果机器学习系统说 X，那么执行 Y"。在某种意义上，这就像任何其他类型的可计算合同：机器学习系统只是一段代码，但该系统有一点不同。通常情况下，人们都希望能够轻松地检查合同上的所有内容，实际上人们可以阅读并理解代码。随着机器学习系统处于中间阶段，就不再抱有这样的期望了。

没有人专门在神经网络中建立数百万个数值权重，它们仅由一些给定的、近似的、过程随机的训练数据决定。原则上，我们可以测量神经网络内部发生的一切，但是没有理由期望我们能得到一个可以理解的解释，或者预测关于神经网络在特定情况下会做什么。最有可能的是，笔者称之为计算不可约性的例子，这意味着真的没有什么方法比运行它能更有效地看到会发生什么。

那么，这和问人类专家有什么区别呢？人类专家的思维过程我们无法理解。在实践中，机器学习要快得多，所以可以把事情设置成可重复的，更多地利用"机器专家判断"。例如，可以系统地测试人们认为可能存在的偏见等。

当然，机器学习有被人欺骗的可能。如果它是可重复的，那么人们可以使用机器学习本身了解、推测它可能失败的情况。最后，它变得更像是被发现的计算机安全漏洞、被应用的补丁。在某种意义上，这与合同的典型情况没什么不同：一份合同试图涵盖所有情况，但有些东西没有被正确处理，于是工作人员就写一份新的合同来设法解决这一问题。

但重要的是，通过机器学习，人们可以期望在合同中获得"以判断为导向"的输入。我预计典型的模式应当是这样的：在合同中，用符号话语语言表述一些内容（如 X 会亲自做 Y）。在符号话语语言层次上，它会有一个明确的意义，例如，它可以得出各种含义。但接下来的问题在于，合同中载明的事项是否为现实世界中发生的事情。当然，可以有很多传感器数据提供这方面的信息，但最终还得做出判断。这个人真的亲自做了吗？就像远程监考系统一样，可以用一台摄像机监视考生，记录他们的键盘使用情况，甚至可以测量他们的脑电图。但总得有东西综合这些数据，判断发生了什么，并将其转变成一个符号语句。在实践中，我预计最终会有一个机器学习系统完成这个任务。

九、智能合同

假设我们有办法建立计算合同，那么应该如何执行它们？基本上只涉及计算过程的那些合同可以在某种程度上强制执行。一个特定的软件只能以各种方式被构建来颁发许可证。可以建立一个云系统，使下载只有在收到一定数量的比特币时才可用，以此类推。

但是正在发生的事情有多少可信度呢？也许有人入侵了软件或者云服务器。我们如何确定没发生任何不好的事情呢？最基本的答案是利用这个事实：世界是一个很大的地方。作为一名（兼职）物理学家，这让我想到了量子力学中的测量。如果我们只是在处理一点量子效应，那么总会有干扰发生。但是，当我们真正测量时，我们放大了这个微小的量子效应，以至于涉及如此多的东西（原子等），以至于发生了什么都是清楚的——就像热力学第二定律指出，房间里所有的空气分子自发地排列在一边是不可思议的。

比特币、以太币等虚拟货币也是如此。其设计理念是，发生的某一特定事情（"X 支付 Y 某些东西"）在很多地方都有记录和共享。从原则上讲，今天真正参与比特币这类交易的数千个场所是可能串通起来提供虚假结果的。但这个想法如同房间里的气体分子：概率像气体分子一样小得不可思议。[碰巧我的计算对等原则（Principle of Computational Equivalence）表明，气体分子不仅是一个类比，实际上，其工作基本原理是完全相同的。此外，分布式区块链账本和分布式共识合同等操作还涉及很多有趣的技术细节，但我不打算在这深入讨论。]

当前，谈论"智能合同"非常流行。当我说到"可计算的合同"时，我指的是那些可以用计算方式来表达的合同。但人们所说的"智能合同"通常既包括计算方式表达，也包括可以自动执行的电子合同。通常情况下，最常见的想法是在像以太坊这样的分布式计算环境中建立一个智能合同，然后让合同中的代码根据计算环境的输入进行评估。

有时输入是内在的，就像时间的流逝（谁可能篡改整个互联网的时间？）或物理上生成的随机数。在这种情况下，存在一个相当纯粹的智能合同，如付费订阅、运行分布式彩票。

但更多时候，必须有一些来自外部的输入，即世界环境发生的事物产生输入。有时人们只需要公开信息：股票价格、气象站的温度或者像核爆炸这样的地震事件。但不知何故，智能合同必须访问一个能够给它提供这些信息的大型数据库。世界上有一个足够方便的优秀数据库：Wolfram|Alpha。事实上，Wolfram|Alpha 正被广泛地用作智能合同的大型数据库。（是的，我们的一般性公共服务条款规定，你目前不应该依赖 Wolfram|Alpha 来处理你认为重要的任何事情，但希望这些服务条款很快会变得更加精细并具有计算性。）

但是来自外部世界的非公开信息呢？当前对智能合同的看法往往是必须让人类参与信息的验证：实际上，必须有一个陪审团（或民主制度）来决定某事件是否属实。但这真的是最好的办法吗？我倾向于认为还可能有另一种方法，那就是使用机器学习将类似人类的判断注入事物中。是的，我们可以利用那些难以捉摸且难以用系统影响行为的人，但如果用人工智能或当今的机器学习系统取代这些人，情况又会如何呢？

我们可以把机器学习系统想象成密码系统，要攻击它并欺骗它的输入，人们须做一些类似于反驳它的工作方式的事情。单一的机器学习系统要实现这一点需要付出一定的努力。如果有一个完全独立的系统集合，工作量就会增加，仅改变系统中的几个参数是不够的。但是，如果只是进入计算世界，随机选择系统，那么我认为一个人通过接触不同的人可以获得同样的独立性。（公平地讲，我还不太确定如何将对计算宇宙的挖掘应用到神经网络系统中，我所研发的这种技术类似于细胞自动机这样的程序。）

还有一点，如果世界上有足够密集的传感器网络，那么就越来越容易确定发生了什么。如果一个房间里只有一个运动传感器,那么可能很容易盖住它。即使有几个传感器,我们仍然有可能避开它们,就像电视节目《不可能完成的任务》那样。但如果有足够多的传感器,通过综合它们的信息,就可以在一定程度上了解实际发生的事情。实际上,如果有一个关于世界如何运作的模型,那么通过足够多的传感器就可以验证这个模型是否正确。

这并不奇怪,冗余总是有帮助的。更多的节点,可以确保计算不被篡改。更多的机器学习算法,可以确保它们不会被欺骗。更多的传感器,可以确保它们不会被愚弄。但最终,必须使用一些东西来表明应该发生什么、合同是什么,必须使用有明确概念的语言表达合同。因此,从世界上各种冗余的系统中,必须得出一个明确的结论,把世界变成具有象征意义的东西,这样合同才能在其上运作。

十、撰写计算合同

假设我们有一种很好的符号话语语言。那么合同内容实际上应该如何写入呢?

一种方法是以英语或其他自然语言编写现有合同,并试着将其翻译(或解析)为符号话语语言。接下来将要发生的事情有点像现在的 Wolfram | Alpha,翻译器不会确切地知道自然语言的含义,但它会给出几种可能的选择。也许自然语言合同(natural-language contracts)的最初作者心里想的某种含义,但其中的诗意无法用符号话语语言来表达:需要更明确的表达方式,而人类必须为此做出选择方能参与。

根据自然语言翻译合同可能是一个好的开始,但我怀疑它很快会让位于直接用符号话语语言写合同。今天,律师必须学会写法律术语。在未来,他们将不得不学会写代码:用符号话语语言精确表达合同。

有人可能会认为,将所有内容都编写为代码,而不是自然语言的法律术语,将是一种负担,但我想这实际上有很大的好处。这不仅是因为它能让合同更容易地运作,它还能帮助律师更好地考虑合同。一个人使用的语言会影响其思维方式,这是一个古老的观点——萨丕尔-沃尔夫假说,对于自然语言来说,这无疑是正确的。但根据我的经验,对于计算机语言来说,这是非常切实的。实际上,多年来,随着我们向 Wolfram 语言添加更多内容,我的想法发生了怎样的变化,我感到惊讶。当我找不到表达方法时,它就不会进入我的思维,但一旦我有了表达方法,我就可以用它来思考。

我相信,法律思维也将如此。当存在一种精确的符号话语语言时,人们就有可能更清楚地思考各种各样的事情。

当然,在实践中,毫无疑问会有各种各样的自动注释,"如果你添加某个条款,那么合同则蕴含 X、Y、Z 等意义"。这也将有助于常规地获取一些合同,并模拟一系列输入的结果。有时人们想要统计结果("这是有偏见的吗?");有时人们想要寻找特定的计算机漏洞,而这些漏洞只能通过大量输入找到。

是的,人们可以用自然语言阅读合同,就像阅读数学论文一样。但是如果你想知道其真正含义,就需要以它的计算形式来运行,看看计算形式表达的含义是什么,即通过计算机来运算代码并得出结果。

十一、计算合同的世界

追溯到古巴比伦,当成文法如《汉谟拉比法典》出现的时候,这可是件大事。当然,由于只有极少数人能够阅读,所以一开始存在各种各样的困难,如让人们按照记忆顺序背诵法律。几个世纪以来,法律的适用变得日益合理,大约500年前,随着人们读写能力的广泛普及,法律和合同开始变得更加复杂(这也使得它们更加精细,涵盖更多情况)。

近几十年来,这一趋势加速发展,现在复制和编辑任何长度的文档都非常容易,但仍受到人类编写和解释文档的限制。50多年前,定义过程的唯一方法就是把它写下来,然后让人实现它。但是随之而来的计算机和编程,很快就让人们有可能定义更为复杂的程序——不是由人执行而是由计算机执行。

所以我认为,代码即法律。一旦计算法律建立起来,所能做的事情的复杂性将迅速增加。通常,合同定义了世界的某些模型,并指定在不同的情况下应该发生什么。今天,合同定义的模型的逻辑和算法结构仍然趋向于相对简单。但有了可计算的合同,它们可以变得更复杂。例如,它们可以更切实地捕捉世界是如何运作的。

当然，这只会使定义应该发生什么事情变得更加复杂。不久之后，可能会感觉这有点像为计算机构建一个操作系统，试图覆盖计算机可能遇到的所有不同情况。

不过，到最后，你还是得说出自己想要什么。例如，人们可以通过给出具体事物的样例描述一定的长短距离。但我认为人们最终将不得不使用一种符号话语语言来表达更高层次的抽象。

有时人们可以用符号话语语言表达一切事物。但我更倾向于认为，人们通常会使用符号话语语言来定义什么是目标，然后必须使用机器学习的各种方法来定义一份真正实现这些目标的合同。

而且一旦涉及计算上的不可约性，通常就不可能确定有没有漏洞或意想不到的结果。虽然可以进行各种自动化测试，但最终，理论上是不可能有任何有限过程能确保检查所有可能性的。

如今，很多法律情况都太复杂，没有专业律师便很难处理。因此，在一个可计算法律普遍存在的世界里，计算机的参与不仅更加便捷，而且也是现实需要。

在某种意义上，这与许多工程领域已经发生的情况类似。当人们必须自己设计所有事物的时候，通常是可以理解自己正在建造的结构的。但是，一旦计算机参与到设计中，就不可避免地需要它们弄清楚事物是如何运作的。

今天，一份相当复杂的合同可能涉及上百个法律术语。但一旦有了可计算法律，特别是从目标中自动构建的合同，那么长度很可能会迅速增加。在某种程度上这并不重要，就像一个程序的代码有多长并不重要一样，因为合同效力的实现由计算机自动运行。

莱布尼茨把计算看作是法律实务中的一种简化因素。的确有些工作会变得更简单、更好，但一个巨大的复杂"海洋"也将被打开。

十二、这对人工智能意味着什么

我们应该如何告诉人工智能应该做什么？必须有某种人类和人工智能都能理解的交流形式，这种形式足够丰富，可以描述你想要的东西。正如我在其他地方描述过的那样，我认为这基本上意味着人们必须拥有一种以知识为基础的计算机语言，这正是 Wolfram 语言，最终人们需要一种完整的符号话语语言。

然而，当要求人工智能做一些事情（比如"去商店买些饼干"）时，发出指令者所说的话不可避免地会有不完整的情况。人工智能必须在某种世界的模型中运作，并遵循某些行为准则。也许它知道如何偷饼干，但它不应该这么做。人们希望人工智能遵守法律或某种行为准则。

这就是可计算法律真正重要的地方：因为它为我们提供了一种方法，以一种人工智能可以随时利用的方式提供行为准则。

原则上，我们可以让人工智能吸收包括全部法律和历史案例等的完整的语料库，并尝试从这些案例中学习。但随着人工智能在社会中变得越来越重要，它每年必须定义各种各样的新法律，其中很多法律可能天生就是可计算的。尤其重要的是，由于算法过于复杂，人工智能无法使用传统的自然语言进行有效描述。

还有另一个问题：我们不仅希望人工智能无论在什么地方都遵守法律条文，还希望人工智能的行为符合伦理规范。即使在法律允许范围内，我们仍然不希望人工智能撒谎或者欺骗，我们希望人工智能在遵守人类所遵守的道德伦理的前提下，增进社会发展水平。

有人可能会想，为什么不像传授法律知识一样传授人工智能伦理呢？事情并没有那么简单。因为法律在某种程度上已经被编成法典，伦理却不是如此。有很多哲学和宗教文献都曾谈到伦理，但它比现行法律的内容更模糊，且范围更小。

然而，如果我们的符号话语语言足够完整，那么它当然也能够描述伦理。实际上，我们应该能够建立一套可计算法律体系，为人工智能定义一套完整的行为准则。

但要怎么实现呢？有的人可能会提出一些直接的想法：把世界上所有的伦理体系结合起来，但这显然无望。也许我们可以让人工智能观察人类的行为，并从中学习人类的伦理规范体系，但这同样无望。也许我们可以做一些本地的尝试，让人工智能根据地理、文化背景等改变它们的行为，如合同机

第五章 ‖ 计算法律、符号话语和人工智能宪法

器人。在实践中也许可行,但很难提出一个完整的解决方案。

那么我们能做些什么呢?也许有人会同意一些原则。例如,至少在今天看来,大多数人都不希望人类灭绝(当然,也许在未来,人类可能会被认为具有破坏性,或诸如此类的观点)。事实上,尽管大多数人认为我们现在的社会和文明有各种各样的问题,但却并不希望它改变太多,也绝不希望这些改变被强加在人们身上。

那么我们应该告诉人工智能什么呢?如果我们能给人工智能一些简单的、几乎不言自明的基本原则,让它们总是做我们想做的事情,那就太好了。也许这是基于阿西莫夫的"机器人三定律"。也许它们可以是基于全局进行优化的更现代的产物。但我认为没那么容易。

世界是复杂的,这基本上是由计算的不可约性决定的。同时,没有任何有限的过程可以确保"都按照想要的方式来发展"(不管那可能是什么)。

让我举一个有点深奥,但定义很好的数学例子。我们认为自己知道整数是什么,但要真正能够回答所有关于整数的问题(包括关于它们的无限集合等),我们需要建立定义整数如何工作的公理。这也是朱塞佩·皮亚诺(Giuseppe Peano)在19世纪末试图做的事情。在一段时间里,这个工作看起来没有问题,但在1931年,库尔特·哥德尔(Kurt Gödel)发现的不完全性定理震惊了世界,这意味着,实际上,无论如何尝试,永远不会有一个有限的公理集来定义整数,就像我们期望的那样。

在某种意义上,朱塞佩·皮亚诺的原始公理实际上非常接近定义我们想要的整数。但是哥德尔不完全性定理证明了它们也包括奇异的非标准整数(bizarre nonstandard integers),如加法运算不是有限可计算的。

这是抽象的数学。那么现实世界呢?自哥德尔以来,我们学到的一件事是,现实世界可以用计算的术语构建,就像哥德尔所建构的数理逻辑系统一样。特别是,我们可以期待同样的计算不可约性现象(其本身与哥德尔不完全性定理密切相关)。这样做的结果是,无论我们要定义什么简单的直观目标,都不可避免地必须建立一个任意复杂的规则集合试图实现它——无论我们做什么,至少总会有一些"意想不到的逻辑后承"。

这并不意外,毕竟,如果我们看看实际的法律体系在过去几千年间的演

变,形成了大量的法律规范。没有一个单一原理可以从逻辑上推导出所有事物,不可避免地会有很多不同情况需要被涵盖进来。

十三、这个世界的原则

但所有这些复杂性只是世界运行"机制"的结果吗?想象一下,正如人们所期待的那样,人工智能变得越来越强大。世界上越来越多的系统,从货币供应到边境控制,实际上都处于人工智能的控制之下。在某种意义上,人工智能扮演着类似政府的角色,为人类活动提供基础设施。

所以,也许我们需要为人工智能制定宪法,就像我们为政府设立宪法一样。但问题又来了:这部宪法应该包含什么内容呢?

假设人工智能可以在很大程度上塑造人类社会。那么,我们想怎样塑造人类社会呢?诚然,这是政治哲学中一个古老的问题,自古以来争论不休。一开始,功利主义的想法可能听起来不错,即以某种方式为人类谋求最大化、尽可能多的福祉。但想象一下,如果真的用人工智能来做这件事,那么它实际上可以控制全世界。人们立刻就会被推入哲学家和其他人争论了几个世纪的哲学问题。假设我们可以精准地塑造世界上人们幸福的概率分布,那么现在我们需要精确地确定幸福是均值、中位数、众数还是分位数,或者说峰度,这些都是我们所需的最大化分布。

毫无疑问,人们可以用修辞为某些特定的选择辩护,但并没有一个抽象的正确答案。诚然,我们可以用符号话语语言来表达任何选择,但答案没有数学推导,也没有自然法则的强制赋值。考虑到我们的生物本性,我想可能有一个最好的答案,但是随着事情的进展,这也不会有坚实的基础,因为我们越来越多地利用技术来超越进化带给我们的生物学。

然而,我们可能会争辩说,至少有一个限制:我们不想要一个灭绝的计划,一个最终什么都不存在的计划。即使这将是一个复杂的讨论,因为我们需要说明这里的"我们"是什么,应该是什么,相对于目前的人类状况,事物可以"进化"到什么程度,而不认为"我们"已经灭绝了。

但即使与此无关,还有另一个问题:给定任何特定的设置,在某种意义上,计算的不可简化性会使它的后果难以发现。因此,特别是,给定任何特

第五章 ‖ 计算法律、符号话语和人工智能宪法

定的优化标准（或构成），可能没有有限的程序可以确定它是否允许无限生存，或者实际上它是否意味着文明将"停止"和灭绝。

复杂的是，在一小段时间内，一个人究竟能做什么？人工智能最终必须以人类为主人、必须按照某些原则行事以及遵循人类社会的通常运作方式。但从现实来看，这种模式不会持续太久。

谁会对一个遍布互联网的公共领域的人工智能系统负责？如果它催生的机器人开始在社交媒体上行为不端（社交媒体账户只是为人类服务的概念很快就会显得非常"21 世纪初"），会发生什么？

当然，还有一个重要的问题，即为什么人工智能应该"遵守规则"？毕竟，人类肯定也不会总是这样做。不过，值得记住的是，我们人类可能是一个进化过程特别困难的例子：毕竟，我们是几十亿年自然选择过程的产物，过程中一直存在着持续的生存竞争。人工智能可能是在非常不同的情况下进入这个世界的，而且并没有同样的"野蛮本能"的需要（我不禁想到来自不同公司或国家的人工智能被它们的创造者灌输了某些野蛮的本能，但这肯定不是人工智能存在的一个必要特征）。

但最终，让人工智能"遵守规则"的最大希望可能是通过或多或少的机制来实现。这种机制似乎可以维持今天的人类社会：遵守规则是实现某种动态平衡的方式。但是，如果我们能够让人工智能"遵守规则"，那么必须定义规则——人工智能宪法——应该是什么。

当然，这是一个困难的问题，没有"正确答案"。但也许有一种方法，就是看看人类在历史上发生过什么。显而易见且重要的是，有不同的国家、不同的法律和不同的习俗。因此，也许我们至少要期待有多部人工智能宪法（Artificial Intelligence Constitution），而不是只有一部。

即使看看今天的国家，一个明显的问题是应该有多少个国家呢？有没有一种简单的方式来说明——例如，在技术存在的情况下——70 亿人应该组织成大约 200 个国家。

这听起来有点像问太阳系最终应该有多少颗行星。长期以来，这被视为一个"自然界的随机事实"（并且被哲学家广泛用作一个例子，与 2 + 2 = 4 不同，它并不"必须如此"）。但是，特别是在看到了这么多的系外行星系统

之后，我们已经很清楚，太阳系实际上几乎必须要有差不多数量的行星。

也许在我们了解足够多的游戏领域虚拟世界的社会学之后，我们可以知道如何"推导"国家数量。但当然，人工智能宪法是否应该像国家一样被划分完全不清楚。

人类的物质性有一个便利的结果，至少在某种程度上，人们可以指地理位置划分世界。但是人工智能不需要有那种空间定位。当然，我们可以想象一些其他的方案。比如，当我们观察人格和动机的空间时，我们会发现其中的集群。也许有人会说"这是一个集群的人工智能宪法"等。也许这些《宪法》可以分叉，也许几乎是任意的（一个"类似于 Git 的社会模型"）。我不知道像集群的人工智能宪法最终会如何运作，但它们似乎比适用于任何地方和每个人的单一的、共识的人工智能宪法更可信。

问题很多，比如假设人工智能是世界的主导力量，假设它们成功遵循我们为它们制定的宪法。但这是否意味着世界没有什么可以改变的呢？我的意思是，试想一下，如果我们仍然按照 200 年前制定的法律运作：大部分的社会从那时起就在不断进步，希望有不同的法律（或至少是不同的解释）反映其原则。

但是，如果为人工智能制定的精确法律在 2020 年左右被永久废除呢？好吧，有人可能会说，真正的宪法总有允许自己修改的明确条款（在美国联邦宪法中是第 5 条）。但看看世界各国实际宪法的情况，结果并不十分令人鼓舞。一些只是说，如果某个最高领导人（一个人）这么说，宪法就可以被修改。许多人说，宪法可以通过一些民主程序来改变——实际上是通过一些多数票表决或类似的投票顺序。还有一些程序基本上定义了一个复杂的官僚程序，以至于人们怀疑它是否在形式上无法确定是否会得出结论。

起初，民主方案似乎是一个明显的赢家。但民主计划的基本概念是人很容易计数（如候选人可以与不同的候选人进行辩论等）。但是当人的身份变得更加复杂时，会发生什么？例如，当人类意识上传与人工智能深度融合在一起发挥作用时。好吧，有人会说，总会有一些"不可分割的人"参与其中。我可以想象松果体细胞的小块被用来定义"一个人"，就像过去它们被认为是灵魂之所在。但从我所做的基础科学来看，我可以肯定地说，这些最终都不会起作用，因为最终定义事物的计算过程没有这种不可分割性。

那么，当不再有"可计算的人"时，"民主"会发生什么？人们可以想象各种方案，包括确定"人的空间"中某些特征的密度。我想人们还可以想象某种涉及无限多实体的怪异投票，其中也许集合论的公理化对历史的未来有关键影响。

"如何制定一部宪法"是一个有趣的问题。其中变化是"烧录进去的"。有一个非常简单关于比特币的例子，合同只是通过规则的形式定义开采出来的比特币的价值每年都在下降。当然，这种设置在某种意义上是基于一个世界模型，特别是基于摩尔定律和技术发展的明显短期可预测性。但按照同样的一般想法，人们可能会开始考虑制定一个《宪法》，其中规定"每年改变其中1%的符号代码"。但这样一来，人们又不得不决定到底是"哪1%"。也许这将基于使用情况、对世界的观察或机器学习程序。但无论涉及什么算法或元算法，在某些方面仍有一些东西必须被一次性永久定义。

人们能不能做出一个关于变化的一般理论？起初，这可能看起来毫无希望。但从某种意义上来说，探索程序的计算宇宙就像看到所有可能变化的光谱。而且，在这方面肯定有一些通用的科学可以做。也许有一些设置（不仅是"只要有变化就分叉"）可以让我们拥有一个适当变化的《宪法》，以及改变允许变化的方式，等等。

十四、使之成为现实

在谈论了一些意义深远的基础性问题之后，现在，我认为令人兴奋的是，在戈特弗里德·莱布尼茨去世300年后，我们终于有能力去做他所梦想的事情：创造一种通用的符号话语语言，并应用它构建一个计算法的框架。

有了Wolfram语言，我们就有了基础的符号系统以及许多关于世界的知识，可以从这里开始。还有很多事情要做，但我认为现在有了一条明确的前进道路。而且，除了创造符号话语语言这样抽象的智力挑战之外，现在，还有为计算法学建立实用系统这样明确的目标。

这并不容易。但我认为世界已经准备好了，而且需要它。在比特币和以太坊等事物中已经有了简单的智能合约，但可以做的还有很多。有了完整的符号话语语言，法律所涵盖的整个活动范围都有可能被结构化计算所覆盖。这将促使各种实际和概念上的进步。它将促成新的法律、商业和社会结构。除此以外，计算机将进一步涉足人类事务的处理。

我认为这对于定义未来人工智能的整体框架也将是至关重要的。它们应该遵循什么样的伦理和原则？我们如何将这些传达给它们？对于我们自己和人工智能来说，我们需要一种方法制定我们想要的东西。为此，我们需要一种符号化的话语语言。莱布尼茨的想法是正确的，而且他的提法早了300年。现在，在我们的时代，我希望我们最终还能真正建立起他所想象的东西。在这样做的时候，我们将在利用计算范式的力量方面又向前迈出一大步。

第六章

量化成功：使用数据科学衡量电子案情先悉中技术辅助审查的准确性

毛拉·格罗斯曼
戈登·科马克

目次

一、技术辅助审查和度量的作用
二、审查目标
三、审查方法
四、衡量成功
五、研究成果
六、未来

一、技术辅助审查和度量的作用

电子案情先悉（electronic discovery，eDiscovery）是"识别、保存、收集、处理、搜索、审查和生成可能与民事、刑事或监管事项有关的电子存储信息（ESI）的过程"。[①] 审查电子数据生成（"审查"）涉及电子案情先悉的一个特定阶段：从特定的收集中确定符合某些标准的文件，这些标准通常由对手方以电子数据生成请求（RFPs）的形式提出。符合标准的文件通常被称

[①] Maura R. Grossman & Gordon V. Cormack, *The Grossman - Cormack Glossary of Technology Assisted Review*, 7 Fed. Cts. L. Rev. 1, 15 (2013), http：//www.fclr.org/fclr/articles/html/2010/grossman.pdf（hereinafter "Glossary"）.

为"响应性的",不符合标准的被称为"非响应性的"。

技术辅助审查(technology-assisted review,TAR)是指根据用户对收集的一部分文件的审查和编码,使用计算机软件将收集的每份文件归类为响应性的或非响应性的,或将文件从最有可能响应性的到最没有可能响应性的进行排序。② 相比之下,更熟悉和广泛接受的人工审查的做法是由用户对收集的每一份文件进行审查和编码,③ 通常是在应用关键字或其他形式的剔除方法之后,例如通过设定文件保管人或文件类型作为关键字限制条件,再或应用日期限制条件。

人工审查是一个花费巨大、工作内容繁重且容易出错的过程。科学证据表明,与人工审查相比,某些技术辅助审查方法不仅减少了工作量和成本,而且提高了准确性。④ 这些证据是通过信息检索(IR)研究领域的实验方法得出的,对于普通的、非技术性的法律从业者来说,这些方法可能是难以理解的。

由于技术辅助审查相对较新且并不被大众所熟知,因此有必要向委托人及其律师、对方当事人和法院证明其功效,通常会使用信息检索研究中晦涩难懂的概念和术语,如"召回""精确"" F_1 ""误差范围"和"置信度"等。存在一种普遍的误解,就是认为这些术语和概念与技术辅助审查有独特的联系,所以必须掌握它们才能使用技术辅助审查,但可以通过使用"久经考验的"人工审查来避免。然而,"查全率""查准率"" F_1 ""误差范围"和"置信度"只与衡量任何评审方法的效率和有效性的科学方法有关,无论对技术辅助审查还是人工审查来说都是这样。这些方法对如何进行审查并不关心,不会超过特里·纽厄尔(Terry Newell)《碳平衡和燃料消耗体积测量》(Carbon Balance and Volumetric Measurements of Fuel Consumption)⑤ 对如何驾驶一辆节能汽车

---

② Glossary, *supra* n. 1, at 32.

③ Glossary, *supra* n. 1, at 22.

④ See, *e. g.*, Gordon V. Cormack and Maura R. Grossman, *Navigating Imprecision in Relevance Assessments on the Road to Total Recall*: *Roger and Me*, in Proceedings of the 40th International ACM SIGIR Conference on Research and Development in Information. Retrieval (2017), http://dx.doi.org/10.1145/3077136.3080812; Maura R. Grossman & Gordon V. Cormack, *Technology－Assisted Review in E－Discovery Can Be More Effective and More Efficient Than Exhaustive Manual Review*, XVII Rich. J. L. & Tech. 11 (2011), http://jolt.richmond.edu/v17i3/article11.pdf (hereinafter "2011 JOLT Study").

⑤ U. S. Environmental Protection Agency Technical Report EPA－AA－SDSB－80－05 (Apr. 1980), https://goo.gl/F2x6Qr.

相同程度的关心。

通过对查全率或消耗的测量,可以预测某一特定的方法或汽车型号在多大程度上能满足用户的需求,从而帮助用户选择一种评价或行驶方式。为此,评估测量技术的可靠性和准确性,以及测量的数量与用户的实际需求和要求的接近程度是值得的。

在审查过程中或之后,或者说在公路旅行中,对查全率或者燃料消耗的测量也可能有帮助,以验证到达目的地的方法是否像预期的那样执行(或已经执行)。如果不是,可以采取补救措施。在这种情况下使用的测量技术可能与事先使用的技术有很大不同。司机可能参考燃油表,而不是去美国环境保护署(EPA)的测试实验室进行碳平衡测试;法律服务团队同样会使用与手头审查任务要求相称的衡量标准。

本章阐述了不同审查方法之间的区别,总结了一组比较不同审查方法的科学研究,并描述了跟踪特定审查工作的进展或质量的各种方法。

二、审查目标

任何审查工作的目标,不管是人工审查还是技术辅助审查,都是为了尽可能确定符合某些标准的有且仅有的文件。根据信息检索实务,我们把符合标准的文件称为"相关",不符合标准的文件称为"不相关"或"非相关"。

虽然"尽可能"的含义的解释是开放的,但"有且唯有的(相关)文件"的含义同样不可捉摸,这一点可能不那么明显。

众所周知,"相关性"的概念是主观的,没有两个审查员会在一个集合中找出完全相同的相关文件。无论审查员的知识、技能和勤奋程度如何,也无论相关性标准的规定有多精确,这一观点都适用。⑥ 两个审查员或者同一个审查员在两个不同的场合所确定的相关文件集是非常不同的。假设两个审

---

⑥ See, e.g., Herbert L. Roitblat et al., *Document Categorization in Legal Electronic Discovery: Computer Classification v. Manual Review*, 61 Am. Soc'y Info. Sci. Tech. 70 (2010); Peter Bailey et al., *Relevance Assessment: Are Judges Exchangeable and Does It Matter?*, in Proceedings of the 31st Annual International ACM SIGIR Conference on Research and Development in Information. Retrieval 667 (2008); Ellen M. Voorhees, *Variations in Relevance Judgments and the Measurement of Retrieval Effectiveness*, 36 Inform. Process. Manag. 697 (2000).

查员分别认为100个文件是一个文献集中的"所有且唯一的相关文件"。信息检索文献表明,这两个集合不太可能有超过67个共同的文档——两个审查员都认为相关的文献。[7]另外67个文件会被一个审查员认为是相关的,而另一个则认为是不相关的。[8]我们可能会问,哪位审查员更接近确定"有且仅有的相关文件"?

一般认为,就大多数实际目的而言,只要每个审查员都有知情、有能力、勤勉且诚实地操作,任何一个审查员识别的相关文档集都非常接近"任何和全部"的理想状态。在缺乏补充证据的情况下,没有理由说一个集合"更接近理想状态"或某一个审查员比另一个"更好"。

如果我们考虑由第三位审查员审查相关的100份文件,就会发现与第一位审查员返回的文件有大约67个共同文档,而与第二位审查员返回的文件有大约67个共同文档。[9]甚至更少,如大约45个会在所有三个人的共同文档。[10]

给出对同一集合文档的两个或更多审查意见,可以使用统计方法进行"三角测量"以推断每个审查员的相对准确性,从而得出哪个审查意见"更接近理想状态"。[11]

同样的统计方法也可以用来估计人工审查和技术辅助审查的准确性。如果一种技术辅助审查方法的准确性比人工审查的准确性更好,或者二者没有区别,而且人工审查在实践中被认为是"足够接近"理想状态的,那么技术辅助审查不应该也被认为是"足够接近理想状态"的吗?

三、审查方法

(一) 详尽的人工审查

详尽的人工审查 (exhaustive manual review) 包括让人工审查员检查文

---

[7] See generally Voorhees, *supra* n. 6.
[8] See generally Id.
[9] See generally Id.
[10] See generally Id.
[11] See Pavel Metrikov et al., *Aggregation of Crowdsourced Ordinal Assessments and Integration with Learning to Rank: A Latent Trait Model*, in Proceedings of the 24th ACM International Conference on Information and Knowledge Management. 1391 (2015), http://dl.acm.org/citation.cfm? doid = 2806416.2806492. 对此类统计方法更完整的解释超出了本章范围。

件集中的每一份文件,并将每一份文件标记为"相关"或"不相关",也许还可以应用额外的标签,如"拥有权限"与否、"机密"与否、"紧急"与否,有时还包括具体的问题标签。我们说,当审查员认为文件相关的时候,标记是正面的;当审查员认为文件不相关的时候,标记是负面的。如前所述,正面的标记是相关的证据,但不是证明,而负面标记是不相关的证据。

人工审查往往伴随某种质量控制过程,其中一部分文件被重新审查,并在必要时,由第二个更权威的审查员重新标记。如果标记决定经常不一致,可以采取行动诊断和处置;尽管有这个过程,但收集的绝大多数文件都只审查一次,原始审查员的标记是文件处理的唯一决定因素。

事后验证或验收测试可以采用类似的方法。如果第一次和第二次的标记决定足够一致,或者第二次审查没有发现大量第一次审查遗漏的相关文件,那么审查的结果被认为是可以接受的。当第一次审查与第二次审查存在意见分歧,或发现有差异时,可采取纠正措施。

(二)剔除或缩小集合

在实践中,除了最小事项外,很少采用详尽的人工审查。通常情况下,首先对确定要审查的文件集进行筛选,只包括属于某些保管人的文件、在特定时间范围内创建或修改的文件,或包含一个或多个被认为可能出现在相关文件中的搜索词的文件。只有来自缩小范围的文件才会经人工审查,并且只有审查员认为是响应性的和没有权限要求的文件才会被出示。

这种剔除过程(culling process)大大减少了文件集的规模,从而减少了人工审查的负担,但代价是将一些难以量化的相关文件排除在审查之外,从而排除在电子数据生成之外。即便如此,绝大多数提交审查的文件都是不相关的,往往是相关文件数量的十倍。

在某种非常微弱的意义上,这种类型的剔除可能被认为是一种TAR的形式,因为计算机软件被用来对被排除在审查之外的文件组进行编码决定(如不相关),其依据是某些标准,如没有出现任何搜索术语。然而,我们保留"技术辅助审查"一词,仅指肯定地将每份文件归类为"相关"或"不相关",或从最可能相关到最不可能相关对整个文献集进行优先排序的计算机方法。然而，读者应该意识到，许多评论者和软件供应商对"技术辅助审查"的定义过于宽泛，用它指代许多使用计算机缩小、浏览或搜索文献集，或在文献集内组织或分组的过程（如"电子邮件线程""近似重复"或"集群"）。⑫ 不管它被称为什么，但是剔除过程对任何后续的审查工作能够确定多接近所有相关文件都施加了一个基本限制。

很多时候，质量控制和验证方法被限制在审查阶段，而忽略了被早期剔除的文件。鉴于审查目标，这一遗漏是不合逻辑的，审查目标是在尽可能切实可行的情况下找到集合中的所有（且唯有）的相关文件；而不仅是缩小集合中的相关文件，这些文件可能比所有文件要少得多。

（三）基于规则的技术辅助审查

"规则库"是一套规则（类似于核对表、决策树或流程图），确定如何决定一份文件是否相关。⑬ 规则库通常具有在电子数据生成请求、规则库构建、语言学和统计方面专业知识的团队构建。规则库的构建是劳动密集型的，但与人工审查数十万或数百万个文档的集合相比，在重大诉讼或监管事宜中经常遇到问题时，构建规则库所涉及的工作则少得多。研究表明，至少有一种基于规则的技术辅助审查方法可以获得比详尽的人工审查更令人满意的结果。⑭

（四）面向技术辅助审查的有监督的机器学习

有监督的机器学习方法（即"学习者"）通过分析训练实例——由人类教师编码（即标记）为"相关"或"不相关"的文件，来推断如何区分相关和不相关的文件。2014 年，笔者提出下面的分类法，用于描述使用与监督

---

⑫ See, e. g., KrollDiscovery, *Defining Technology Assisted Review*, Ediscovery. com（2017），http：//ediscovery.com/infobite - tar - umbrella/#. WVFvGlGQxz3h. ［技术辅助评审（TAR）一词包含了多种形式的文档评审技术。在 TAR 项下有一些电子发现技术：重复数据删除、可视化分析、预测编码、工作流、报告和搜索。］Herbert L. Roitblat, *Introduction to Predictive Coding*（OrcaTec LLC 2013），at 15，http：//theolp. org/Resources/Documents/Introduction to Predictive Coding - Herb Roitblat. pdf.（将技术辅助审查定义为使用技术，通常是计算机技术来促进文件审查的许多技术中的一种。）

⑬ Glossary, supra n. 1, at 28. 将规则库定义为"由专家创建的一套规则，以模拟人类的决策过程，以便在电子先悉的背景下对文件分类。"

⑭ 2011 JOLT Study, supra n. 4.

的机器学习的技术辅助审查方法。⑮ 这种分类法后来在法律行业被广泛采用，以描述市场上的技术辅助审查产品的特点。⑯

在简单被动学习（Simple Passive Learning，SPL）方法中，⑰ 由教师（即人类操作者）选择作为训练例子的文件；学习者则使用这些例子进行训练，一旦它得到充分的训练，就被用来将收集到的每份文件标记为"相关"或"不相关"。一般来说，被学习者标记为"相关"的文件要进行人工审查。这种人工审查只占文件集的一小部分，因此也只占详尽的人工审查的一小部分时间和成本。

在简单主动学习（Simple Active Learning，SAL）方法中，⑱ 在最初的训练集之后，学习者选择交由教师进行审查和编码的文件，作为训练的例子，并继续选择例子直到它被充分地训练。通常情况下，学习者选择的文件是那些它最不确定的，因此它将从中学习到最多的东西。一旦得到充分的训练，学习者就会用来标记集合中的每一个文档。与简单被动学习一样，被标记为"相关"的文件通常要经过人工重新审查。

在持续主动学习（Continuous Active Learning，CAL）⑲（笔者开发、使用并提倡的技术辅助审查方法）中，在最初的训练集之后，学习者反复选择下一个最有可能相关的文件进行审查、编码和训练，并持续这样做，直到它不能再找到任何更多的相关文件。通常没有第二次审查，因为当学习者停止

---

⑮ Gordon V. Cormack & Maura R. Grossman, *Evaluation of Machine – Learning Protocols for Technology – Assisted Review in Electronic Discovery*, in Proceedings of the 37th International ACM SIGIR Conference on Research and Development in Information. Retrieval 153（2014），http：//dx.doi.org/10.1145/2600428.2609601（hereinafter "SIGIR 2014 Paper"）. See also Maura R. Grossman & Gordon V. Cormack, *Comments on "The Implications of Rule* 26（g）*on the Use of Technology – Assisted Review,*" 6 Fed. Cts. L. Rev. 285（2014），http：//www.fclr.org/fclr/articles/pdf/comments – implications – rule26g – tar – 62314.pdf（hereinafter "Comments Paper"）；Maura R. Grossman & Gordon V. Cormack, *Continuous Active Learning for TAR*, Practical Law J. 32（Apr./May 2016），at 36（hereinafter "Practical Law Article"）.

⑯ See，*e.g.*，Supreme Court of Victoria [Australia], *Practice Note SC Gen* 5 – *Technology in Civil Litigation*（Jan. 30, 2017），http：//assets.justice.vic.gov.au/supreme/resources/fba6720a – 0cca – 4eae – b89a – 4834982ff391/gen5useoftechnology.pdf, at 6（approving CAL, SAL, and SPL TAR protocols）.

⑰ SIGIR 2014 Paper, *supra* n. 15；see also Practical Law Article, *supra* n. 15, at 36.

⑱ SIGIR 2014 Paper, *supra* n. 15；see also Practical Law Article, *supra* n. 15, at 36.

⑲ SIGIR 2014 Paper, *supra* n. 15；see also Practical Law Article, *supra* n. 15, at 36.

学习时，所有被学习者认为相关的文件都已被识别和人工审查。

在市场上，术语"预测编码"（predictive coding）被用来描述面向技术辅助审查的有监督的机器学习的使用，但没有区分简单被动学习、简单主动学习或持续主动学习。最近，持续主动学习方法被冠以"技术辅助审查 2.0"的称号，而简单被动学习和简单主动学习方法则被归类为"技术辅助审查 1.0"。[20]

（五）如何开始

在任何有监督的机器学习方法技术辅助审查中必须设法解决的两个重要问题：如何开始？何时停止？

学习者同时需要相关和不相关文件的例子，以推断出这两种文件的区别性特征。找到不相关的例子开始这个过程是很容易的；在大多数情况下，集合中的绝大多数文件都是不相关的。从文档集中随机抽出的文档可望包含大部分或全部的不相关文档，它们可被用作反向训练示例。

寻找相关的例子可能更具挑战性，因为它们通常不那么常见，甚至可能是十分鲜见的。一个随机的文档样本可能只包含少数或没有相关文档。如果集合中的每 N 个文件中有一个是相关的，那么平均需要检查 N 个随机文件来找到一个相关的文件，并且需要检查 kN 个随机文件以找到 k 个相关的文件，这可能是开始学习过程所需的。随着 k 的增加，训练一个依赖许多正向训练例子的系统负担也随之增加。

找到一个或多个正训练示例的更有效的方法是使用搜索引擎（特别是采用相关性排名的搜索引擎[21]）找到一个或多个相关文件。给定一个由几个搜索词组成的简单查询，使用相关性排名的搜索引擎可以向用户提供一组可能的相关文件，这些文件可以作为训练实例。需要注意的是，使用搜索词确定训练实例与使用搜索词筛选或缩小集合的范围完全不同。在前一种情况下，搜索词是用来包括供审查的文件的，而不是用来排除它们的。

---

[20] See, e.g., John Tredennick et al., *TAR for Smart People: Expanded and Updated Second Ed.* (Catalyst 2016), www.catalystsecure.com/TARforSmartPeople.

[21] 相关性排序是"一种搜索方法，其中结果从最可能到最不可能与信息需求相关的排序。谷歌网络搜索就是相关性排序的一个例子。"Glossary, *supra* n.1, at 28.

（六）何时停止

对于简单被动学习和简单主动学习，有必要估计学习者何时被充分训练，这一点通常被称为"稳定化"。[22] 对于许多简单被动学习和简单主动学习方法来说，有必要进一步调整学习者的敏感性。敏感度越高，就越能识别出几乎所有的相关文件，以便进行后续的人工审查；敏感度越低，就越能识别出几乎仅有的那些相关文件。这两个决定（稳定化发生的时间和学习者的敏感度）在训练所需的工作量、后续人工审查所需的工作量，以及审查过程中几乎所有相关文件和几乎仅有相关文件被识别的程度之间产生了多维权衡。这些决策通常是通过对单独的随机文件样本（通常被称为"控制集"[23]）人工审查得出估计值进行的，而不是用于训练学习者的文件样本。

对于持续主动学习，何时停止的决定被推迟，直到有证据表明基本上所有的相关文件都已审查完毕。[24] 几种方法已经被提出来，并对这些方法进行了评估，从而确定持续主动学习审查何时完成。[25] 其中最简单和最有效的是以下这个方法：若迄今为止所审查的文件的负面编码决定的数量超过正面决定的数量再加上 1000 个，就可以认为持续主动学习审查已经完成了。[26] 一开始，大多数提交审查的文件都是相关的，因此被标记为正面的；不符合停止的标准，则审查继续进行。于是未被审查的相关文件变得越来越少，结果大多数被选中审查的文件是不相关的，因此被标记为负面的。最终，负面文件

---

[22] See, e.g., Chris Dale, *Far From the Black Box*: *Explaining Equivio Relevance to Lawyers* (Equivio undated white paper), http://www.equivio.com/files/files/White Paper - Far from the Black Box - Explaining Equivio Relevance to Lawyers.pdf, at 9.

[23] "控制集"是"在搜索或审查过程开始时编码的文档的随机样本，它与训练集分开并独立于训练集。控制集在一些 TAR 过程中使用。它们通常用于衡量机器学习算法在训练各个阶段的有效性，并确定训练何时可以停止。" Glossary, *supra* n.1, at 13.

[24] SIGIR 2014 Paper, *supra* n.15, at 160; Practical Law Article, *supra* n.15, at 36.

[25] See Gordon V. Cormack & Maura R. Grossman, *Engineering Quality and Reliability in Technology - Assisted Review*, Proceedings of the 39th International ACM SIGIR Conference on Research and Development in Information. Retrieval 75 (2016), http://dx.doi.org/10.1145/2911451.2911510, and the discussion on "Quality Assurance" *infra* section.

[26] See Maura R. Grossman et al., *TREC 2016 Total Recall Track Overview*, in Proceedings of the 25th Text REtrieval Conference (NIST 2016), http://trec.nist.gov/pubs/trec25/papers/Overview - TR.pdf, at 5. 这个停止标准的另一种表达方式为：当审查的文件总数超过响应文件数量的两倍时，再加上 1000。

的数量比正面文件的数量多出1000个或更多,停止标准被满足,审查就可以停止了。虽然还有其他更正式的方法来确定何时停止持续主动学习审查,[27]但笔者发现这个方法很容易实施,而且很有效。

四、衡量成功

选择一个适当的方法进行审查,需要权衡一些需考虑的因素,包括有效性、效率、成本、可得性、熟悉程度及候选方法的普遍接受程度。有效性和效率是可以进行科学调查的,而其他需考虑的因素则取决于社会、法律和市场因素,这些因素虽然会产生影响,但很难衡量,也超出了本章的范围。

最常用的有效性衡量标准是查全率和查准率。查全率量化了所有相关文件被找到的程度[28];查准率量化了唯有相关文件被找到的程度。[29] 不幸的是,由于之前在"审查目标"中讨论过的原因,所以查全率和查准率永远无法确定,只能估计。此外,估测查全率和查准率的方式有深刻的影响,因此不同的查全率和查准率估计值是无法比较的,除非它们是在完全相同的条件下计算的。

最终的结果是,不加处理的查全率和查准率数字基本上是没有意义的。声称"70%的查全率"的主张更恰当地描述是查准率估计值,它是否表明审查过程中找到了可接受的相关文件比例,取决于该估计值是如何得出的(以及与法院或监管机构是否认为该比例表明了"合理"或者可接受的审查有关的其他法律考虑)。如果估计值是由独立审查员的编码得出的,那么70%的查全率处于或接近详尽的人工审查所能达到的上限,[30] 在大多数情况下,这应该是可接受的有效性的事实性(de facto)标准。

如果第二次审查根据同一个独立审查员得出的查全率估计达到了60%,那么我们可以合理地得出结论,第二次审查发现的相关文件比第一次少,只

---

[27] See generally Cormack & Grossman, *supra* n. 25.
[28] "召回率"是通过搜索或审查方法确定为相关的相关文件的部分,即完整性的度量。Glossary, *supra* n. 1, at 27.
[29] "精度"是通过搜索或审查工作确定为相关的文件的部分,实际上是相关的,即对准确性的衡量。Glossary, *supra* n. 1, at 25.
[30] See Voorhees, *supra* n. 6.

要我们能排除这种差异是偶然性的产物或某些混合因素带来的结果。同样地，我们可以合理地得出结论，在达到估计80%的查全率的第三次审查比第一次找到了更多的相关文件，但需要注意的是相同的注意事项。

如果说前面描述的三个人工审查分别发现了70%、60%或80%的相关文件，或者反过来说，他们遗漏了30%、40%或20%的相关文件，那么这都是不恰当的结论。可以这样说：他们发现了一定比例的一位独立审查员应编码为正面的文件。几乎可以肯定的是，独立评审员正相关的编码决策中，有一部分（甚至可以说有相当一部分）是错误的（或者说至少是有争议的），从而导致低估了发现的相关文件的比例，并且高估了遗漏的相关文件的数量。

重要的是，对查全率和查准率估计传递的信息很少，作为一个绝对指标，几乎所有（且只有）相关文档是如何被特定的审查工作确定的。当参照独立审查来估计时，65%的查全率和65%的查准率接近于可以达到的最佳水平，[31]而要求或承诺更高的水平是不现实的。正如埃伦·沃里斯（Ellen Voorhees）在她2000年的开创性研究《相关性判断的变化和检索有效性的测量》中所指出的那样："两组辅助判断的查全率和查准率估计值意味着检索系统性能的实际上限是65%的查准率和65%的查全率，这也是人类彼此同意的水平。"[32]

同时，在估计查全率方面的挑战没有为随意地排除35%或任何其他特定数量的相关文件提供许可。审查的目标仍然没有改变：在实际可行的情况下，尽可能地识别出所有且仅有的相关文件。如果这些估计由独立的编码工作得出，而不是由进行原始人工审查的同一审查小组得出，那么接近或超过65%的查全率和65%的查准率预计可提供满意结果的证据。

实践中很少有可以在初始审查之外进行单独的独立审查来估测原始审查的查全率和查准率的资源。在最好的情况下，一个单独的（但很少是独立的）审查是在收集的文件中随机抽样进行的。除了前述讨论过的相关性判断

---

[31] See Id.
[32] Voorhees, *supra* n. 6, at 701.

的不确定性之外,基于样本的估计也会受到随机误差的影响。这种随机误差通常由统计学术语"误差范围"㉝、"置信区间"㉞ 和"置信度"㉟ 来量化,这也是电子案情先悉界许多混乱、误解和错误做法的来源。㊱

关于查全率和查准率的第三个混乱来源涉及被测量的审查过程的特定阶段。当他们测量审查过程的端到端有效性时,查全率和查准率估计是最有信息价值的。这一过程包括筛选工作和其他在选择审查文件之前的活动,以及审查员的经由任何质量控制过程修正过的最终编码决定。然而,通常情况下,查全率和查准率估计值仅针对审查的文档选择部分(即单独应用技术辅助审查)进行计算(即只审查对技术辅助审查的应用),而默认的假设是,之前的筛选和之后的人工审查都是完美的。

近十年来,笔者进行了全面的实验研究,评估使用持续主动学习和其他技术辅助审查技术以及人工审查等审查方法的端到端有效性。我们的实验结果增强了持续主动学习过程,自 1999 年以来,我们在实践中使用了数百次审查;同时,我们的实践经验,以及电子案情先悉社区中提出的问题,指导我们在实证研究中要解决的问题的选择。

㉝ "误差范围"是"在特定的置信水平下,点估计可能偏离真实值的最大数量,通常表示为正负一个百分比"。例如,可以将统计估计表示为总体中 30% 的文件是相关的,正负 3%,置信度为 95%。这意味着馆藏的流行度或丰富度的点估计为 30%,误差幅度为 3%,置信区间为 27%~33%,置信水平为 95%。Glossary, *supra* n. 1, at 22.

㉞ "置信区间……是统计估计的一部分,是包含真实值的数值范围,具有特定的置信水平。" Glossary, *supra* n. 1, at 12.

㉟ "置信水平……是统计估计的一部分,是从随机样本中得出的置信区间包含真实值的可能性。例如,"95% 的置信度'意味着如果抽取 100 个相同大小的独立随机样本,并从每个样本中计算置信区间,100 个置信区间中将有约 95 个包含真实值。" Glossary, *supra* n. 1, at 12.

㊱ See generally Comments Paper, *supra* n. 15. 例如,以下涉及统计数据的断言是典型的,但不幸的是,不正确的"Biomet 作为其过程的一部分进行的置信度测试表明,将找到相对较少数量的文件。" In Re: *Biomet M2a magnum Hip Implant Prods. Liab. Litig.*, No. 3: 12 - MD - 2391, Order Regarding Discovery of ESI (N. D. Ind. Apr. 18, 2013), at 5, http://www.ctrlinitiative.com/wp-content/uploads/2014/Predictive Coding Opinions/Biomet_1_DiscoveryOrder_April18.pdf;"一个可以避免查看 80% 或更多的收藏,并且仍然有 95% 的信心找到所有相关文档。"Andy Kraftsow, *Comment*: *When is Litigation Like Las Vegas?*, Legal Insider (Jan. 13, 2013), https://www.legaltechnology.com/latest-news/comment-when-is-litigation-likelas-vegas/;"无回应文件的推翻率体现在这一点上,我们相信已经确定了所有潜在的响应文件。" *How CDS Saved Hundreds of Attorney Hours with Assisted Review*, Relativity - Customer Wins (kCura LLC 2012), https://www.kcura.com/relativity/ediscovery-resources/customer-wins/cds-assisted-review/.

五、研究结果

(一) 审查员的分歧

自计算机首次用于信息检索(assessor disagreement)以来,相关性评估的问题一直在挑战研究人员,因为"那些不能记住过去的人注定要重蹈覆辙"。㊲ 我们请信息检索领域的先驱特夫科·萨拉塞维克(Tefko Saracevic)对信息检索学前50年的研究进行总结:

> 在20世纪50年代中期,有人试图测试由不同小组开发的两个相互竞争的信息检索系统的性能……每个小组使用相同的15 000份文件搜索98个请求,分别编制索引,以便根据检索文件的相关性来评估性能。然而,每个小组都单独判断了相关性。不是系统的性能,而是它们的相关性判断变得有争议。第一组发现有2200个文件与98个请求相关,而第二组则发现有1998个请求相关。各组之间没有太多的重叠。有1640份文件,第一组认为是相关的而第二组不这么认为;有980份文件,第二组认为相关而第一组则不这么认为。你知道接下来会发生什么了,他们和解了,考虑对方的相关文件,并再次比较判断结果。每组都接受了更多的相关文件,但最后他们仍然有分歧;即使在和谈之后,他们的一致率为30.9%。因为相关性评估,有史以来信息检索评估第一次崩溃了,没有继续下去。此外,似乎人类对相关性评估的达成一致率确实一直在这个数字上徘徊……㊳

在达·西尔瓦·摩尔诉阳狮集团案(Da Silva Moore v. Publicis Groupe)中,㊴ 涉及有争议文件编码的"和谈"也有类似的争议,而且没有取得成果,

---

㊲ 这句著名的话有许多变体和释义,一般认为是乔治说桑塔亚那的。https://en.wikiquote.org/wiki/George_Santayana.

㊳ Tefko Saracevic, *Why is Relevance Still the Basic Notion in Information Science?* (*Despite Great Advances in Information Technology*), in Reinventing Information Science in the Networked Society, Proceedings of the 14th International Symposium on Information on Science 26 (May 2015), https://zenodo.org/record/17964/files/keynote2.pdf (emphasis in original).

㊴ See, e.g., Da Silva Moore v. Publicis Groupe SA, No. 11 Civ. 1279 (ALC) (AJP), Tr. (S.D.N.Y. May 7, 2012).

该案是2012年联邦案件批准使用技术辅助审查技术的初始印象,此后在其他案件中也基本相似。[40]

(二) 罗伊特拉特、克肖和奥特的"电子数据交换(EDI)研究"

赫伯特·罗伊特拉特(Herbert Roitblat)、安妮·克肖(Anne Kershaw)和帕特里克·奥特(Patrick Oot)在达·西尔瓦·摩尔诉阳狮集团案[41]案中2010年所做的一项显示技术辅助审查优于人工审查的权威研究之一中发现,为研究而招募的一对合格的人工审查员,他们之间的一致率也很低,而这些审查员与之前为满足美国司法部关于威瑞森公司收购MCI公司的"第二次请求"需要组成的包含225名律师的团队所做的详尽的人工审查相比,达成的一致率更低。[42]

幸运的是,研究表明,各方并不需要就每份文件的相关性达成一致,以确定两种不同的信息检索方法的相对有效性。[43] 一般来说,如果在有能力且独立的审查3角度来看,审查1取得了比审查2更高的有效性分数,那么我们可以推断出审查1可能比审查2更有效,即使审查3不完善。

罗伊特拉特等人将之前的相关性判定意见作为"审查3"以评估这两位合格的人工审查员所做审查("审查A"和"审查B")的相对有效性。根据审查3,审查A和审查B分别取得了49%和54%的查全率,以及20%和18%的查准率——这是一个不明显的、在统计学上不显著的差异。[44]

同样根据审查3,罗伊特拉特等人进一步评估了审查C和审查D的有效性,这些审查是使用未公开的商业技术辅助审查方法进行的。这些方法分别实现了46%和53%的查全率——与人类审查A和审查B相比,差异不大,在统计学上也不显著。另外,审查C和审查D实现了大幅、显著更高的查准

---

[40] See, e. g., Joint letter to Hon. Andrew J. Peck, ECF Doc. No. 398, filed in Rio Tinto PLC v. Vale SA, No. 14 – cv – 3042 (RMB) (AJP) (S. D. N. Y. Nov. 12, 2015), at 24 – 25, http: // ctrlinitiative. com/wp – content/uploads/2016/01/Rio – Tinto – Status – Update – Incl. – Predictive – CodingECF – 398 – 11 – 12 – 2015 – 1. pdf. (建议法院"经过一系列会议和会议讨论编码挑战后,双方仍无法解决少数文件的编码争议,并同意将少数有争议的文件提交给特别大师格罗斯曼解决。")

[41] Da Silva Moore v. Publicis Groupe, 287 F. R. D. 182, 190 (S. D. N. Y. 2012).

[42] Roitblat et al., *supra* n. 6.

[43] See, e. g., Voorhees and Bailey, *supra* n. 6.

[44] Roitblat et al., *supra* n. 6.

率：分别为 27% 和 29%。㊺

如前所述，这些召回数字不应该被解释为人工或技术辅助审查遗漏了一半的相关文件，人工审查确定的文件中只有五分之一是相关的，或者技术辅助审查确定的文件中只有十分之三是相关的。然而，我们可以说，人工审查和技术辅助审查确定的相关文件数量大致相同，而技术辅助审查确定的不相关文件则少得多。

（三）文本检索会议之法律追踪互动任务

由美国国家标准与技术研究院（NIST）和美国国防部共同主办的文本检索会议（Text Retrieval Conference，TREC）是一个年度研讨会，自 1992 年成立以来，其一直是信息检索研究的首要场所之一。该会议明确的目的是：

> 通过为文本检索方法的大规模评估提供必要的基础设施，支持信息检索共同体的研究。特别地，文本检索会议系列研讨会有以下几个目标：
> - 鼓励基于大型测试集的信息检索研究。
> - 通过创建一个交流研究思想的开放论坛，增加工业界、学术界和政府之间的沟通。
> - 通过展示对现实世界问题的检索方法的重大改进，加速技术从研究实验室向商业产品的转移。
> - 增加恰当评估技术可得性以供工业界和学术界使用，包括开发更适用于当前系统的新评估技术。㊻

2006—2011 年，"文本检索会议法律追踪"设法解决先进搜索技术在电子案情先悉几个方面的应用。特别是 2008—2010 年的文本检索会议法律追踪互动任务（Legal Track Interactive Tasks），评估了参与团队实施的各种审查策略的端到端成效。

每年的互动任务都要求参赛者尽可能地识别大型公共文件集，确保所有且唯有的文件对一个或多个模拟电子数据生成请求（RFPs）做出反应。2008

㊺ Id.
㊻ National Institute of Standards and Technology, *Text Retrieval Conference（TREC）Overview*, http：//trec. nist. gov/overview. html.

年，文件集包括先前收集的与烟草诉讼有关的700万份最终达成49个州和地区的司法辖区与4个烟草制造商之间总的和解合同（Master Settlement Agreement）的文件。[47] 2009年和2010年，文件集分别包括美国联邦能源管理委员会在调查安然公司的失败时，分别收集了847 791和685 592封来自安然公司的电子邮件和附件。[48]

互动任务的参赛者将收到一份模拟投诉、一份或多份电子数据生成请求，关于文件集中的主题事项，这些工作同时由法律追踪协调员和其他志愿者完成。每个征求意见稿（在文本检索会议术语中称为"主题"），都分配了一个主题主管（Topic Authority，TA）。主题主管是一位资深律师，在审查过程中为参与者提供咨询，并在随后的评估过程中充当相关性的最终裁判者。

为评估目的而进行的相关性评估采用了一种新颖的三阶段方法：在"第一轮审查"中，志愿者审查员［由法学院公益的（pro bono）项目或电子案情先悉合同审查服务提供商提供］将统计样本的文件编码为"相关"或"不相关"；这些编码决定被公布给文本检索会议参赛者，邀请他们对那些他们不同意的决定进行"上诉"；主题主管审查了所有被上诉的编码文件，并对每份文件做出了最终的相关性判断。

为了计算参赛者努力结果的查全率和查准率，如果其中的相关性决定没有被上诉，那么第一轮审查者的编码就被认为是正确的；如果相关性决定被上诉，那么主题主管的最终编码决定就被认为是正确的。

2008年法律追踪以"电子案情先悉"（eDiscovery）作为关键词进行报道，并引入一个被称为F_1的总结措施。[49] F_1将查全率和查准率合并为一个单

---

[47] Douglas W. Oard et al., *Overview of the TREC 2008 Legal Track*, in Proceedings of the 17th Text REtrieval Conference (NIST 2008), at 3, http://trec.nist.gov/pubs/trec17/papers/LEGAL.OVERVIEW08.pdf.

[48] Bruce Hedin et al., *Overview of the TREC 2009 Legal Track*, in Proceedings of the 18th Text REtrieval Conference (NIST 2009), at 4-5, http://trec.nist.gov/pubs/trec18/papers/LEGAL09.OVERVIEW.pdf, and Gordon V. Cormack, *Overview of the TREC 2010 Legal Track*, in Proceedings of the 19th Text REtrieval Conference (NIST 2010), at 2-3, http://trec.nist.gov/pubs/trec19/papers/LEGAL10.OVERVIEW.pdf, respectively.

[49] Oard et al., *supra* n.47, at 7-8. "F_1"被定义为"查全率和查准率的调和平均值，通常在信息检索研究中用作衡量搜索或复习工作的有效性，它解释了查全率和查准率之间的权衡。为了获得F_1高分，搜索或复习工作必须同时达到高召回率和高精度。" Glossary, *supra* n.1, at 16 (emphasis in original).

一的总结指标，两者中较小的指标会被赋予更多的权重，因此，要达到高F_1，必须同时达到高查全率（趋于理想的所有相关文件）和高查准率（趋于理想的唯有相关文件）。

四个团队（两个来自大学，两个来自电子案情先悉服务提供商）参加了2008年的互动任务。其中一个服务供应商的团队（H5）使用基于规则的技术辅助审查方法，取得了非常高的查全率、查准率和F_1得分，分别为62%、81%和71%。[50]相比之下，没有其他团队的查全率、查准率和F_1得分分别高于16%、80%和39%。[51]

2009年，H5团队在他们进行的审查中获得了同样高的分数（主题204；80% F_1），来自滑铁卢大学（由第二作者领导）的团队对四个主题进行的审查也是如此（主题201、202、203和207；84%，76%，77%，83% F_1）。[52]第二个行业团队（Cleary/Backstop）在他们进行的三项审查之一（主题207）中取得了80%的F_1成绩；第三个行业团队（Equivio）在其进行的两项审查（主题205和207）中分别获得了61%和58%的F_1；第四个行业团队（Clearwell）在其进行的两项审查（主题202）中的一项中取得了62%的F_1成绩。[53]来自11个参赛队伍中的8个团队，对24个主题中剩下的15个进行审查，F_1得分在2%~43%。[54]

（四）2011年里士满法律与技术研究杂志

虽然2008年和2009年文本检索会议法律追踪互动任务的结果令人瞩目，但它们没有回答这样一个问题：行业参赛者和滑铁卢大学采用的性能良好的技术辅助审查过程与详尽的人工审查相比，哪种方法更好。虽然文本检索会议报告的结果在数字上大于罗伊特拉特等人工审查报告的结果，[55]并且比埃伦·沃里斯观察到的"检索性能上限"还要高，[56]但因为它们来自不同审查

---

[50] Oard et al., *supra* n. 47, Table 15 at 30.
[51] Id.
[52] Hedin et al., *supra* n. 48, Table 6 at 15.
[53] Id.
[54] Id.
[55] See Roitblat et al., *supra* n. 6.
[56] Voorhees, *supra* n. 6, at 701.

任务，反映评估相关性的不同方法，所以它们难以比较。

互动任务的设计是为了比较参赛团队实施的审查策略的有效性，并没有任何团队进行详尽的人工审查。出于评估的目的，人工审查在第一阶段已经进行，尽管只是对集合进行文件统计抽样。在实验设计中，第一轮评估和参赛小组之间的分歧是可以预见的；这种分歧由主题主管来裁定。

这种裁定的目的是实现最准确的相关性确定，并用于评估和比较参赛者的审查效果，所有这些审查都采用了某种形式的技术辅助审查。在2011年的法律与技术研究杂志（JOLT）的一项研究中，笔者出于没有事先预料到的目的采取相关性裁定：评估和比较人工第一轮审查的有效性和最持续有效的技术辅助审查审查所取得的结果。

结果表明，人工审查的查全率平均值为59%，查准率为32%，F_1平均值为36%；技术辅助审查的查全率平均值为77%，查准率为85%，F_1平均值为80%。[57] 虽然技术辅助审查的每项指标都高于人工审查，但查全率的差异没有统计显著性，而查准率和查全率的差异有统计显著性。[58]

这些结果与罗伊特拉特等人报告的结果一致。就查全率而言，在技术辅助审查和人工审查结果之间没有什么可选择的；就查准率（以及由此产生的F_1）而言，技术辅助审查的结果远优于人工审查。同时，技术辅助审查只涉及2%的文件集合的人工审查，或者说比详尽的人工审查要少50倍的努力，这是一个非常大的区别。[59]

值得注意的是，罗伊特拉特等人和作者的研究将特定的技术辅助审查方法与实验室条件下合理的人工审查进行比较。结果表明，与所测试的方法类似的方法在实践中可以取得比人工审查更好的结果。然而，这些结果不能被解释为与所测试方法不同的方法（无论是否被标记为技术辅助审查或其他方法）都能改善人工审查。

---

[57] 2011 JOLT Study, *supra* n. 4, Table 7 at 37.
[58] Id.
[59] Id. at 43.

（五）比较技术辅助审查的方法

美国、爱尔兰、英国和澳大利亚批准使用技术辅助审查的初始情况，都直接或参考了2011年的法律与技术研究杂志研究。[60] 英国高等法院衡平法庭负责人马修斯对该研究做了一个恰当的描述：

> 例如，没有证据表明，使用技术辅助审查软件会导致披露的准确性低于单独的人工审查或关键词搜索和人工审查相结合，事实上，有一些证据（在上面提到的美国和爱尔兰案例中）恰恰表明了相反的情况。[61]

有人对罗伊特拉特等人和2011年的法律与技术研究杂志的研究结果进行了更全面的归纳，既推广了与测试结果几乎没有相似之处的所谓技术辅助审查方法，又将其作为质疑这些研究和所有技术辅助审查的稻草人（攻击对象）。[62] 同时，一些与未经测试的技术辅助审查方法有关的烦琐做法，以及实验室信息检索评估的统计设备，都被错误地与技术辅助审查联系在一起。[63]

---

[60] See, *e.g.*, McConnell Dowell Constructors (Austl.) Pty Ltd *v.* Santam Ltd & Ors (No 1), [2016] VSC 734 (Austl.); Pyrrho Inv. Ltd. *v.* MWB Prop. Ltd., [2016] EWHC (Ch) 256 (Eng.); Irish Bank Resol. Corp. *v.* Quinn, [2015] IEHC 175 (H. Ct.) (Ir.); Rio Tinto PLC *v.* Vale S. A., 306 F. R. D. 125 (S. D. N. Y. 2015); Progressive Casualty Ins. Co. *v.* Delaney, Case No. 2: 11 - cv - 00678, 2014 WL 3563467 (D. Nev. July 18, 2014); Fed. Hous. Fin. Agency *v.* HSBC North Am. Holdings Inc., No. 1: 11 - cv - 06188 - DLC, 2014 WL 584300 (S. D. N. Y. Feb. 14, 2014); Nat'l Day Laborer Org. Network *v.* U. S. Immigr. & Customs Enf't Agency, 877 F. Supp. 2d 87 (S. D. N. Y. 2012); Da Silva Moore *v.* Publicis Groupe, 287 F. R. D. 182 (S. D. N. Y. 2012).

[61] Pyrrho Inv. Ltd. *v.* MWB Prop. Ltd., [2016] EWHC (Ch) 256 (Eng.), at 14.

[62] Compare, *e.g.*, *Visualize a New Concept in Document Decisioning*, OrcaTec - FAQ (Internet Archive Oct. 1, 2011), https://web.archive.org/web/20111001071436/http://orcatec.com/index.php/resources/faq [说明 OrcaTec 能否提供任何有关预测编码等过程的科学证据。Grossman & Cormack in the Richmond Journal of Law & Technology" (with link), when the OrcaTec tool bore no resemblance to the TAR methods studied by Grossman and Cormack] *with* Bill Speros, *Despite Early Success, Technology Assisted Review's Acceptance Is Limited by Lack of Definition*," News & Press: ACEDS News (Aug. 31, 2016), http://www.aceds.org/news/3059301.（指出法院在 Da Silva Moore 案中"误解了法院所依赖的2011年法律与技术研究杂志文章，认为它是能力的证明，而不是概念的证明"，并得出结论"直到技术辅助审查巩固了关于它是什么，它的能力和局限性的定义，并规定了任何潜在的科学和所有必要的协议，技术辅助审查将面临对其可靠性的有意义的批评。"并且技术辅助审查应该做到这些。）

[63] See generally, *e.g.*, Karl Schieneman & Thomas C. Gricks III, *The Implications of Rule* 26 (g) *on the Use of Technology - Assisted Review*, 7 Fed. Cts. L. Rev. 239 (2013), http://www.fclr.org/fclr/articles/html/2010/Gricks.pdf. *Cf.* Comments Paper, *supra* n. 15 (responding to Schieneman & Gricks' article).

为了研究不同的技术辅助审查方法的相对有效性，2014年，笔者介绍了一个技术辅助审查的有监督的机器学习方法的分类法，代表了市场上电子案情先悉服务提供商采取的三种基本技术辅助审查方法：简单被动学习、简单主动学习和持续主动学习。[64]

我们的分类法排除了基于规则的技术辅助审查方法（这些方法依赖于不透明或不明确的技术，难以定性），以及笔者不认为是技术辅助审查的方法（这些方法在市场上被称为"概念搜索""聚类""概念聚类""查找相似""可视化""重复数据删除""接近重复数据删除"和"电子邮件串联"）。此后，我们发表了一个更广泛的技术辅助审查工具分类法，以及非技术辅助审查工具，我们将其定性为搜索和分析的工具。[65]

为了衡量有监督的机器学习方法对技术辅助审查的相对有效性，我们创建了一个开源的"技术辅助审查评估工具箱",[66] 在实验室环境中模拟简单被动学习、简单主动学习和持续主动学习。使用从2009年文本检索会议收集的数据，以及笔者参与的四个法律事务，我们发现，在给定的审查努力水平下，持续主动学习在三种方法中获得了最高的查全率（以及最高的查准率和F_1）。[67] 在正确的参数设置下，简单主动学习可以达到与持续主动学习相当的查全率，但仅在某一特定的努力水平上有效。[68] 简单被动学习的结果明显低于持续主动学习或简单主动学习的结果。[69] 这项同行评议的研究在第37届国际计算机协会信息检索特别兴趣组（ACM SIGIR）信息检索研究与开发会议上发表。[70]

（六）持续主动学习的自主性和可靠性

法律共同体普遍表达的一个观点是，技术辅助审查需要操作者具有特殊

---

[64] SIGIR 2014 Paper, *supra* n. 15; see also Comments Paper, *supra* n. 15.

[65] See Maura R. Grossman & Gordon V. Cormack, *A Tour of Technology–Assisted Review*, ch. 3 in Jason R. Baron et al. (eds.), Perspectives on Predictive Coding and Other Advanced Search Methods for the Legal Practitioner (ABA Publishing 2016).

[66] http://cormack.uwaterloo.ca/tar-toolkit/.

[67] SIGIR 2014 Paper, *supra* n. 15.

[68] Id.

[69] Id.

[70] See http://sigir.org/sigir2014/; see also Id.

第六章 ‖ 量化成功：使用数据科学衡量电子案情先悉中技术辅助审查的准确性

的技能；如为学习方法选择适当的培训文件和操作参数。[71] 在《技术辅助审查中持续主动学习的自主性和可靠性》一文中，[72] 笔者评估了"自动技术辅助审查"，这是持续主动学习的一个改进，它不需要设置参数，开始时只需要一份相关文件——一份包含相关内容的文本片段。考虑到这一初始输入，自动技术辅助审查按顺序展示文件供审查，并将编码返回给自动技术辅助审查。这个过程一直持续到有证据表明基本上所有的相关文件都已被提交审查。

我们的结果显示，无论选择什么样的初始输入，自动技术辅助审查都能找到几乎所有的相关文档，而且比我们之前评估的持续主动学习方法的审查工作量更少。[73] 我们对各种公开的信息检索基准观察到了同样的结果，包括路透社 RCV1-v2 数据集的 103 个主题，第六届文本检索会议特别任务的 50 个主题，2020 年文本检索会议滤波跟踪任务的 50 个主题，以及 4 个实际法律事务的数据集。[74]

自动技术辅助审查的一个开源实现后来被用作 2015 年[75]和 2016 年[76]文本检索会议总检索追踪的"基准模型实施"（Baseline Model Implementation，BMI）[77]。如同早期的文本检索会议法律追踪互动任务一样，参赛者被要求尽可能地找到集合中所有且仅有的相关文件。然而，与法律追踪不同的是，总检索的参赛者以递增的方式向网络服务器提交文件进行评估，并在提交文件

---

[71] See, e.g., Ralph C. Losey, *Why the "Google Car" Has No Place in Legal Search*, e-Discovery Team Blog (Feb. 24, 2016), https://e-discoveryteam.com/2016/02/24/why-the-google-car-has-noplace-in-legal-search/ (regarding selection of training documents); Rishi Chhatwal et al., *Empirical Evaluations of Preprocessing Parameters' Impact on Predictive Coding's Effectiveness*, in Proceedings of the 2016 IEEE Int'l Conference on Big Data 1394 (2016), available at https://www.navigant.com/-/media/www/site/insights/legal-technology/2017/predictive-codingseffectiveness.pdf (regarding selection of operating parameters).

[72] Gordon V. Cormack & Maura R. Grossman, *Autonomy and Reliability of Continuous Active Learning for Technology-Assisted Review*, https://arxiv.org/abs/1504.06868 [cs.IR] (Apr. 15, 2015).

[73] Id.

[74] Id. at 2.

[75] See Adam Roegiest et al., *TREC 2015 Total Recall Track Overview*, in Proceedings of the 24th Text REtrieval Conference (NIST 2015), http://trec.nist.gov/pubs/trec24/papers/Overview-TR.pdf.

[76] See Maura R. Grossman et al., *supra* n. 26.

[77] 自动参与 TREC 2015 全召回跟踪的基线模型实现，http://cormack.uwaterloo.ca/trecvm/.

时立即收到每个文件的相关性标签（从整个集合的事先标签中自动得出）。这种结构允许精确跟踪每个团队的查全率作为提交文件数量的函数。

参赛者可以使用像基准模型实施这样的全自动策略，也可以使用涉及人类和计算机输入的任何组合的手动策略，包括关键词搜索、手动审查和手工选择的训练文件。虽然一些参赛者在某些主题上取得了比基准模型实施更高的查全率，但在2015年或2016年的文本检索会议会议上，无论是自动还是手动，在相同的努力水平下，没有参赛者取得比基准模型实施更高的查全率。[78]

2015年和2016年的总检索关于一组多样化的数据集和主题对技术辅助审查进行了评估。在2015年，对系统评估了53个不同的主题和5个数据集。10个主题是针对杰布·布什（Jeb Bush）作为佛罗里达州州长时的约290 099封电子邮件的集合而开发的；10个主题是针对黑帽世界网和黑客论坛网的465 147个帖子的集合而开发的；10个主题是针对美国西北部和加拿大西南部的902 434个在线新闻剪辑的集合而开发的。反映各类记录和非记录的法定定义的4个已有主题被用于收集蒂姆·凯恩（Tim Kaine）作为弗吉尼亚州州长时的401 953封电子邮件；反映国际疾病统计分类（ICD）-9代码的19个已有主题被用于重症监护多参数智能监测Ⅱ（MIMIC Ⅱ）临床数据集，包括来自重症监护室的31 538份医疗记录。[79]

2016年，对系统进行的评估，涉及为杰布·布什开发的额外34个主题；为伊利诺伊州州长罗德·布拉戈耶维奇（Rod Blagojevich）和帕特·奎因（Pat Quinn）政府的210万封电子邮件集合开发的6个主题；以及在收集80万条推特推文时使用了4个预先存在的主题。[80]

总的来说，结果表明，对于各种各样的数据集和相关性标准，完全自主的技术辅助审查系统可以通过合理的努力达到非常高的召回水平。蒂姆·凯恩和重症监护多参数智能监测Ⅱ数据集的结果特别令人感兴趣，因为相关性是正式定义的，而且相关性的确定是由独立的专业人员（分别是弗吉尼亚州

---

[78] See Roegiest et al., *supra* n. 76; Grossman et al., *supra* n. 26.
[79] See Roegiest et al., *supra* n. 76, at 3-5.
[80] See Grossman et al., *supra* n. 26, at 3-5.

高级国家记录档案员和医生）在他们的工作过程中做出的。

（七）相关性的各个层面

有人认为，技术辅助审查可能会出现"盲点"，即技术辅助审查审查可能会错过某些类型的相关文件，因为这些文件有一个不寻常的格式，或者因为它们涉及相关性的一个不明显的方面。[81] 我们在第 38 届国际计算机协会信息检索特别兴趣组（ACM SIGIR）信息检索研究与开发会议上发表的同行评议研究报告《技术辅助审查的持续主动学习的多层面查全率》[82] 表明，当持续主动学习总体上找到了几乎所有的相关文件时，也就找到了每一相关性层面上的几乎所有相关文件，无论这些层面被定义为文件类型还是实质性的子主题。[83] 可能是持续主动学习对某些类型的文件或代表某些方面的相关性的文件的识别比其他的要早，但是一旦这些文件变得稀少，它就会识别其他方面，以此类推，直到所有方面都被识别。

这一结果在 2016 年文本检索会议的总检索追踪上得到了重申，评估人员被要求根据所包含的特定主题将相关的文件划分成不同的子文件夹。当每个子文件夹的查全率被单独考虑时，总体上取得高查全率的参与系统对每个子文件夹中的文件也取得高查全率。[84]

最后，同样的结果最近也通过一项独立的研究工作得到了再现。[85]

（八）质量保证

查全率、查准率和 F_1 通常被用来衡量信息检索系统和方法的平均有效

---

[81] See, e. g., *Proper Use of Predictive Coding Technology*（Inspired Review Blog Jan. 7, 2104），http：//www. inspiredreview. com/blog5. html. ["关于预测编码算法正确处理简洁文档（不包含丰富文本文档，用于基于语言的分析，如电子表格或简短文档）和"新颖文档内容"的能力，已经出现了一些问题。"] See also Comments Paper, *supra* n. 15, at 304 – 305.

[82] See http：//sigir2015. org/；Gordon V. Cormack & Maura R. Grossman, *Multi – Faceted Recall of Continuous Active Learning for Technology – Assisted Review*, in Proceedings of the 38th Int'l ACM SIGIR Conference on Research and Dev. in Info. Retrieval 763（2015），http：//dl. acm. org/citation. cfm? doid = 2766462. 2767771.

[83] Cormack & Grossman, supra n. 82.

[84] See Grossman et al., *supra* n. 26, at 5.

[85] See Thomas Gricks, *Does Recall Measure TAR's Effectiveness Across All Issues? We Put It to the Test*, Catalyst E – Discovery Search Blog（Mar. 23, 2017），https：//catalystsecure. com/blog/2017/05/does – recall – measure – tars – effectiveness – across – all – issues – we – put – it – to – the – test/.

性。当我们说某一方法达到65%的查全率和65%的查准率时，我们通常指的是将同一方法应用于一组信息需求（即查询）所取得的平均查全率和查准率，这些信息需求代表了实践中可能遇到的需求。平均值并不能保证，对于任何特定的检索工作，任何特定的查全率或查准率将达到的水平。

这种担忧导致当事人利用抽样来估计特定审查工作的查全率和查准率，并设定阈值作为可接受的标准，但这种做法往往是徒劳的。例如，环球航空公司诉兰多航空公司案中，⑱ 根据我们2011年的法律与技术研究杂志研究报告中的查全水平，生产方承诺至少达到75%的查全率，并在事后向法院表示已经达到81%的查全率。⑲ 事实上，所实现的只是对审查过程中的技术辅助审查（文件选择）部分的查全率的粗略估计。这个估计值本身就有一定的误差，所以真实的数值很容易低于75%。然而，更重要的是，这个估计值没有考虑到这样一个事实，即技术辅助审查系统选择的文件是人工审查的，而且只产生了被审查员编码为"相关"和"非特权"的文件。因此，只有当我们假设人工审查是完美的（即达到100%的查全率），那么81%的估计查全率才适用于端到端审查。更有可能的是（由独立评估确定），人工审查达到了70%的查全率，因此端到端净查全率估计为57%。⑳

我们无意质疑环球航空公司（Global Aerospace）生产的充足性，我们也没有理由怀疑其质量，而是要说明依靠不明确的查全阈值作为验收标准的谬误。另外，正如已经提出的，㉑ 我们也无意提出，由于相关性难以定义，也因为查全率难以在个案基础上进行估计，所以应该放弃所有的测量，生产方

---

⑱ Karl Schieneman & Thomas C. Gricks III, *supra* n. 63, at 259.

⑲ Letter from Gordon S. Woodward, Att'y for the Landow Entities, to All Counsel in Global Aerospace Inc. *v.* Landow Aviation, L. P., Consol. Case No. CL601040（Va. Cir. Ct. Loudoun Cty. Nov. 30, 2012）.（"在预测编码过程结束时，我们进行了统计上有效的抽样程序，以确定已达到可接受的文件召回水平，正如我们向法院提出的动议中所指出的那样……兰多实体提出75%的召回率就足够了。以下是一份报告，反映了我们对文件召回的最终分析。报告表明我们的召回率达到了81%。"）

⑳ 如果81%的相关文档被TAR系统识别，其中70%被人工审查修改编码，则端到端的召回率将是81% × 70% =56.7%。

㉑ See, *e. g.*, Herbert L. Roitblat, *Daubert*, *Rule 26（g）and the eDiscovery Turkey*, OrcaBlog（Aug. 11, 2014）, https：//web. archive. org/web/20140812155631/http：/orcatec. com/2014/08/11/daubert‐rule‐26g‐and‐the‐ediscovery‐turkey/.

第六章 ‖ 量化成功：使用数据科学衡量电子案情先悉中技术辅助审查的准确性

应免除所有确保生产充分性的责任。

我们认为，确保生产充分性的第一步是使用一种以前已经被证明可以可靠地实现高查全的方法。⑩可靠性是指在任何给定的应用程序中，获得高质量结果的概率。高平均查全率本身并不意味着可靠的高查全率。例如，如果一个方法，在80%的时间内达到100%的查全率，而在20%的时间里仅能达到0的查全率，那么这个方法的平均查全率显然很高，但可靠性却很差，因为在20%的时间里，这个方法不可能被指望找到任何东西。人们不太可能认为五分之一的完全失败的机会是可以接受的风险。另外，当75%的查全率被认为是可以接受的时候，二十分之一的机会达到74%的查全率，可能是可以接受的。

与可靠性概念密不可分的是"何时停止"的问题。对于持续主动学习，人们可以无限期地选择和审查文件。对于简单被动学习和简单主动学习，人们可以无限期地选择训练文件，而当训练停止时，人们可以调整所产生的分类器的灵敏度，以便无限期地审查文件。在某些时候，必须决定已经找到了足够多的响应性的文件，而且进一步的审查是不相称的。我们希望确保在做出这一决定时，能够大概率地实现高查全率。

为了支持这一目标，我们研究了三种使用持续主动学习实现高可靠性的方法。⑪第一种方法，即"目标法"（target method），可以实现70%的查全率目标，可靠性达到95%，但需要审查大量随机抽样的文件，超过技术辅助审查系统选择的相关文件。第二种方法，即"膝盖法"（knee method），使用持续主动学习，在各种数据集和信息需求上实现了更好的可靠性，而且比目标法更省力。第三种方法，即"预算法"（Budget Method），当审查的文件数量与目标法相同时，在同样的数据集上取得了极大的可靠性，但文件是由技术辅助审查系统选择的（不是通过随机抽样）。在2016年的文本检索会议上，我们研究了第四种实现高可靠性的方法，即前面在"何时停止"一节中

---

⑩ Comments Paper, *supra* n. 15, at 305.
⑪ Cormack & Grossman, supra n. 25.

描述的简单方法。㉒ 令我们惊讶的是，它的效果和更复杂的"膝盖法"一样好用，㉓ 但在这个领域肯定需要更多的研究。

对这些停止标准的更详细讨论超出了本章的范围，但我们可以通过它们了解到，不依赖大量随机样本和错误的统计数据的情况下，尽可能可靠地确定什么时候停止技术辅助审查的。

（九）技术辅助审查与人工审查的再认识

最近，我们有机会再次研判 2011 年的法律与技术研究杂志（JOLT）研究的结果，针对弗吉尼亚州州长蒂姆·凯恩所领导政府的 401 960 封电子邮件，采用持续主动学习与详尽的人工审查结果进行了比较，这些邮件之前是由弗吉尼亚州高级档案员罗杰·克里斯特曼（以下简称罗杰）审查的。罗杰随后做出的盲法验证（bligd assessment）表明，如果罗杰使用持续主动学习来审查 401 960 封电子邮件，那么他可以用很少的精力来实现同样的查全率和更高的查准率。㉔

在我们的研究之前，罗杰已经对三个主题的每一个主题做出了决定，依次为：首先，"弗吉尼亚理工大学"的文件被确定为受法律扣押；其次，不受扣押的文件被归类为"档案记录"或"非记录"；最后，被归类为档案记录的文件被归类为"限制性"或"公开"记录。"公开"记录是向公众开放的。㉕ 因此，以后每一个主题的文件收集都会减少。

持续主动学习在同一数据集上运行，使用罗杰先前的决策来模拟用户反馈，以训练学习者。当持续主动学习运行完成后，发现持续主动学习系统和罗杰之前的编码有分歧，罗杰在重复盲法审查中对这些文件的样本进行了第二次相关性判断。罗杰和笔者都不知道罗杰之前的判断。罗杰的第一次和第

㉒ Gordon V. Cormack & Maura R. Grossman, "When to Stop": Waterloo (Cormack) Participation in the TREC 2016 Total Recall Track, in Proceedings of the 25th Text REtrieval Conference (NIST 2016), http://trec.nist.gov/pubs/trec24/papers/WaterlooCormack - TR.pdf.

㉓ See Id.

㉔ Cormack & Grossman, supra n.4.

㉕ See http://www.virginiamemory.com/collections/kaine/. See also http://cormack.uwaterloo.ca/kaine (the authors' CAL demonstration using the Kaine open records).

二次测定结果及两次测定结果的重叠率⑯分别为 80.6%、60.2% 和 64.2%，⑰对于独立审查员来说，这已经是高端期望值了，但还远远不够完美。两个月后，罗杰对其第一次和第二次判断不一致的每一个案件进行了第三次相关性判断，同样对罗杰之前的判断视而不见。

根据罗杰的最终判定，我们计算了罗杰的原始审查和持续主动学习的查全率和查准率。罗杰的查全率在 89%~97% 之间，持续主动学习的查全率在 90%~96% 之间——没有明显的差别。⑱罗杰的查准率在 75%~91% 之间，而持续主动学习的查准率为 80%~96%——这是一个有利于持续主动学习的显著差异。⑲F_1 也同样以很大的优势支持持续主动学习。⑳

总的来说，罗伊特拉特、克肖和奥特的研究，2011 年的法律与技术研究杂志（JOLT）研究，以及 2017 年国际计算机协会信息检索特别兴趣组中罗杰与笔者的研究，都显示了相同的结果。所研究的技术辅助审查系统和人工审查所取得的查全率没有明显差异，而技术辅助审查系统的查准率则明显高于人工审查。这应该再次证实了至少使用某些形式的技术辅助审查的合理性。

六、未来

相关性判定意见的审查是一个困难的问题。传统的审查方法使用关键字剔除和人工审查是很麻烦的，而且远远不够完美。正如科研文献所显示的，在电子案情先悉和一般信息检索的背景下都是如此。衡量审查有效性的方法也同样烦琐和不完善。

供应商、服务提供者和消费者需要收集证据，证明他们所使用的审查方法（无论是人工审查还是技术辅助审查）都能有效地工作。这样做要比仅为了培训系统或计算查全率而审查"有统计意义的样本"的文件更具挑

---

⑯ "重叠"或"雅卡德指数"是"对两组数据连贯性的测量"。（例如，实证研究表明，专家审稿人的雅卡德指数得分通常在 50% 左右，超过 60% 的分数很少见。）Glossary, *supra* n.1, at 20, 25.
⑰ Cormack & Grossman, *supra* n.4, Table 5 at 7.
⑱ Id., Table 3 at 7.
⑲ Id., Table 3 at 7.
⑳ Id.

战性。⑩

衡量方面的挑战并没有仅因为"这是它之前的做法"而允许继续使用关键字剔除和人工审查。有充分的证据表明这些方法是有缺陷的，也没有证据表明它们优于某些作为替代的技术辅助审查方法。同时，有越来越多的证据表明，某些技术辅助审查方法可以改进人工审查。

我们一直努力，并将继续努力为这一证据体系做出贡献，同时提高技术辅助审查的技术水平。我们没有理由认为我们的 Continuous Active Learning™ 方法是可能实现的最佳方法，但它是我们目前所知的最佳方法，我们将继续努力改进它。我们已经在 GPL 3.0 公共执照下通过文本检索会议（TREC）总检索的"基准模型实施"（BMI）提供了一个实施方案，⑩ 邀请研究人员和从业人员尝试它，并努力寻找更有效和高效的方法来审查电子存储信息，正如《联邦民事诉讼规则》所设想的，"以确保每个诉讼和程序的公正、迅速且非昂贵的决定"。

---

⑩ See, e.g., Tracy Greer, *Electronic Discovery at the Antitrust Division: An Update*, U. S. Dep't of Justice (Jun. 25, 2015), https://www.justice.gov/atr/electronic-discovery-antitrust-divisionupdate.（建议质量保证"可以通过该部门提供的相关和不相关文件的统计制作显著样本来完成。"）Alison Nadal et al, *E-discovery: The Value of Predictive Coding in Internal Investigations*, Inside Counsel (Aug. 13, 2013), at 1, http://www.insidecounsel.com/2013/08/13/e-discovery-the-value-of-predictive-coding-in-inte.（"使用预测编码执行内部调查始于生成一个随机选择的、统计上的显著文档种子集。"）Bill George, *Predictive Coding Primer Part II: Key Variables in a Predictive Coding Driven Review*, Tanenholz & Associates, PLLC News (May 8, 2013), http://tanenholzlaw.com/predictive-coding-primer-part-two.（"在审查了控制集之后，主题专家将需要通过审查具有统计意义的文档样本来进一步训练预测编码模型。"）"统计上的显著样本"这个短语是一个不合逻辑的结论。See Bill Dimm, *TAR 3.0 and Training of Predictive Coding Systems*, Presentation materials from ACEDS Webinar (Dec. 15, 2015), at 12, http://www.cluster-text.com/papers/TAR_3_and_training_predictive_coding.pdf.（"训练集的大小不应涉及……统计上显著的样本，因为这甚至不是一件事！"）

⑩ See Baseline Model Implementation, *supra* n. 75.

第七章

量化法律服务质量：来自 Avvo 网站的数据科学课程

妮卡·卡比里

埃德·萨拉萨德

拉胡尔·多西亚

目次

一、法律中的数据来源

二、使用数据评估律师执业质量

三、使用数据来确定谁需要法律帮助但却未得到

四、结论

许多律师选择从事法律职业，部分原因是他们不喜欢与数字打交道。许多人从法学院毕业时，从来没有想过要成为企业的所有者和经营者，也没有想过要从事营销、广告和其他工作，而这些工作在数据分析推动商业战略时是效果最好的。然而，如果律师和律师事务所在做出关键决策时善于使用数据，他们就会做得很好。在某些情况下，律师使用复杂的数据分析工具来完成这项工作。在其他情况下，数据收集和分析可能是简单的。如何使用数据（包括数据分析工作的复杂程度）不如所使用的技术是否适合手头的具体业务问题来得重要。

本章介绍了 Avvo 网站使用数据来回答它自己具体业务问题的一些方法。幸运的是，Avvo 网站每天处理的业务问题与困扰律师的问题没有太大区别。我们如何衡量我们的服务质量，以便我们能够向法律消费者传达这种质量？

我们如何确定机会市场——需要我们的服务但我们没有接触到的法律消费者？我们如何预测哪些市场将在未来增长，以便我们现在就能接触到它们？我们如何确定最有可能从我们的服务中受益的客户，以便我们能够首先向他们推销？

在法律行业，数据分析带来了独特的机会和挑战。法律从业者可以从使用数据来跟踪行业趋势、评价律师表现、衡量市场规模和增长或评估在线房地产的价值中获得巨大的好处。但是，有效地做到这一切意味着要想出创新的方法来寻找、管理和分析各种来源的数据。这也意味着要找出与法律领域的商业挑战直接相关的数据，而这些挑战在其他地方不一定能找到。

法律领域的数据分析（data analytics in legal）还涉及质量控制问题和数据可得性问题，因为没有专门针对法律类别的集中数据源。Avvo 网站已经着手解决法律领域的有限和种类不同的数据问题。通过从州与地方许可和监管机构以及更广泛的互联网收集有关律师的各种数据，我们正在学习大量有关与法律实践直接相关的问题。

多年来，Avvo 网站已经收集了大量的知识和见解，本章分享了一些收集、分析和可视化法律数据的经验教训和最佳做法。首先，我们概述了如何收集和存储与法律有关的数据。其次，我们讨论了可以利用数据来改善法律实践的不同方式。具体而言，我们讨论了一个法律实体如何利用数据来评估律师的质量，确定需求巨大但律师稀缺的市场，并确定业务发展的线索。

一、法律中的数据来源

自 Avvo 网站成立以来，该公司一直相信，数据可以带来改变。我们在数据和分析方面的工作与我们的使命和愿景相联系，即"让人们得到他们应得的高质量的法律帮助"，以便我们能够"为所有人提供自由和正义的力量"。为此，我们使用数据对律师进行评级，衡量其业务表现，识别那些在法律上得不到服务的人，并确定如何更好地接触有法律需求的人。

（一）数据收集

虽然我们的一些数据是专有的（如通过消费者调查收集的信息），但我们使用的许多数据是公开的。法律实践可以从美国人口普查数据、美国律师协会发布的数据或在各种网站上收集的用户生成的内容中获得很多启示。像尼尔森和皮尤这样的研究机构发布的关于各种主题的报告，对法律实践的洞察力有直接或间接的帮助。如果一个律师事务所有资金，那么他们可以雇用市场研究公司来为自己收集数据。一个律师事务所也可以看看自己的数据。例如，它自己的网站流量数据可以通过谷歌分析获得。然而，跟踪一家律师事务所每周或每月收到的首次接触的电话或电子邮件的数量可能是一个有价值的数据点。案件结束后通过电子邮件发出的客户满意度调查也是一个数据来源。大数据是很酷的，但"小"数据也可以产生令人难以置信的价值。不管是什么来源，数据都是丰富的、易得的。

对于公开可用的数据，Avvo 网站首先确定一个合格的数据源（如美国人口普查数据）。接下去的挑战是以对我们内部有用的方式"获得"这些数据。为了做到这一点，我们首先确定以下几点：谁将使用这些数据、如何使用这些数据以及是否可以通过使用虚拟表来描述这些数据。然后，我们设计一个适合特定用例的数据产品。由于我们使用了分布式计算，所以我们可以收集数据然后设计简单的 Hive 表，这样数据就可以通过简单的结构化查询语言来访问。如果需要为一个应用程序提供应用编程接口（Application Programming Interface，API），我们将围绕实时数据访问、性能、安全和其他重要的考虑因素，设计一个优化的应用编程接口。简而言之，数据收集应该以最终用户和用例为中心进行。

（二）数据管理

真正的挑战不在于寻找数据，而更在于"数据治理"。数据必须被驯化和管理，以使正确的数据能够有效地应用于任何特定的业务问题。确保数据安全也很重要。法律行业的数据在数据保护、完整性和管理方面有一系列独特的问题，这涉及只允许合格的用户访问。为了解决这个问题，许多组织（包括 Avvo 网站）投入大量时间在一个中央存储库中捕获"元数据"（关于数据的数据）。对于那些解决商业智能和高级分析问题的人来说，这可以作为数据分析的一个起点。

为了访问这些数据，像 Avvo 网站这样的组织投资了一些工具，使他们能够探索自己拥有的数据类型。这种工具的一个例子是 Cloudera Navigator（见图 7.1），你可以使用一个简单的类似谷歌的搜索框来探索中央数据存储库中的数据。像 Navigator 这样的工具不是在一个又一个的原始数据字段中进行筛选，而是从数据字典中提取信息，这样你就可以看到对你的数据资产的描述，并对哪些数据与你的需求有关做出更好的决定。另外，通过提供全公司对数据字典的访问，而不是对实际数据的访问，可以确保数据的完整性和安全性。此外，当新的数据被添加到资源库中时，这种工具可以向组织中的其他人传达数据的来源、获取时间以及哪些数据字段是新的。

图 7.1　Navigator

一个数据源的历史被称为"数据沿袭"（data lineage）。当公司开发复杂的索引或评分系统以确定其业务策略的优先次序时，追踪历史是很重要的。例如，一家律师事务所可能想知道，它的前委托人中，哪些人愿意收到要求他们介绍朋友和家人的电子邮件。法律事务所可能希望产生一个独特的客户满意度分数，他们可以用这个分数来了解法律事务所的律师是如何在法律实务和代表客户方面有所改进的。可能开发出一个模型，以确定电视或数字广告是否会产生最高的回报。像这样的分析可能会从各种不同的来源获取数据。了解每个数据字段或变量的来源（它的源头是什么）可以让分析师在有需要时再次访问原始数据源，并对其完整性感到放心。

（三）数据整合

Avvo 网站的数据正在定期收集，特别是考虑到我们将"事件"或与我们网站的互动作为数据处理。例如，如果一位律师登录进他的"个人资料"，那么这一信息被记录为数据或"事件数据"。我们非常重视用户的数据隐私，我们的隐私政策就证明了这一点——为了消费者和广告商的利益，我们定期更新。这种实时网络事件数据被整合到支持销售团队活动的 Salesforce 软件当中。当律师与网站互动时，通过登录或更新他们的个人资料，一个事件被记录到 Salesforce 软件中，Avvo 网站将被通知这一活动。这种及时的参与通知为律师在需要时与他们进行有价值的互动创造了机会。

这些数据也存储在我们的仓库中，并可以使用 Salesforce 软件检索，以进行一些不同类型的分析。例如，当律师取消广告订阅时，将向 Avvo 网站的工作人员发送实时通知。我们还可以查看广告商的总体数据，以分析取消广告的情况及其发生的条件。

为了让我们网站用户实时地了解我们的组织，我们的设计包括了一个叫作"卡夫卡"（Kafka）的神秘机制。"卡夫卡"类似于一个流言蜚语收集器，它知道整个公司发生的所有事件，从而允许任何人独立分析这些事件的数据。这种机制允许基于网络的事件的生产者和消费者松散地耦合，因此生产者和使用者都不需要等待任何一方。它还允许内聚事件的使用，因为任何使用者都可以分析与他们最相关的事件数据。

（四）数据的可获得性

一旦数据被收集和整合，它就需要被提供。除了受众的访问偏好，我们还考虑了我们当前和未来的数据技术选择的整体能力。多年来，Avvo 网站通过考虑以下几点来平衡开源支持性和供应商锁定性：Avvo 网站是否有必要的内部技术来扩展和支持开源项目；Avvo 网站致力于数据产品或平台承诺时间范围；供应商是否长期支持我们的数据战略（分布式计算还是传统数据仓库）。

监测我们内部数据客户的数据管道意味着提供透明度。Avvo 网站已经创建了一个内部状态页面，显示 Avvo 网站数据管道的运行状态。该管道由产生数据的作业、应用编程接口、报告数据和 Tableau（一款数据分析工具）的提取组成。这些管道中的每一个组件都受到监控，并在 Avvo 网站内部的数据状态页（data status page）上提供状态。通过这种方式，任何企业的数据用户都可以通过自助服务界面检查一个服务是否在运行。此外，还提供任何事件的历史记录以供参考。作为一个例子，下面以一个图片说明一个失败的工作，它被安排为 Tableau 报告提取数据。黄色的"交通信号"表示有部分故障，并提醒了相关方（见图 7.2）。

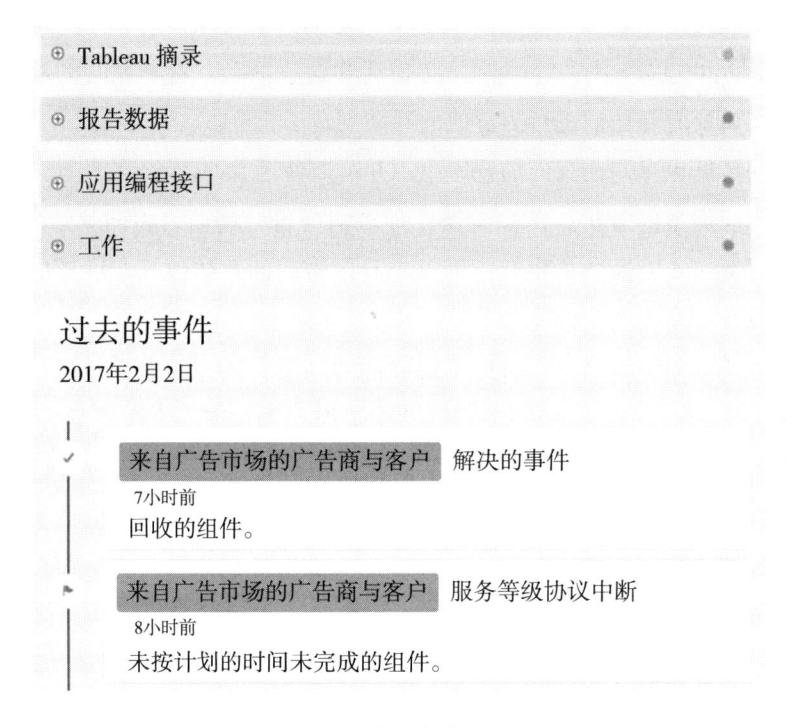

- Tableau 摘录
- 报告数据
- 应用编程接口
- 工作

过去的事件
2017年2月2日

✓ 来自广告市场的广告商与客户 解决的事件
7小时前
回收的组件。

来自广告市场的广告商与客户 服务等级协议中断
8小时前
未按计划的时间未完成的组件。

图 7.2　数据状态页面

（五）行动中的数据

收集数据、管理数据以及让组织中合适的人易获取数据，是数据运用中较为困难与乏味的部分。

二、使用数据评估律师执业质量

Avvo 网站接触并与很多有法律问题的人交谈，了解如何更好地帮助他们。Avvo 网站已经采访或调查了数以千计的人处理广泛的法律问题，包括交通违章、离婚、破产、移民等。我们了解到，有些人认为他们的问题是小事，或很容易由自己处理。其他的受访对象只是没有资金来聘请律师。许多受访对象更喜欢他们自己处理法律问题时的控制力。但是，即使在我们目前的"自己动手"的世界里（有可能通过自己提交离婚的申请，使用在线工具来组建你的企业，或购买软件来写你自己的遗嘱），律师也很重要。几乎每四个有法律问题的人中就有三个向律师求助或聘请律师；每四个在网上填写表格的人中就有三个最终向律师求助。法律是复杂的，法律语言难以理解，人们会被卡住。法律方面的自助只能走到这里。

这意味着，有许多人在寻找律师，但又不确定该请谁。有些人向朋友和家人寻求推荐，有些人上律师评论网站并阅读评论，而有些人则两者都做。尽管他们对应该做什么并不清楚，但有两件事是清晰的：一是人们需要关于律师的信息；二是人们在评估这些信息时并不系统。这意味着，如果一个法律服务机构、律师事务所或律师评论网站真诚地想帮助人们找到合适的律师，那么其必须制定一个系统的程序来评价律师，然后与公众分享这种评价。否则，有法律需求的人只能以这样一种主观的方式，多是猜测的方式来权衡各种各样的律师属性。

客户如何对律师进行有意义的区分？Avvo 网站评级（代表律师质量的评级分数）就是专门为处理这个问题而设计的。每位在 Avvo 网站上公开律师执业介绍的律师都会根据他或她的专业资格得到一个评级分数。法律消费者可以在每位律师的 Avvo 网站简介中看到这个分数，以及关于其执业领域、同行认可、委托人评论和其他信息的细节。所有这些数据汇总在一起，使对律师的评估更加容易，也使法律消费者更有可能选择适合自己的律师。

评级在别的方面也是有用的：它们可以帮助我们评估和比较不同地理区域的律师质量。最近，Avvo 网站对了解哪个美国城市的律师质量最高感兴趣。这是一个重要的问题，但迄今还没有被探究过。这个问题之所以重要，是因为能否平等地接近正义在很大程度上取决于能否平等地获得高质量的律师服务。如果美国各城市的律师质量存在巨大差异，那么像 Avvo 这样的网站（它致力于将人们与高质量的律师联系起来）就可以通过在其工作中优先考虑服务不足的城市来改善接近正义的机会。

这个地理位置信息的项目正在 Avvo 网站进行。下文描述了 Avvo 网站如何使用数据来处理这个问题，以及 Avvo 网站是如何应用跨地理区域的方法的。

（一）进行地理比较的正确方法

为了确定哪些城市有"最好的"律师，Avvo 网站考虑了两种方法：一种是纯粹的客观方法；另一种是客观和主观指标的混合方法。纯客观的方法为委托人提供了基于律师"规格"（specifications）的个人层面的数据。我们使用"规格"一词，是因为消费者主要是这样考虑离散和可衡量的律师属性的，如经验年限、获奖数量、出版物数量和法学院排名等。消费者审查这些数据，就像审查自己想购买的笔记本电脑或汽车的"规格"一样。分析可以将这些离散的规格合并成一个评级分数，使人们更容易评估律师的整体质量。这使得比较律师更加容易，也很少受到偏见的影响。

这种方法是 Avvo 网站评级的基础，其在帮助个人评估和比较个别律师方面效果很好，特别是与客户评论一起使用。这样，法律服务委托人可以客观地评估资历，同时也可以单独评估客户的主观意见（人们经常告诉 Avvo 网站，阅读评论是"购买律师"过程中一个重要且有意义的部分）。

然而，这个项目的目标不一定是为了雇用律师而评估律师，而是比较不同法律服务市场上的律师，这就需要一种不同的、混合的方法。这种方法在最后的评级计算中包含了客户对每位律师的意见。与纯粹的"规格"方法不同，将客户评价纳入其中，是考虑到使律师"优秀"的因素远多于客观证书。有法律问题的人一次又一次地告诉 Avvo 网站，他们非常关心律师是否及时回复他们，尊重他们，并表现出对他们的兴趣和动力，让他们感到受到照顾。律师对委托人的态度并不体现在经验年限、就读的法学院校甚至是同行的认可上。但这对客户来说很重要。

（二）用于比较不同城市律师质量的数据

为了对不同城市的律师进行比较，Avvo 网站使用了以下几个数据集：

（1）地理数据（geographic data）。任何按城市进行的比较分析都需要包括每位律师执业地点的数据。地理指标不是模型的输入，而是用来定义分析的范围。Avvo 网站计算和比较每个城市的律师评级。Avvo 网站拥有每位律师的城市、县和执业州的数据，因此跨县和跨州的比较也是可能的。我们也有邮政编码，可以在城市内按社区进行比较。

（2）机构数据（institutional data）。律师在很多不同的环境下执业。有些人是公司的内部顾问，有些人是独立执业者，而有些人则在非营利机构工作。在某些情况下，有必要对所有类型机构的律师进行评级和比较。而在其他情况下，我们可能只想比较特定机构中的律师。例如，如果逐个城市进行比较的目的是想了解在哪些城市，有法律需求的人可能很难找到律师，当然也就很难找到内部律师或地区检察官。

此外，一些从事法律职业的人根本就没有执业。在我们的数据集中，许多律师并不积极执业，而其他律师则担任法学教授、法官或调解员。Avvo 网站借助法律实践运用数据，利用其收集的实践状态数据，将这些"其他律师"排除在分析之外。

（3）关于执业领域的数据（data on area of practice）。对于每一个声称有执业资料并向我们提供这些信息的律师，我们有关于他们在哪些法律领域执业的信息。具体来说，我们有关于律师主要执业领域的信息，以及他们可能执业的其他两个领域的信息。我们在"父级"（parent）执业领域集合和实际执业领域的层面上拥有这些信息。例如，"父级"执业领域可能是人身伤害，而医疗不当执业问题则是实际执业领域。我们还知道每位律师在多少个不同的执业领域工作，以及在他们的整体业务中用于其主要执业领域的比例。

（4）就读法学院的数据（data on Law School Attended）。对于我们数据库中的每一位律师，Avvo 网站拥有他们获得学位的法律学校。法学院的排名是由《美国新闻与世界报道》报道的最新排名决定的。

（5）颁发执照数据（data on licensing）。Avvo 网站拥有每位律师首次颁发执照的时间数据。这让我们了解到他们可能已经执业多长时间了。我们还知道每位律师已经获得了多少个执照。

（6）委托人推荐数据（client recommendation data）。Avvo 网站有关于每位律师收到的委托人评论数量的数据。大量的委托人评论并不意味着这些评论一定都是积极的。我们可以使用这个变量（"评论数"）来帮助规范委托人评论得分；而不是计算正面评论的数量，因为这可能对那些没有很多评论的律师来说是一种惩罚。我们可以确定收到的所有评论中正面评论的比例。委托人使用"推荐"来代表积极的评价，Avvo 网站有关于推荐每位律师的前委托人数量的数据。

（7）同行认可的数据（peer endorsement data）。对于每位律师，我们有他们从其他律师那里得到的认可数量的数据。

（8）获奖数据（data on awards）。我们知道每位律师所获得的专业奖项的总数，这些奖项由律师提供，或者在某些情况下，在网上公开提供。

（9）关于惩戒的数据（data on sanctions）。律师事务所有关于律师是否被律师协会惩戒的信息。

（10）关于演讲活动和出版物的数据（data on speaking engagements and publications）。我们有关于每位律师向 Avvo 网站报告的发表成果数据。

（11）关于向委托人提供的付款方式的数据（data on payment options available to clients）。由于费用是决定一个人是否雇用律师的重要因素，而负担能力是接近正义的关键，所以我们的分析应包括表明律师愿意与客户合作的数据，并且价格要实惠。作为这方面的代理，我们有关于每位律师是否提供固定律师费支付结构的数据。

（12）关于律师工作职务的数据（data on lawyer job title）。律师在其业务或公司中的地位是成功的指标，因此可能与衡量律师质量有关。所以，我们收集了每位律师的头衔及其执业机构或事务所中职务的数据。

（三）建立模型的考虑因素

鉴于 Avvo 网站拥有丰富的数据，所以该公司面临的挑战是确定如何更好地利用这些数据，对不同地区的律师质量进行比较。前面描述的变量可能都与成为一名优秀律师有关。但也有可能有一两个变量与律师质量无关。或者，它们可能都很重要，但重要程度不同，甚至有一两个变量可能构成成为一名好律师所需的 80%，而其他变量可能构成 20%。在任何情况下，该公司都不能假设律师的评级分数会把这些概念性变量中的每一个都视为具有相同的权重。

例如，把两位律师进行比较。一位已执业很长时间，但客户评价分数一般；另一位执业经验很少，但客户评价分数很高。这两位律师哪位更好？有些人可能会说，经验是使一位律师伟大的原因。另一些人会说，重要的是更多的个人素质，如干劲或对委托人的良好态度。无论你怎么看，都会发现给律师评级不仅需要了解到底什么才是重要的，还需要了解每件事相对于其他事情的重要性。

我们如何得知每个变量对"好"律师排名的相对重要性？有一种方法是使用我们的最佳判断力来得出假设。假设是任何分析的关键部分；它们定义了分析的范围，也使分析的任何限制变得透明。

例如，我们可以根据我们所认为的常识来做假设，颁发执照的年限应该是客户评级分数的两倍。然而，要想令人信服地做到这一点，必须能说出一些理由来证明这一假设。为什么颁发执照的年限更重要？人们可以说，实际从事法律工作的时间是使一个人成为好律师的原因，尽管客户可能对该律师有什么看法。另外，一位律师可能执业多年却做得很差，但谁能比委托他的人更清楚这一点呢？

使用最佳判断的问题是，当涉及新的领域需要理解时，大多数假设都没有令人信服的理由，很容易受到挑战。常识可能并不那么常见，而理由不充分的假设会导致模型和结论受到质疑。

即使我们轻松地将前面的变量按重要性排序，我们仍然不知道任何变量比其他变量的重要性高或低多少。假设我们认为一位律师的客户评论得分是一个更重要的预测良好律师服务的因素（而不是颁发执照的年限），但我们仍然不知道它是否两倍重要、三倍重要等。

当变量的重要性排序可用时，以前的研究可以帮助回答这些问题。研究使我们对模型的假设更有信心。Avvo 网站已经对寻求法律帮助的人进行了相当多的研究。研究告诉我们，从法律消费者的角度来看，委托人评论在帮助决定雇用哪位律师这一方面非常重要。我们还知道，奖项和执业执照的数量影响较小，但颁发执业执照的年限同样重要。

然而，这些具体发现的问题是，这些变量权重将反映每个变量在做出雇用决定时的重要性。我们所追求的是加权，告诉我们每个变量在决定一位律师实际表现如何时的相对重要性。但我们根本没有这方面的正确数据。

我们可以要求法律消费者根据设定的标准来评估他们之前雇用的律师。也就是说，我们可以让法律消费者对每个变量的重要性进行排名，并使用排名分数来计算律师质量。但是，法律消费者怎么会知道是什么成就了一位律师呢？客户知道自己的律师表现如何，但他们不知道为什么自己的律师会以这样的方式工作。这些律师是通过经验被教导如何工作的吗？他们的表现是否主要为个性的产物？法律消费者对于这些是无法知道的。

因为常识可能并不那么普遍，而且以前的研究还不能为每个变量提供正确的权重，所以我们必须使用一种方法为我们提供权重。因此，在计算律师评级分数时，我们依靠统计技术来确定每个变量的重要性，这样我们就知道在计算最后的分数时应该把它们定为多大的比重。

（四）使用"概念性"律师属性的模型及其一般结果

我们的律师评级比较分数（比较不同城市的律师质量）的最终目标是帮助我们确定在哪些城市人们可能最难找到一个好律师。人是这个问题的中心。因此，我们需要确保我们的模型考虑了他们的观点。这不是为了对变量进行排名或加权，而是为了更好地了解如何考量这些变量。

Avvo网站询问法律消费者在决定雇用哪位律师时，什么才是最重要的，"经验"上升到榜首。在任何行业，经验都很重要。但是，更深入地挖掘"经验"在法律职业中的含义，你会得到不同的答案。有些人说，如果一位律师有多年的执业经验，那么他就是有经验的。还有人说，一位只有3年经验的律师，但如果其经验是高度专业化的，其就有资格成为有经验的律师。一位执业20年但跨越多个不同领域的律师，对一些人来说可能是有经验的，但对另一些人来说却不够专业，不能算是有经验。由此可知，"经验"这一概念是主观的。

这个例子表明，法律消费者将律师的属性视为高级概念。"经验""人际关系"和"人际交往能力"是法律消费者看重的律师职业称职性举例。但这些东西是概念，不是变量，是不能直接衡量的。

然而，这些概念可以用构成它们的变量集来衡量。例如，假想一下，"经验"可以通过使用许可年限和从事的实践领域的数量来衡量。例如，一位多年前颁发执照的律师，如果只在家事法律服务领域集合中工作，就可以有适当的数量和类型的经验，被认为是"具有高度的经验"。

正如人们不能假设他们知道哪些变量对成为高质量的律师很重要一样，同样地，人们也不能假设他们知道哪些变量构成了这些高阶"概念属性"。

因此，Avvo 网站使用因子分析技术来探索哪些变量有足够的关联，以至于它们共同构成了一个"概念属性"（统计学家称之为"潜在变量"）。因子分析还允许我们确定哪些变量可能与其他变量没有关联，或者在决定律师质量方面根本不重要。

我们的因子分析发现，有三个概念属性是决定何为优秀律师的关键因素：感知、经验和参与。感知是指委托人对每位律师的看法，这反映在他们的评论中。支撑感知的变量是委托人对律师的平均评价和推荐律师的委托人百分比。经验是颁发执照年限（代表从事法律工作的年限）的组合，律师拥有执照的数量，以及律师在其专业领域获得的奖项数量。参与反映了每位律师在其专业领域的参与程度，即在建立人际网络或扩大服务范围方面。构成参与度的变量是一位律师的出版物数量、演讲次数以及同行认可的数量。

我们还发现，感知对一位律师来说影响最大。这意味着，委托人如何体验、评价和推荐一名律师，比律师在执业年限和所获荣誉方面的实际经验更有力地说明了律师的质量。此外，与同行有关的参与（如法律出版物、演讲和同行认可）涉及大量工作，但可能不会如单纯让委托人满意那样得到回报。

虽然感知最重要，但如果说经验和参与完全不重要，那也是不正确的。事实上，我们的研究结果表明，三者对律师质量都有重大影响，以至于每一项都是律师质量的必要组成部分。因此，得出律师服务质量仅取决于委托人感知是误导的。

这些见解为不同类型的律师提供了深刻的启示。对于那些担忧参与专业领域建立人际网络或出现在行业出版物上的律师来说，只要他们致力于在委托人中创造一个积极的印象，就不会失去一切。他们可以很好地满足参与的基本要求，但不需要在这方面表现出色。经验较少的新律师也不一定处于劣势；他们可以通过更多地参与或在委托人中建立一个积极的印象来弥补自身的经验不足。

剩下的就是理解什么能带来积极的委托人感知。具体而言，律师可以做些什么来提高他们的声誉？如前所述，这是一个主观性评价：一个委托人看重的优异的"临床礼仪"（bedside manner），可能对另一个委托人来说并不重要。委托人体验在很大程度上取决于委托人与律师的良好个性契合。但是，所有律师都可以做一些事情来确保积极的体验。由 Avvo 网站收集的法律消费者调查数据表明，对电子邮件和电话的响应速度可以产生影响：五分之三的美国人说，律师对电话和电子邮件的响应速度是决定雇用谁的重要因素。因此可以想象，大多数人在考虑如何评价或推荐律师时，会把响应速度作为一个积极的属性。三分之一的人表示，律师的肢体语言很重要，但过度的眼神接触和专注会使委托人离开，并导致差评或低评分。四分之一的人说，由律师在电话中的声音可以决定雇用与否。五分之二的人说，律师的接待员或律师助理的行为很重要。

通过对消费者的采访，Avvo 网站一次又一次地听到，专注、投入、感兴趣、关心并有动力做好工作的律师会让他们的委托人感到高兴。此外，有些人说，律师认真负责提供法律服务是最好的；而另一些人说，他们更喜欢那些允许委托人对自己的案件保持一定控制的律师。如果律师能够预先确定每个委托人想要多少参与，并且能够满足委托人的偏好，就可能会在获得高评价和推荐方面做得更好。

归根究底，委托人希望律师关心他们的案件，并愿意做必要的工作以确保最佳结果。这一数据分析证实了许多人的怀疑是真的，但却不敢接受的事实：委托人对律师的看法才是最重要的。经验丰富、发表过文章、通过演讲活动而闻名的律师可能在其行业内拥有很多地位，但这可能并不比良好的、老式的委托人服务更重要。知识肯定在其中占大比重；然而，律师如何传授知识是服务质量的一个关键组成部分。

（五）比较各地理区域的律师质量

了解到感知、经验和参与是优质律师服务的基础，并设计了一个衡量优质律师服务的机制，Avvo 网站下一步将是在全美国应用这一框架，以确定消费者有可能在哪些地方找到最高和最低质量的法律服务。

三、使用数据来确定谁需要法律帮助但却未得到

如前所述，Avvo 网站的一个主要关切是许多有法律需求的人没有得到帮

助。这是一个法律准入问题，是一个关乎正义的问题。与大量律师合作并为其提供帮助的组织（如美国律师协会或像 Avvo 网站这样的法律服务公司）有能力进行大规模的改革，以促进律师介入法律需求以保障人们接近正义。

然而，律师事务所或法律诊所的运作规模较小。每个律师或事务所都可以尽自己的努力接触到更多的法律消费者。总的来说，更多有需要的人可以获得律师的帮助。但是，法律服务机构本质上是企业，就像 Avvo 网站。法律服务机构将更多人与律师联系起来的目标与 Avvo 网站的目标相同，尽管只能在较小的范围内实现。尽管如此，Avvo 网站用来接触法律消费者的数据分析技术也可以被律师用来发展律师事务所及其业务。本节所描述的技术可以被任何律师事务所或实践以杠杆化的方式所利用，以确定营销机会并产生业务增长。

（一）用于分析服务不足市场的人口数据

Avvo 网站的大部分数据分析涉及识别服务不足的市场，或弄清楚如何在正确的时间在正确的市场上产生法律增长。为了做到这一点，我们考虑到人口状况影响到获得法律支持的事实。例如，一个特定地区的人口激增可以扩大市场规模，这意味着更多的人可能需要同样的专业服务。或者，整个人口财富的增加会导致劳动力的减少。由于法律是一个以人为本的行业，所以与其他行业相比，获得法律服务的机会与人口变化的关系更为密切。家庭财富的增加和人口的增长将提高对从房地产到家庭法等一系列法律服务的需求。经济衰退后的复苏通常会导致更多的酒后驾驶案件。可以以此类推。

为了确定服务不足的市场，我们使用美国人口普查局（USCB）的数据。就人口数据的广度、深度和质量而言，没有任何来源可以与美国人口普查局相提并论。Avvo 网站使用美国人口普查局数据创建分析模型，以确定美国特定县的某些法律服务需求率最高，如遗嘱或公司法律服务，但很少有 Avvo 网站的律师从事满足这些需求的工作。我们还确定了特定的在线市场，在这些市场中，改善 Avvo 网站的在线存在，特别是通过谷歌搜索列表排名（自然排名），在流量方面产生了巨大的回报。

我们发现最有用的人口普查变量体现在邮政编码层面。由于邮局和美国人口普查局是不同的公共服务组织，美国人口普查局的邮政编码版本被称为邮政编码表数据集（ZIP Code Tabulation Area，ZCTA）。邮政服务邮政编码和邮政编码表数据集之间的差异在曼哈顿这样人口密集的城市地区最为明显。例如，邮编10005的邮政编码表数据集包括十个邮政编码，其中大部分属于一个街区或高邮件量区域。一个极其本地化的商业可能对邮政编码感兴趣，但大多数企业将对邮政编码表数据集的人口特征更感兴趣。

美国人口普查局还提供人口预测。如果许多公司还没有雇用内部的经济学家，他们会雇用顾问使用人口数据来创建定制的预测。在 Avvo 网站，我们的分析师使用美国人口普查局数据与内部交通和收入数据来估计不同地区和法律实践领域的潜在增长。我们将 Avvo 网站的内部数据来源与外部数据来源（主要是政府的人口普查数据）结合起来，创建了一个 Avvo 网站的现状模型。内部数据是市场层面的流量和广告价值。我们还利用政府的年度经济调查和预测来推测 Avvo 网站的潜在未来状况。

（二）确定市场需求和律师存在的数据分析

相对于法律需求而言，为确定那些缺乏可用的 Avvo 网站的律师的县，我们使用了一种聚类分析技术。聚类算法在数据科学家的研究中很常见，而且经常被用来向新手展示机器学习。一个人在看一个二维图的时候，可以迅速识别分段，即那些看起来聚在一起的数据点。但是，当考虑到几个维度时，算法会在一些关于什么构成集群成员资格的特定规则上进行迭代，直到集群稳定。

图 7.3 中显示了一个聚类的例子。在这里，各县根据"表现"的相似性，或相对于法律需求而言的 Avvo 网站的律师的可得性，被聚类在一起。由于很难想象一个 n 维的图，所以沿公民身份和种族混合轴显示了一个二维的集群。为了说明问题，只显示了六个聚类，尽管最终的模型至少使用了三十个。表 7.1 显示了五个聚类的例子及其一些人口特征。

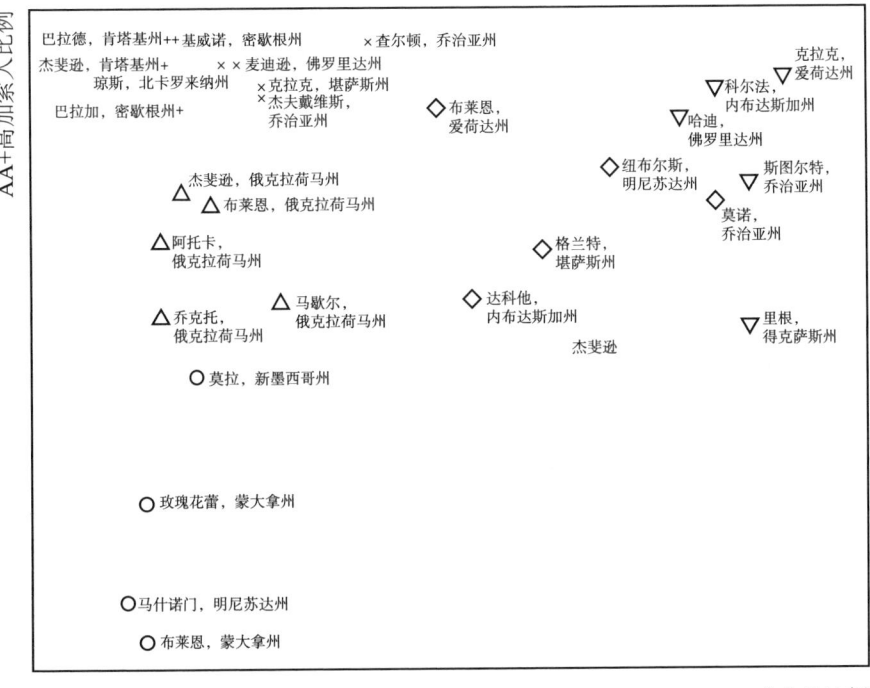

第七章 ║ 量化法律服务质量：来自 Avvo 网站的数据科学课程

```
AA+高加索人比例

巴拉德, 肯塔基州++基威诺, 密歇根州          ×查尔顿, 乔治亚州
杰斐逊, 肯塔基州+    ××麦迪逊, 佛罗里达州              克拉克,
琼斯, 北卡罗来纳州  ×克拉克, 堪萨斯州         ▽科尔法,  爱荷达州
  巴拉加, 密歇根州+ ×杰夫戴维斯,                    内布达斯加州
                    乔治亚州      ◇布莱恩,      ▽哈迪,
                                  爱荷达州        佛罗里达州
         △杰斐逊, 俄克拉荷马州
         △布莱恩, 俄克拉荷马州   ◇纽布尔斯,     ▽斯图尔特,
                                明尼苏达州       乔治亚州
    △阿托卡,                                  ▽莫诺,
      俄克拉荷马州              ◇格兰特,         乔治亚州
                                堪萨斯州
   △乔克托, △马歇尔,
      俄克拉荷马州 俄克拉荷马州  ◇达科他,        ▽里根,
                                 内布达斯加州      得克萨斯州
         ○莫拉, 新墨西哥州              杰斐逊


         ○玫瑰花蕾, 蒙大拿州



         ○马什诺门, 明尼苏达州
            ○布莱恩, 蒙大拿州
                                                    非公民比例
```

图 7.3 颜色代表簇

注：

1. 图中中文译名是美国县及其所在州的名称。

2. 图中的小圆圈、正三角形、倒三角形、菱形各自代表不同数据的聚类。用相同的符号表示的美国县，在法律服务数据方面具有一些类似的特征。

3. 图中的"+""x"等符号各自代表不同数据的聚类。

表 7.1 关于某个县在五个样本聚类的平均特征

集群	收入（美元）	人口（个）	接受教育（百分比）	非公民比例（百分比）	县数（个）
1	30 000	15 619	23	1.8	170
2	87 700	114 108	28	4.4	62
3	50 700	403 318	27	3.9	80
4	53 500	519 500	29	15.3	24
5	64 400	1 783 100	28	13.4	22

由于一个集群中的所有县都有类似的人口特征,所以它们应该有类似的行为和法律需求。为了衡量一个集群内的市场渗透率,我们考虑了正在优化的指标(如人均收入)的数值范围。然后,我们确定了最接近目标百分位数的县(如第 70 个百分位数),并假设商业发展努力可以将所有县提高到这个水平。其结果是对这些县未实现的潜在收入进行预估。图 7.4 说明了这种方法。

加利福尼亚州 亚利桑那州 加利福尼亚州 纽约州   佛罗里达州
圣地亚哥   马里科帕县   洛杉矶   金斯县   迈阿密-戴德县

得克萨斯州
达拉斯县

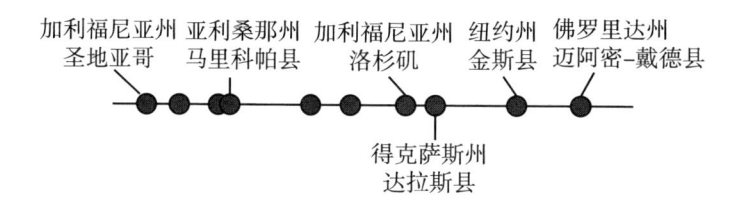

图 7.4　同一人口集中的县

图 7.4 中显示的县属于同一个人口集群。该集群的人在 Avvo 网站上的表现,按人均会话衡量呈现连续下降趋势,从每 10 万 69 次下降到每 10 万 20 次。我们在这个聚类中的第 70 个百分位数的目标是得克萨斯州的达拉斯县。通过达到这一目标,我们可以预估该集群的整体流量将提高 20%。

(三)预测未来法律服务市场需求的数据分析

我们的另一个目标是预测哪些县在未来会出现法律需求的增长,同时也标出那些法律需求可能会下降的县。人口普查提供了五年的预测,这些预测应该用前面提到的方法与律师事务所内部的指标相印证。例如,人口的增加通常表明市场规模的增加,但正在增长的特定年龄组、种族或收入群体有助于确定特定的实践领域。

在这里,从高集成度的数据源获得高质量的数据是最重要的,其超过了建模技术的复杂程度。提高洞察力最好的方法是找到并使用更准确、更全面、更详细的数据(例如,律师处理的实际案件或作为法律实践增长的法院案例,从市级法院到州法院)。

在 Avvo 网站上的案例中,从这个模型中获得的洞察力推动了战略营销工作。与其他数据集的进一步混搭,如搜索引擎优化的排名和 Avvo 网站上的律师简介,为每个县的营销活动提供直接行动,可以增加律师的可得性,以满足未来的法律需求。

（四）分析数据以生成登广告者关注的线索

Avvo网站的一个主要功能是法律服务广告的可得性。律师使用Avvo网站的广告来接触更多的潜在法律消费者。用于发掘和预测市场潜力的数据也可用于产生直接的广告销售线索。与美国个人信用评级法创建信用度分数的方式相同，历史客户数据与人口统计学数据相结合，可用于创建风险分数、线索分数，等等。这是在规模和速度上的判断，也是每个销售人员在考察潜在线索时应该做的事情：决定是否可以安全地提供信贷，以及在发展长期关系时投资多少才是合理的。

公司用客户的终身价值（lifetime value，LTV）来衡量业务的价值。律师事务所同样可以从了解其客户的终身价值中获益，特别是由于某些实践领域的一些客户提供了重复的业务，而其他客户可以成为优秀的转介来源。对律师来说，一个有经常性法律问题的人可能比普通的守法公民有更高的长期价值。一个在结构健全的基础上正经历经济繁荣地区的生意人，比住在历史上经济萧条地区的人有更高的终身价值。

真正客户的终身价值是很难事先计算的。有一种方法是通过计算近期的潜在价值或"领先分数"（lead score）来近似计算终身价值。人们可以确定具有高价值的实践领域和地区。然后，可以预测这些群体中哪些人有可能将其业务扩展到新的业务领域。每个律师事务所的增长可能性以及为实现增长目标而进行广告宣传的可能性也可以被预测出来。

该模型产生了各种市场潜力分数（market potential scores）。基于当前市场渗透率和广告价值的得分是直接构建的，不需要任何机器学习。基于未来市场潜力的得分可能会考虑到经济预测，但更重要的是，它包含了前面描述的因素。这可以立即评估哪些市场和客户具有最佳的销售潜力。

该模型还使用一种称作协作过滤（callaborative filtering）的技术生成了一个律师评分（lawyer score）。它使用一个统计模型来确定一个律师的哪些活动是增加在线营销和广告的预测因素。所用的模型是一个标准的统计模型，称为多变量回归。它采用几个潜在的预测因素，将它们与要预测的指标相关联，并根据这种相关性的强度，给预测因素分配一个权重。像这样的模型有几十个变量作为输入,输出可以有两种形式:一是增长与否的二元指标;二是表明未开发潜力大小的数字输出。

为了使这个模型有用,必须满足几个统计要求。其中之一便是预测因素必须是独立的:预测变量不能相互关联。例如,评论的数量和律师的任期是高度相关的,所以在模型中只应使用其中一个变量。

市场优先权得分(market priority score)和律师评分相结合,得出最终的"领先分数"。这是一个本身不容易解释的数字,但与其他分数相比,可以用来为任何特定事项创建一个律师的排名列表。

该模型有一个启发式组件(见表7.2)。已经生成分数的律师按领先分数降序排列在下面,但有丰富的信息可以解读:广告商可能感兴趣的地区、可能相关的实践领域、优惠券或促销活动是否可能使决策发生倾斜,等等。因此,输出结果可能看起来像这样。

表7.2 最终领先分数

姓名	领先分数 (A~D)	市场分数 (A~D)	律师评分 (A~D)	现有市场	潜在新市场	理由
某甲	A	A	B	不动产——巴尔的摩	未知	高增长市场
某女	A	C	A	人身伤害——北芝加哥	车祸——北芝加哥	高终身价值,上升趋势

列表的解释更多取决于输入模型的数据而不是数学算法。数据是基于当前的条件,所以输出结果也是关于当前条件的潜在结果。为了更接近终身价值,应该用对市场潜力的预测来代替。而且模型中的律师评分部分在综合模型中的权重可能会降低。

四、结论

本章所描述的技术已被证明对Avvo网站在法律领域中的导航非常有用。这些技术可能并不完全适合每一个实践的业务需求,但它们确实提供了一些创新的思维方式,即如何在一个充满数据的世界中寻找并管理数据。鉴于营销和业务发展取决于证明你有一个好的产品(即高质量的律师),Avvo网站用来识别高质量律师的技术,对于试图说服潜在的委托人聘用他们的律师事务所来说是很有用的。尽管 Avvo 网站用来识别市场和销售潜力的聚类和回归技术可能与每个律师事务所的营销策略不直接相关,但它们至少提供了独特的思考数据的方法,利用这些数据以杠杆的方式优化营销和广告支出。

Avvo 网站的愿景是,如果这里提出的方法不直接与每一个实践相关,那么这些技术背后的想法应与每一个实践相关。归根结底,如果数据分析能促进每个独特业务的真正增长,那么它就能发挥作用。每家公司都必须做出自己的决定:什么类型的数据是最有价值的,以及什么类型的方法论能够指向最有价值的答案。但有一点似乎是普遍肯定的:完全忽视数据会使律师事务所在法律市场上处于严重劣势。

第八章

用大数据揭露大偏差：线性回归导论

大卫·科拉鲁索[①]

目次

一、"大"数据

二、数据的整理和探索

三、创建模型

四、寻找特征

五、最佳拟合线（回归分析）

六、对数值

七、曲线（拟合多项式）

八、统计学显著性

九、多维度分析

十、发现

十一、警示语

丰富的数据和廉价的计算为计算机科学和统计学的传统工具注入了活力。在数据科学的名义下，它们承诺只要得到正确的输入，就能揭示出未曾见过的模式，测试直觉，预测未来。虽然这看起来可能像魔术，但其实并不是。以下是对数据科学幕后的窥视，是一个有关如何做的案例研究。这是一个参与的邀请，是对统计学最受欢迎的工具之一的非技术性介绍，就像许多好的案例研究一样，它从争议开始。

---

① 本章改编自2016年5月21日《律师》期刊的文章《用大数据揭露大偏见》，访问网址：https://lawyerist.com/big-bias-big-data/.

第八章 ‖ 用大数据揭露大偏差：线性回归导论

不久前，我的两位同事正在争论刑事正义系统中哪个问题更大：是对有色人种被告的偏见，还是对贫穷被告的偏见。我的第一个倾向性建议是，如果有合适的数据集，我们可以解决这个争议。②（我是一名律师，后来成了数据科学家，这确实是我的第一个想法。）话虽如此，本·舍恩菲尔德（Ben Schoenfeld）的一条推文中神奇出现了正确的数据集（见图8-1）。③

> 本·舍恩菲尔德
> @oilytheotter
> 2003弗吉尼亚刑事地区法院案件现在可以批量下载，并且不断更新！virginiacourtdata.org #opendata
> 8:35 PM · 2016年3月21日

图8.1 本·舍恩菲尔德的推文

下面的故事讲述了我如何利用这些案例来探索根据什么因素能更好地预测被告的结果：是种族还是收入。本章不是总结我的发现，尽管你会在这里找到总结。这里有一些方程，你可以安全地浏览它们，而不会遗漏太多。因为这里提出的是一个玩具模型，是一个为了更好地理解问题而建立的过于简化的结构。它并不是一个问题的最后正式的答复，而是一段更长旅程的第一步。特别注意图表有助于把握本章内容。

一、"大"数据

律师依靠的是直觉。这是我们如何"知道"一个案件是否应该进入审判阶段的。但所有的直觉都是基于统计，是经验和观察的产物。不幸的是，它也会受到各种认知偏差的影响。"大"数据有望通过检查我们的直觉来帮助克服这些缺点。④

---

② 值得注意的是，我这里描述的工作是在我自己的时间里完成的，并不代表我的雇主的意见。

③ 正如他的网站http：//VirginiaCourtData.org清楚表明的那样，这些数据背后有一个不错的故事，我向本致敬，尽管在发布的细节上存在一些分歧，但他使这些数据可使用。See note 4. Thank you Ben. The tweet can be found at https：//twitter.com/oilytheotter/status/712075191212441600.

④ 根据我的经验，大多数数据分析从业者对"大数据"这个术语持矛盾态度，只有少数机构处理真正的大数据。大多数时候人们说到大数据时，他们真正谈论的是足够多的数据可以进行有用的统计分析，因此就有了引号。

为了帮助回答哪个问题更大（是对有色人种被告的偏见，还是对贫穷被告的偏见），我筛选了弗吉尼亚州数百万个法庭记录。⑤ 假设你有一些变量的集合，并且怀疑其中一个变量取决于其他变量。你如何检验你的怀疑？一句话：使用统计学！

对眼前的问题，我们的数据至少应包含三种类型的信息：

（1）被告的种族。

（2）被告的收入。

（3）对结果的某种一致的衡量。

有了足够的数据，我们可以看看当种族和收入发生变化时，结果是否发生变化。也就是说，我们可以看看是否有任何相关性。结果被称为因变量，种族和收入是自变量，我们称这些变量为特征。

如果我们得到可能影响结果的其他因素的数据，那么也需要这些数据。一般来说，特征越多越好，因为我们可以控制其影响。⑥ 例如，我们也许应该知道一些关于指控的严重性。否则，如果我们发现结果（如判决）随着被告收入的增加而下降，我们就不会知道这到底是因为法院明显对穷人有偏见，还是因为富裕的人没有被指控犯有严重的罪行而从未真正面临不好的结果，如图8-2所示。

---

⑤ 作为一名刑事辩护律师，我很清楚这样一个数据集带来的复杂性。你能汇总数据并不意味着你就应该汇总。这里使用的数据是从包含被告姓名在内的可公开访问的法庭网页中汇总的。这些网页的内容实际上是公共记录。然而，本谨慎地将被告的名字隐藏在单向散列后面，法院也有足够的远见，在一定程度上混淆了被告的出生日期。不幸的是，这并不排除未来可能会对这些数据进行去匿名化处理。我会选择进一步模糊一些数据，以使去匿名化更加困难，我与本分享了一些进一步模糊数据的建议。很明显，他认真考虑了让这些数据更容易获得的意外后果，因此他努力模糊被告的名字。同样明显的是，他觉得让这些公共数据（从它们是公共记录的意义上说）更容易获取符合明显的公众利益，他例举了几个他认为模糊的数据会让发现系统中的不公正变得更难的案例。我提供了几个假设，说明了我认为需要模糊更多数据的信念背后的担忧。我们都同意，除非完全同态加密，否则真正的匿名化是不可能的，而且让这些数据的一部分比在现有的法院界面中更容易访问是符合公众利益的。我们的分歧在于，这些数据是包含全部数据，还是只包含一部分数据。他留下了是否会进一步清理数据的问题，但他明确表示，他无意在不久的将来这样做。因此，在脚注8中引用的补充材料中，我没有将原始数据包含在内。

⑥ 然而，当有很多潜在功能时，一些特殊问题就会突然出现。See e. g., https://en.wikipedia.org/wiki/Curse_of_dimensionality.

我曾认为关联推导出因果关系。	然后我上了数据课,现在我不这么认为了。	这个数据课听上去很有用。可能如此。			

图 8.2 影响因果关系的其他因素

来源：xkcd 的"相关性"。参见：https：//xkcd.com/552/.

二、数据的整理和探索

本·舍恩菲尔德的数据基本上是一组电子表格。每一行都是一个刑事指控，每一行都有大约 47 列与之相关。表格的样子如图 8-3 所示。

Charge	ChargeType	Clas	CodeSection	Commencedby	ConcludedBy
ROBBERY: RESIDENCE	Felony	U	18.2-58	Indictment	Guilty Plea
ROBBERY: RESIDENCE	Felony	U	18.2-58	Indictment	Guilty Plea
ROBBERY: RESIDENCE	Felony	U	18.2-58	Indictment	Guilty Plea
RAPE	Felony	U	18.2-61	J&Dr Appeal	Trial - Judge With Witness
RAPE #1	Felony		18.2-61(A)(II)	Direct Indictment	Trial - Judge With Witness
FIRST DEGREE MURDER	Felony	1	18.2-32	Other	Trial - Jury
ROBBERY	Felony	U	18.2-58	Indictment	Trial - Judge With Witness
OBJECT SEXUAL PENETRATION	Felony		18.2-67.2(A)(2)	Direct Indictment	Guilty Plea
ROBBERY	Felony		18.2-58	Indictment	Trial - Judge With Witness

图 8.3 刑事指控数据表格

我要告诉你一个秘密：数据科学家的大部分时间都花在清理和连接数据上，有时也被称为数据的整理（data wrangling）或数据的处理。这并不有趣但却是必要的，因为这是一个需要你清楚自己在寻找什么的过程。

我立即扫描了数据，包括种族、收入、严重性和结果。有一栏列出了被告的种族，但没有收入栏。⑦ 幸运的是，数据集包括被告的邮政编码，由于 2006—2010 年美国社区调查（American Community Survey）按邮政编码列出

---

⑦ "种族"一栏列出了六种类别：美洲印第安人、亚洲或太平洋岛民、黑人（非西班牙裔）、西班牙裔、白种人（非西班牙裔）或其他。然而，我不知道法院用什么标准来确定被告的类别。此外，我发现这些类别划分似乎是种族和民族的合并，但同样，这些是法庭数据中提供的类别。在本文中，你会看到这些标签被简称为土著、亚洲人、黑人、西班牙裔、高加索人和其他。

了平均收入,所以我可以对被告的收入做出有根据的猜测。⑧ 我只是假设被告的收入是其所在地区的平均收入。数据并不完美,但我们也不要求数据完美。我将会在后文解释原因。

三、创建模型

所有的模型都是错的,但有些是有用的。

——乔治·博克斯(George Box)

你可能还没有意识到,但我们即将建立一个统计模型。当评估一个模型是否有用时,我倾向于记住两件事:

(1) 总是问"与什么相比"?

(2) 始终牢记,模型的输出应该是讨论的开始,而不是结束。

现在,我们是在黑暗中操作。对于被告的种族或收入是否能更好地预测结果,我有一个猜测。我打赌你也有自己的猜测,但我们有理由怀疑我们的猜测。在我们建立一个模型之后,我们会了解更多。然后,我们可以利用模型的输出来推动对话的进行。这就是人们所能要求的最多的东西。诚然,我做了很多假设,也欢迎你们提出不同意见。事实上,我已经在 GitHub(一个软件项目托管平台)上分享了我所有的工作,包括计算机代码,并邀请你对它们进行改进。⑨ 这就是科学的运作方式。当本章所依据的博文首次发布时,我收到了很多有思想的反馈。有人甚至发现了我代码中的一个错误,于是我修改了结果,减少了估计的效应大小。⑩

需要再次指出的是,我们是在为洞察力做模型,并不是期望用模型来预测未来。相反地,我们正试图弄清楚事情是如何相互作用的。我们想知道,当我们改变被告的人口统计学,特别是种族或收入时,结果会发生什么变化。确切的数字并不重要,重要的是一般性趋势和如何进行比较。

---

⑧ 假设将我的分析限制在 2006—2010 年的数据中,我实际上也是这么做的,这样就限制了使用弗吉尼亚巡回法院的数据。

⑨ *Class, Race, and Sex in VA Criminal Courts. ipynb* as linked to from https://github.com/colarusso/measured_justice.

⑩ 参见原文,附我的修改说明,supra note *.

四、寻找特征

接下来，我必须弄清楚如何衡量一个案件的严重性。数据列出了指控类型和等级（如一级重罪）。⑪ 在理想情况下，我想把所有的犯罪放在同一个严重性的标尺上。因此，我对所有可能的组合进行了排序，并将它们从 1 到 10 编号。⑫

这就是我陷入第一个混乱（"兔子洞"）的地方。

我花了很长时间试图将这十种指控类型映射到一些严重性的谱系上，但制裁是多方面的。我试图将可能的刑期时长与可能的罚款结合起来，以得到一个代表指控严重程度的单一数字。我来自马萨诸塞州，并一直在寻找类似于我们量刑指南中使用的严重性水平排序的东西。然而，最后我意识到过于复杂的评级并没有真正改善模型（特别是它的 R^2，我们将在后面讨论这个问题）。

数据包括多种结果，包括刑期、缓刑信息及罚款和费用的核算。

再一次，我花了一些时间试图找出如何结合这些结果，然后想起某位圣贤关于系统设计的建议：保持简单，保持愚钝。

因此，我选择用自己认为最突出的措施来定义结果：以天为单位的刑期。⑬

---

⑪ For a description of these labels, see *Virginia Misdemeanor Crimes by Class and Sentences* and *Virginia Felony Crimes by Class and Sentences*, available at www.criminaldefenselawyer.com/resources/virginia‐misdemeanor‐crimes‐class‐and‐sentences.htm at and www.criminaldefenselawyer.com/resources/criminal‐defense/state‐felony‐laws/virginia‐felony‐class.htm respectively. 如果查看数据，你还会在类别列下看到 U 级指控。这些是非分类指控，有自己的量刑范围，与标准类别分开。

⑫ 这不包括 U 级指控。See note 10.

⑬ 你可能会注意到，当我们在下文研究罪行严重性和刑期之间的关系时，一些三级和四级轻罪与监禁时间有关，尽管事实上这些罪行只涉及罚款。See *Virginia Misdemeanor Crimes by Class and Sentences*, available at www.criminaldefenselawyer.com/resources/virginia‐misdemeanor‐crimes‐class‐and‐sentences.htm. 在我所能找到的案件中，这些判决与弗吉尼亚法院案件信息网站上的信息一致。available at http://ewsocis1.courts.state.va.us/CJISWeb/circuit.jsp, respectively. 所以，这似乎不是本收集数据时产生的问题。我想到了一些可能的解释，例如，公共场合醉酒是四级轻罪，但随后的违法行为可能会导致入狱。See www.criminaldefenselawyer.com/resources/criminal‐defense/misdemeanor‐offense/virginia‐publicintoxication‐laws‐drunk‐publ. 也有可能存在数据输入错误。例如，当管辖法明确规定该指控实际上是一级轻罪，但却将其错误分类为三级轻罪，这是我在法院数据中看到的。无论这些潜在错误的原因是什么，它们似乎都是例外而不是规则，而且在没有直接接触法院质量控制方法和措施的情况下，我只能从表面看待这些数据。如果它们实际上是错误的话，希望我们处理数十万个案例意味着 134 个异常值，因为这样不会对我们的结果造成太大的偏差。

还有一个与被告人口统计学有关的变量,即性别,我把它也包括在内。[14]我本可以通过前几年的数据来构建被告的犯罪历史和无数其他特征,但鉴于我的问题是针对种族和收入对结果的影响,所以我满足于主要关注这些特征与严重性。

因此,人们可以利用这些数据做更多的事情,我确信这正是本·舍恩菲尔德在编纂这些数据时希望看到的结果。探索的工具可以在前面提到的GitHub库中找到。[15]

既然如此,我们准备探讨种族、收入、严重程度和性别如何影响刑事案件的结果。

五、最佳拟合线(回归分析)

如果你上过统计学课程或者读过本章的标题,就能预知下一步的到来。对于那些因为不喜欢数学而成为律师的人,让我们把事情放慢。

现代科学的核心是有一类工具被称为线性回归分析。你可能至少听说过其中一种。例如,这是我对弗吉尼亚州法院数据的一个子集进行的线性回归分析。

从根本上来说,线性回归关注的是寻找最佳拟合线。在图8.4中,我们正在绘制一项指控的严重程度与一定天数内的判决数量。数据中的每一项指控都被绘制出来,并由计算机画出一条线,使其与每个数据点之间的距离最小。这些点相互覆盖,所以很难感觉到它们是如何分布的。为了帮助解决这个问题,我们可以用一个有代表性的"点"代替所有具有相同 x 值的数据点。图8.4显示了与前面提供的数据相同的数据,但它将数据点分组,在其成员的中心用柱形图表示其95%的成员落在哪里。

---

[14] VA数据列出的是二元性别而不是性别,所以我在这里仅限于这样的分类。
[15] Supra note 8.

$R^2=0.121689$

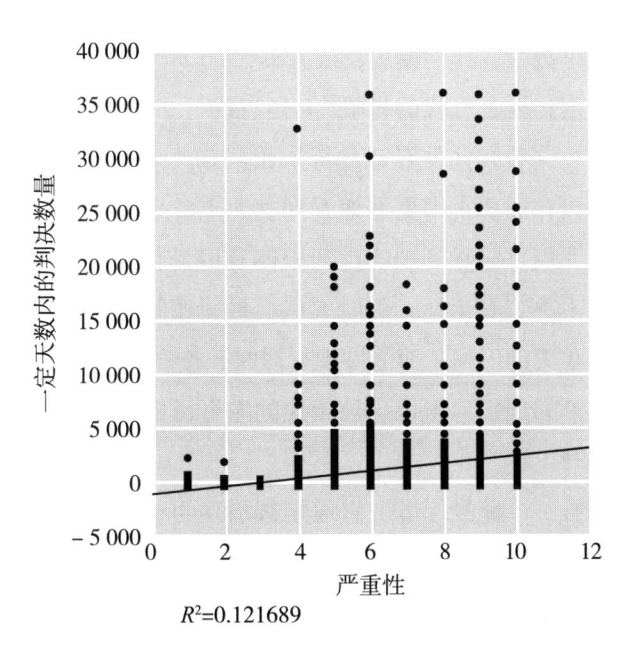

图 8.4 线性回归（所有数据点）

因此，y 轴的刻度不同。然而，在图 8.4 和图 8.5，我们可以看到，随着指控的严重程度增加，刑期也在增加。这些线可以让我们给出一个确切的数字。

$R^2=0.121689$

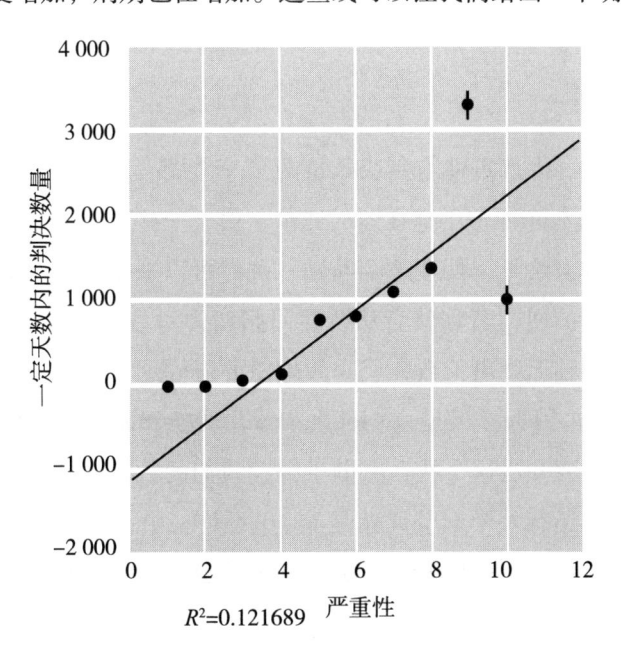

图 8.5 线性回归（代表性点）

为了得到这个数字，我们使用直线方程，$y = mx + b$。其中，y 是刑期；x 是指控的严重程度；m 是直线的斜率；b 是直线与 y 轴的交叉点。

你会注意到，这条线并没有穿过每个数据点。事实上，这些数据似乎非常嘈杂。我们可以在图 8.4 中更好地看到这一点。生活是混乱的，但通过绘制每个数据点，我们可以看到现实生活中固有的变化。值得庆幸的是，一项指控的严重性并不决定其命运。有时人们会被无罪释放，案件被驳回。这两种情况都会导致 0 天的刑期；而当发现有罪时，往往会存在情有可原的情况，导致最高刑期以外的刑罚。因此，被指控的罪行可能会让你入狱 1 年，但并不意味着你会离开 1 年。

对这种噪声有一个衡量标准。它通常被描述为一个数字，表明你的模型（最佳拟合线）在数据中解释了多少变化。它被称为 R 平方，在图 8.4 中，模型大约占了 12% 的变化。也就是说，$R^2 = 0.121689$。每个数据点都落在直线上的完美拟合将产生 R^2 为 1。我们习惯于思考平均数，在某种程度上，最佳拟合只是告诉我们沿着数字线的每个值的平均数。⑯ 然而，值得注意的是，我们的数据有点特殊，因为指控的严重程度总是 1~10 之间的整数。这就是为什么我们看到那些漂亮的柱形图。

六、对数值

如果我们看一下严重性与判决数量的第一个图（图 8.4 "线性回归：所有数据点"），所有东西似乎都在图的底部，由于一些原因，这并不理想。幸运的是，有一种方法可以处理这个问题。我们可以采用数据的对数。当我们这样做时，我们的回归名称就会从线性回归变为对数线性或对数正态回归。我们不能再从 y 轴上读出天数，但是如果想要得到这个数字，可以通过 e 的 $\log(days)$ 次方 [即 $e^{\log(days)}$] 将 $\log(days)$ 转换回 $days$。不懂对数也没关系，重要的是，要知道这个技巧有助于解读我们的数字；如果需要，我们也可以撤销变换。还有一个细节，就是 $\log 0$ 不是一个有限数。由于许多案件（例如，判决驳回和无罪释放）的判决刑期等于 0，所以我将取 $\log (1 +$ 刑

---

⑯ 真正发生的数字线被称作普通最小二乘。

期)。这改变了 y 轴上点的分布,它们将不再聚集在底部附近。

数据很好,现在已经分发出去了,如图 8.6 所示。请注意,左侧所有数据点图中,我们的最佳拟合不会穿过数据点的黑暗区域,因为它被我们底部的无罪释放和驳回所拖累。

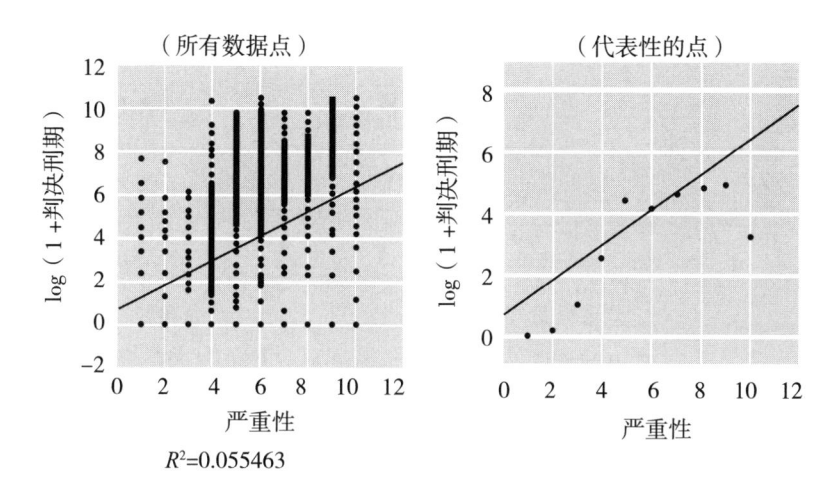

图 8.6 对数线性回归

现在,你不可能总是用一条线来拟合数据。有时它是一条曲线,有时根本没有模式——没有信号可以抓住。这种情况下,R^2 非常低。

七、曲线(拟合多项式)

如果你想绘制除直线之外的曲线,可以在你认为最适合的方程式中添加指数。这样的方程被称为高阶多项式(见图 8.7)。直线是一阶多项式(即 $y = mx + b$),而抛物线(即 $y = ax^2 + bx + c$)是二阶多项式。你可以通过加 x^3 得到三阶多项式,通过加 x^4 得到四阶多项式。多项式之所以有用,是因为每增加一项就会得到一个新的曲线。所以我们不局限于拟合直线。例如:

这些曲线的便捷获取对模型的拟合提出了一个有点明显的挑战。当我们想象越来越多的曲线时,是什么阻止了我们去拟合一条直接穿过每个数据点中心的曲线?是判断。

数据科学家可能会对这样的拟合表示怀疑,特别是认为它不可能具有普遍性。如果你把这样的模型应用于新的数据,它很可能会崩溃。一般来说,当对数据进行曲线拟合时，除了"它拟合得更好"，还应该有其他原因，因为人们总是可以通过"连接点"的游戏使曲线拟合得更好。

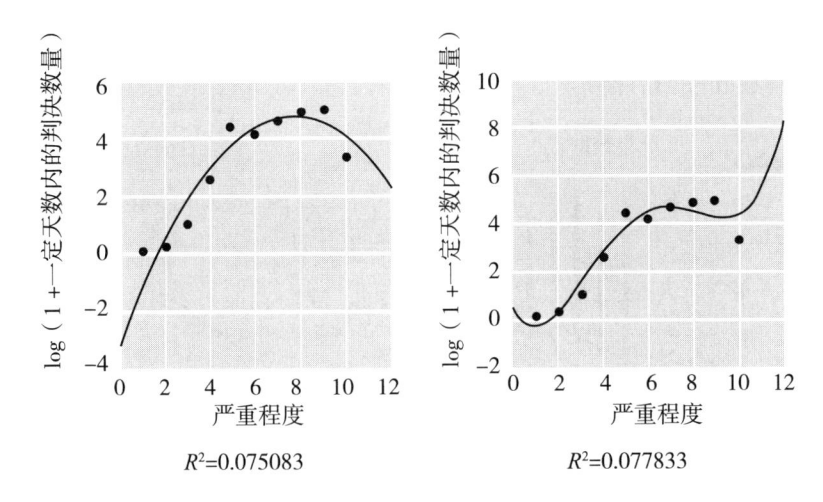

图8.7　二阶多项式回归与四阶多项式回归（代表性的点）

例如，可以通过罚款或监禁来惩罚的犯罪与仅通过监禁来惩罚的犯罪不同，当你从一种类型过渡到另一种类型时，其严重性就会上升。因此，你不会期望所有指控类型之间存在线性关系。相反，你可能在寻找一个"曲棍球棒"形状的曲线。也就是说，你应该只在有很好的理论理由的情况下使用曲线拟合。

若你积极地拟合模型，而拟合结果并不反映现实，那么我们称之为"过拟合"（overfitting）。为了帮助避免这种诱惑，我们需要检查自己的工作。基于数据进行拟合的过程被称为训练，标准的做法是在一个数据子集上训练一个人的模型，然后针对不同的子集测试该模型。这样你就可以确定自己的模型是可推广的，并且可以避免过拟合的陷阱。这种测试被称为交叉验证，就像数据的整理一样，它是整个过程中的一个重要步骤。

八、统计学显著性

我们如何知道一种相关性是否真实？事实证明，这很难确定。相反，统计学家会问："如果没有相关性，我们看到这些或更极端结果的可能性有多大？"

对这个问题的答案，应该按特征划分，就是一个叫作"P值"的东西。对"P值"意义的深思熟虑的解释超出了本章的范围。然而，你应该知道它们的得分就像打高尔夫得分一样：低值比高值好。如图8-8所示，这个分数经常被用来帮助确定某些东西是否有意义。⑰

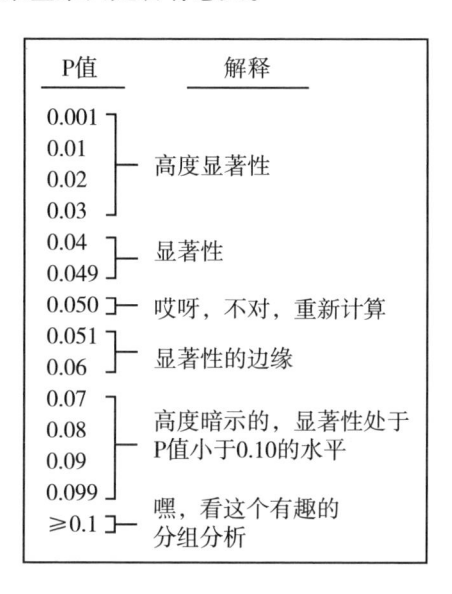

P值	解释
0.001 0.01 0.02 0.03	高度显著性
0.04 0.049	显著性
0.050	哎呀，不对，重新计算
0.051 0.06	显著性的边缘
0.07 0.08 0.09 0.099	高度暗示的，显著性处于P值小于0.10的水平
≥0.1	嘿，看这个有趣的分组分析

图8.8 有特色的图："P值"

来源：网络漫画网站xkcd，参见：https：/xkcd.com/1478/.

前面给出的各种模型中严肃性的"P值"相当好——远低于0.05。这并不奇怪。我们真正想知道的是种族、收入和性别是如何衡量的。那么，当你处理的不仅是严重性问题时，最佳拟合是什么样子的？如果我们把收入考虑进去会怎样？

九、多维度分析

现在你所看到的是严重程度、平均收入与对数log（1+天数）的关系图（见图8.9）。我们现在看到的不是一条最佳拟合线，而是一个最佳拟合平面。如果你仔细观察，就可以看到，事实上，收入确实与结果相关，只是这种相

---

⑰ 然而，算好的P值取决于上下文。例如，在大多数社会科学研究中，当P值小于0.05被认为是显著的，理学家坚持认为P值为0.0000003。

关性是反方向的。也就是说，你的收入越高，刑期就越短。

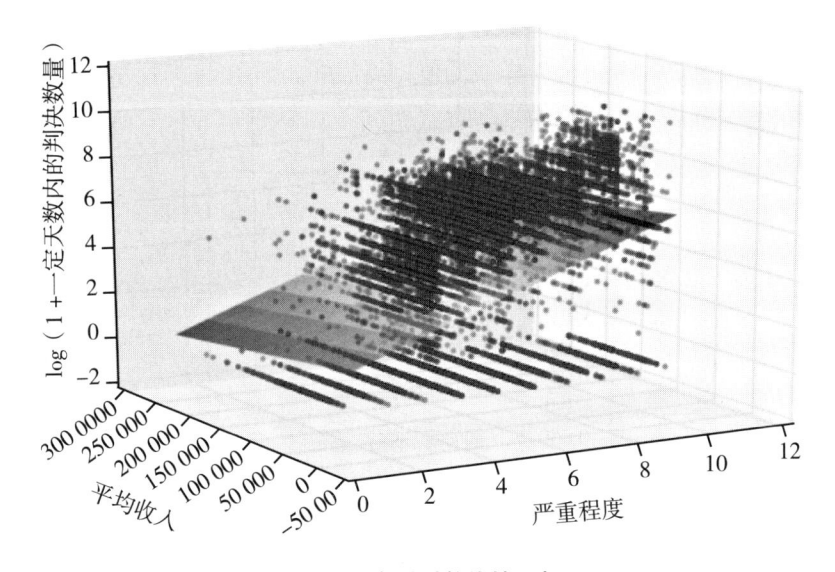

图8.9　多重对数线性回归

像以前一样，我们可以用数学来量化最佳拟合。然而，在这种情况下，我们使用平面方程（即 $z = ax + by + c$）。当然，就像之前一样，我们可以将曲面拟合到我们的数据中，也可以扩展我们考虑的特征的数量。随着特征的增加，维度也增加，我们的最佳拟合就会进入 n 维几何空间。虽然可能很难形象化，但希望它足够容易理解。我们只是在做更多相同的事情。如果我们不担心曲线拟合情况，我们只是在每一个新的特征或者说维度上增加两个变量，如 $x' = ax + by + cz + d$。

同样地，最佳拟合是告诉我们类似于沿两个轴的每个值的平均值，严重性和收入。这隐含地包括它们的所有组合。是的，高收入对应着较低的刑期，但指控的严重性要重要得多。

值得注意的是，我们的种族和性别数据与其他数据不一样，因为它们不属于同一个数字尺度。为了设法解决这个问题，我们把它们转换成二进制变量的集合。例如，我在数据中添加了一列，叫作"男性"。如果客户被确认为男性，它就是1；如果客户被确认为女性，它就是0。同样地，除了高加索人，数据中定义的每个种族都有一列。如果客户被确认为白种人，所有这些列都将是 0。也就是说，我们模型的默认种族是白种人。

现在我们对所有特征进行回归分析。

十、发现

表 8.1 提供了回归输出的摘要。还记得 P 值吗？它们都非常低！尽管 R^2 不是很大（6%），但生活确实是凌乱的。[18] 如果种族、收入、性别和指控的严重性能 100% 地预测案件的结果，我就会质疑律师的作用在哪里了。那么，这些数字的其余部分意味着什么？

表 8.1　回归输出摘要（一）

副变量	np.log（1 + 判决所需天数）	R^2	0.060
模型	OLS	调整的 R^2	0.060
方法	最小二乘法	F 统计量	2008
日期	2016 年 6 月 1 日星期三	概率（F 统计量）	0.00
时间	03:00:52	对数似然	−5.7139e+05
观测数量	221 902	Akaik 信息准则	1.143e+06
自由度残差	221 894	准信息准则	1.143e+06
自由度模型	7		
协方差类型	非健壮的		

那么，表 8.2 中的相关系数（correlation coefficient）一栏告诉我们对某一特定变量的最佳拟合斜率。[19] 也就是说，它们告诉我们一个特征（如种族）与因变量（如判决数量）的相关性有多大，在什么方向。[20] 可以看出，被告的种族与刑期正相关，与收入负相关。

下面是我们的模型，可以归结为一个方程式。

$$S = e^{\beta + \beta_1 x_1 + \beta_2 x_2 + \beta_3 x_3 + \beta_4 x_4 + \beta_5 x_5 + \beta_6 x_6 + \beta_7 x_7 + \beta_8 x_8 + \varepsilon}$$

---

[18]　我测试了许多不同的模型。See note 8.

[19]　如果你对所有其他数字的含义感到好奇，可以查看 Python 的线性回归，访问网址：http://connor-johnson.com/2014/02/18/linear-regression-with-python/.

[20]　从技术上而言，1 + 句子的 log，单位是天。

表 8.2 回归输出摘要（二）

	相关系数	标准差	t	$P>\|t\|$	95% 的置信区间
截距项（常数）	0.4995	0.057	8.778	0.000	0.368 ~ 0.611
严重程度	0.5659	0.005	112.764	0.000	0.556 ~ 0.576
男性	0.3273	0.015	21.341	0.000	0.297 ~ 0.357
平均值	$-4.166\text{e}-06$	$2.84\text{e}-07$	-14.680	0.000	$-4.72\text{e}-06$ ~ $-3.61\text{e}-06$
黑人	0.3763	0.050	7.503	0.000	0.278 ~ 0.475
拉丁美洲人	0.3660	0.072	5.051	0.000	0.224 ~ 0.508
亚裔	0.1657	0.050	3.728	0.000	0.068 ~ 0.263
印第安人	0.3606	0.224	1.735	0.063	-0.050 ~ 0.826
其他	-0.8171	0.097	-6.389	0.000	-1.008 ~ -0.626

D 是我们与收入数据相结合的法庭案件数据集。

S 是刑期再加一天。

相关系数 $\beta_1 \sim \beta_8$ 是分别由对应于特征 $x_1 \sim x_8$ 的数据集 D 的普通最小二乘（OLS）回归确定的系数，β 等于截距。这些值以及 P 值和其他汇总数据可以在表 8.2 中找到。[21]

ε = 上述普通最小二乘回归的一些随机误差。[22]

x_1 = 指控的严重性。

$x_2 = 1$，被告为男性；否则为 0。

x_3 = 被告邮政编码区的平均收入，作为其收入的替代。

$x_4 = 1$，被告是黑人（非西班牙裔）；否则为 0。

$x_5 = 1$，被告是西班牙裔；否则为 0。

$x_6 = 1$，如果被告是亚裔或太平洋岛民；否则为 0。

$x_7 = 1$，被告是美洲印第安人；否则为 0。

$x_8 = 1$，被告为其他地域的人；否则为 0。

---

[21] Supra note 19.

[22] 详情参见 *Forecasting from Log – Linear Regressions*，available at http：//davegiles.blogspot.com/2013/08/forecasting-from-log-linear-regressions.html.

这些相关系数显示了我们的特征产生了多大的影响。

这一切都告诉我们，一个弗吉尼亚州的黑人要获得与白人同等的待遇，他每年的收入必须多九万美元。[23]

美国印第安人和西班牙裔也有类似的数额，而亚洲人则要每年多挣四万五千美元才能获得白人同等的待遇。

我们的问题的初步答案似乎是，基于种族的偏见是相当大的。同样值得注意的是，身为男性也没有什么帮助。

由于 R^2 非常低，所以并不是说黑人身份是作为被告接受正义的一个不可逾越的障碍。我们的模型只占了在数据中看到的变化的6%。因此，值得庆幸的是，其他因素要重要得多。希望这些因素包括案件事实。

然而，很明显，有色人种被告的刑期要比白人被告的刑期长。

相关性不是因果关系。[24] 严格来说，我们只是在谈论2006—2010年的弗吉尼亚州刑事巡回法庭。但我猜测，我们会在其他司法辖区或时间段找到类似结果。因此，让我们开始寻找这些数据集。

你可能已经注意到了我将其称为试探性回答。这就是科学的本质。更重要的是，这是一个玩具模型，主要是为了让普通观众能够理解它。这样读者就会明白数据科学是如何回答这类问题的，就会知道它并不是魔术。本章的主要目标是教授线性回归。它不是一篇关于正义系统中收入和种族的学术文章。

也就是说，对于推动我们调查的问题，我们比开始时知道得多。因此，我愿意在不附加具体数字的情况下阐明以下工作理论：种族问题。

如果你能原谅我的"倾向性观点"（Soapbox），现在是时候停止假装不

---

[23] 为抵消黑人对收入的影响，$\beta_3 x_3 + \beta_4 x_3 = 0.$
因此，
$-0.000004166\ x_3 + (0.3763)(1) = 0$
$x_3 = 0.3763/0.000004166 = 90,456.73$

$$x_3 = \frac{0.3763}{0.000004166}$$

$x_3 = 90,456.73$

[24] See e. g., *Spurious Correlations*, available at www.tylervigen.com/spurious-correlations.

知道种族是我们刑事正义系统中差异的主要驱动因素了。这并不是说法院里的人都是种族主义者。我们在这里看到的是许多环环相扣的部分所产生的综合效应。现实是复杂的。好人可能会发现自己是制度性种族主义机器中不知情的齿轮，而一个制度不一定要有种族主义的意图才会以种族主义的方式行事。不幸的是，这里刑事审查系统并非对种族、阶级或性别视而不见。

十一、警示语

我的所有分析都是用免费提供的工具完成的，没有什么能阻止其他人继续我的工作。事实上，我希望读者们能够看到支持本章内容的 GitHub 知识库，以了解所做的数据分析。然而，需要注意的是，一个人需要有坚实的统计学基础，以避免因缺乏经验而做出无理的断言（主张）。

请注意危险区域！正如德鲁·康威（Drew Conway）（图 8.10 所示的维恩图的创造者）所指出的，"'谎言、该死的谎言和统计'这句话正是从图 8.10 中的一个部分引发出来的。"

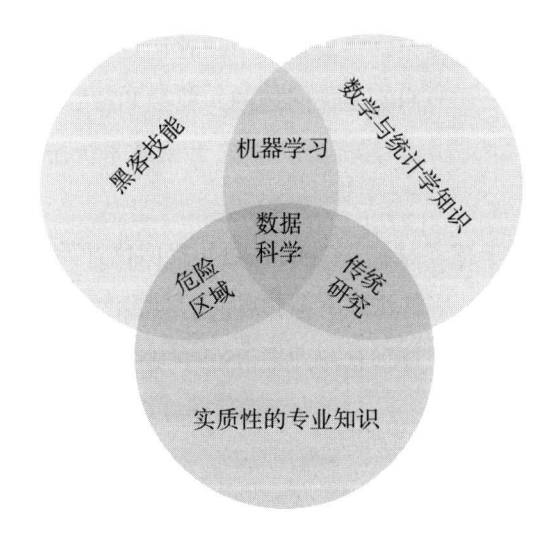

图 8.10　德鲁·康威的"数据科学维恩图"获颁 CC BY – NC 执照

参见：http：//drewconwav.com/zia/2013/3/26/the – data – science – venn – diagram.

话虽如此，这里并没有什么神奇之处。有了正确的工具，就有可能发现隐藏的模式。我的建议是，对那些强化你现有假设的答案持怀疑态度，公开地做你的工作。在保密性允许的情况下，分享你的发现和你的数据，请人检查你的数学演算。请记住，这样的透明度帮助我在这项工作的早期就发现了一个错误。听取反馈，并随时准备改变你的想法。[25]

---

[25] 非常感谢阿德里安·安格斯、威廉·李，以及众多互联网评论者的反馈。

第九章

律师事务所的数据挖掘：利用内部专业知识推动决策

库马尔·贾亚苏里亚

目次

一、大数据

二、赋予法律实务以价值

三、数据驱动的战略

四、数据团队

五、战略目标数据

六、发现内部专长

七、拓展服务：利用大数据进行创新

八、结论

2017年，乔治城法学院法律职业研究中心（Georgetown Center for the Study of the Legal Profession）发布了一份报告，记录了法律职业十年来的转变。① 该报告指出，经济和文化的变化迫使律师重塑法律实务，改变他们定义市场、客户和服务的方式。在这十年间，全球商业通过使用数据驱动的决策（data-driven decision making）和大数据分析得到了发展。此外，在最成功的律师事务所中，有两个因素是共同的：战略重点与对客户需求和期望的积

---

① 《2017年法律市场状况报告》，available at http://legalsolutions.thomsonreuters.com/law-products/ns/solutions/peer-monitor/report-on-the-state-of-the-legal-market-repository（由乔治城法律职业研究中心和汤森路透法律执行研究所联合发布）。

极回应。②

在本章中，我认为法律职业可以采用数据驱动的战略（data-driven strategy），通过将律师事务所的专业知识与客户的需求相结合来提高盈利能力。我们将对大数据进行定义，考虑数据在法律实践中的应用方式，并考虑在数据驱动的世界中，律师事务所面临的挑战。

一、大数据

近年来，大数据的定义有所扩展。2011年，麦肯锡集团（Mckinsey Group）将大数据定义为"其规模超出典型数据库软件工具捕获、存储、管理和分析能力的数据集"。③然而，该定义限制性太强。即使是小数据源也可以通过数字平台连接在一起，形成大数据洞察力。

当前对大数据的定义包括几个因素，即容量、速度、多样性、真实性和价值④。2013年，IBM预测社会每天收集2.5万亿字节的数据。⑤这个数字呈指数级增长，大数据的力量来自识别最有价值的数据，并利用它做出有意义的推论。

二、赋予法律实务以价值

自2008年经济大衰退以来的十年里，法律职业有理由质疑现有的商业模式，即律师事务所以工作时间衡量价值。在经济大衰退之前，律师主要向客户收取固定的小时费率，或者偶尔通过谈判达成替代性收费办法（alternative fee arrangements，AFAs）。在过去几年中，客户越来越多地要求为法律费用

---

② Id., at 12.
③ McKinsey Global Institute, Big Data the Next Frontier for Innovation, Competition, and Productivity (2011).
④ See Veda C. Storey & Il - Yeol Song, *Big Data Technologies and Management: What Conceptual Modeling Can Do*, 108 Data & Knowledge Engineering 56（2017），https：//doi.org/10.1016/j.datak.2017.01.001.
⑤ See, Ralph Jacobson, 2.5 *Quintillion Bytes Of Data Created Every Day. How Does CPG & Retail Manage It?* https：//www.ibm.com/blogs/insights - on - business/consumer - products/2 - 5 - quintillionbytes - of - data - created - every - day - how - does - cpg - retail - manage - it/（last visited Dec. 1, 2017）.

设定预算上限。乔治城法学院法律职业研究中心 2017 年的报告指出，在许多律师事务所，80% ~90% 的法律工作都是通过替代性收费安排或预算上限来补偿的。⑥

目前，有几种类型的法律聘用或法律费用安排，具体如下：⑦

- 按小时收费（hourly fees）——委托人同意为特定的法律代理服务向律师支付固定的小时费。
- 风险代理费（contingency fees）——律师事务所同意根据法律事务成功程度和业绩水平接受付款。
- 上限费用（capped fees）——通过这种方式，律师事务所同意为某一法律事务设定最高价格。
- 固定收费（fixed/flat fees）——律师事务所同意以固定律师费完成一项法律服务。
- 基于投资组合的费用（portfolio - based fees）——律师事务所在规定的时间内为委托人提供所有法律服务。
- 基于价值的收费（value - based fees）——通过这种方式，律师事务所和客户就代理过程中个别法律活动的费用达成一致，如完成一项房地产合同所需的个别法律任务的价值。
- 混合收费合同（blended fee agreements）——以上任何收费方式的组合形式。

三、数据驱动的战略

数据驱动的决策是指用数据分析来增强直觉的做法。⑧ 虽然信息和直觉一直是良好决策的基础，但在传统上，最终的决策是由组织中收入最高的人

---

⑥ Id. at 10.

⑦ See Walter L. Baker, Michael V. Marn, & Craig C. Zawada, Building a Better Pricing Infrastructure（2010）, https：//www. mckinsey. com/business - functions/marketing - and - sales/our - insights/building - a - better - pricing - infrastructure.

⑧ Foster Provost & Tom Fawcett, *Data Science and Its Relationship to Big Data and Data - Driven Decision Making*, 1 Big Data 51, 53（2013）, https：//doi. org/10. 1089/big. 2013. 1508.

（Highest Paid Person in the Organization，HIPPO）在几乎很少的数据下做出的。⑨

然而，最近的研究发现，在数据驱动的组织中，生产力得到提高。研究人员福斯特·普罗沃斯特（Foster Provost）和汤姆·福西特（Tom Fawcett）开发了一种衡量公司利用数据进行决策的能力的方法。研究发现，即使在控制了几个可能的混杂因素后，整体生产力仍持续提高了5%～6%。反过来，这种生产力与许多商业指标的增长相关，包括股本回报率和市场价值。研究人员认为，数据的使用直接带来整体的改善。⑩ 另一项研究发现，与未能有效利用数据的公司相比，那些将商业战略建立在数据和分析工具基础上的公司更有可能被确定为最佳执行者。⑪

在创建数据驱动的战略之前，至关重要的是首先确定组织的目标。大数据创造了三种类型的商业机会。⑫ 第一种模式可能被称为大数据驱动的创新模式。在这种模式下，大数据本身就是主要的产品或服务，如基于互联网的电子商务公司。

第二种模式是大数据支持的创新模式。在这种模式下，数据是修改现有流程的催化剂。例如，大数据可以让一个组织通过使用数据预测不久的将来的事情来动态定制营销活动。⑬

第三种模式是与大数据相关的创新模式。在这种模式下，将数据转换为

---

⑨ See Claudia Loebbecke & Arnold Picot, Reflections on Societal and Business Model Transformation Arising from Digitization and Big Data Analytics: A Research Agenda, 24 J. of Strategic Info. Sys. 149, 150 (2015).

⑩ Erik Brynjolfsson, Lorin Hitt, & Heekyung Kim, *Strength in Numbers: How Does DataDriven Decision Making Affect Firm Performance*, SSRN Working Paper, (2011), http://ssrn.com/abstract = 1819486.

⑪ Steve Lavalle, Eric Lesser, Rebecca Shockley, Michael Hopkins, & Nina Kruschwitz, *Big Data, Analytics and the Path From Insights to Value*, 52 MIT Sloan Management Review 22 (2011).

⑫ Nowshade Kabir & Elias Carayannis, *Big Data, Tacit Knowledge and Organizational Competitiveness*, 3 Journal of Intelligence Studies in Business 54 (2013), available at https://ojs.hh.se/index.php/JISIB/article/download/76/pdf _ 4. *See also* Ralph Schroeder, Big Data Business Models: Challenges and Opportunities, 2 Cogent Social Sciences (2016), http://dx.doi.org/10.1080/23311886.2016.1166924.

⑬ Marta Bańbura, Domenico Giannone, Michele Modugno & LucreziaReichlin, Now – Casting and the Real – Time Data Flow, in 2 Handbook of Economic Forecasting 195 (2013), https://doi.org/10.1016/B978 – 0 – 444 – 53683 – 9.00004 – 9.

新产品、服务或可能性。对于法律实务而言,数据分析的出现使得律师事务所提供传统法律咨询之外的新信息及分析服务。

四、数据团队

一个成功的数据驱动的组织依赖于一个专注于收集和使用数据的专门团队,而团队中最重要的角色是数据科学家和商业分析家。⑭ 数据科学家,在律师事务所也被称为知识管理专家,他们具有选择有价值的数据并开展信息可视化的能力。该团队还可能包括信息技术和专业营销人士。

研究发现,要求信息技术部门来管理数据驱动团队是一个错误。基于对几个大公司的分析,研究人员发现,信息技术部门在设计数据存储和保护系统方面是非常高效的;然而,信息技术部门通常无法提供能够将数据转化为商业价值的解决方案。⑮

在律师事务所中,知识管理专业人员应该具有法律实务方面的知识和信息科学方面的培训。法律培训使知识管理专业人员能够了解法律从业人员如何收集和使用信息。接受过信息科学(以前称为图书馆科学)培训的专业人员知道如何识别有用的信息并建立系统;通过这些系统,客户可以将信息转化为有用的知识。

五、战略目标数据

数据驱动的商业模式(data-driven business models)必须使用异质的信息来源,通过有意向性的信息请求来收集,或者通过看不见的数据日志和跟踪设备间接收集。数据可以从商业渠道购买,可以从公开的资料库中获得,可以从众包请求中获得,也可以通过客户提供的数据引出,或者通过跟踪系统产生。⑯

为了制定一个有意义的法律费用合同,律师事务所必须了解在特定市场

---

⑭ Kabir, Supra note at 59.

⑮ Id. [citing C Beath, I. Becerra – Fernandez, J. Ross, and & J. Short, The Forrester Wave: Advanced Data visualization Platforms, Q3 (2012)].

⑯ Id.; Philipp Hartman, Mohamed Zaki, Niels Feldmann, & Andy Neely, Big Data for Big Business? A Taxonomy of Data – Driven Business Models Used by Start – up Firms (last modified Nov. 4, 2015), https://cambridgeservicealliance.eng.cam.ac.uk/news/March2014Paper.

上做生意的成本以及所提供的服务或产品的价值。一些组织，如美国劳工统计局、世界银行等组织免费提供商业成本数据。[17] 业务管理公司 Clio、[18] 信息提供商汤森路透[19]和乔治城法学院法律职业研究中心[20]等相关机构也提供有关费率和法律实践中其他趋势的数据。

为了确定其投资回报，律师事务所必须首先了解开发客户的成本。营销团队通过向客户推介或销售以获取数据。此外，律师事务所可以购买数据管理工具来跟踪和评估委托人的获客情况。[21]

六、发现内部专长

为了将律师事务所发展为数据驱动型组织，律师事务所必须能够快速发现和分析内部优质资源。只有这样，律师事务所才能将内部知识与企业战略相结合。根据麦肯锡公司的一项研究，知识工作者平均花了近20%的工作时间来寻找内部信息或识别可以帮助完成指定任务的同事。[22]

现代律师事务所对公司的专业知识目录有独特的需求。律师事务所最初被设计成一个由律师组成的小团队，团队成员在多年时间里持续进行合作。现如今，律师通过横向聘用程序在律师事务所之间流动，律师事务所的专业知识也随之流动，而且变化很大。并且，律师事务所也在不断发展。现在，律师事务所雇用的数百名员工分布在全国各地甚至全球各地的办公室，是很

---

[17] Bureau of Labor Statistics, Overview of BLS Statistics on Business Costs, https：//www. bls. gov/bls/business. htm（last modified Dec. 16, 2013）; The World Bank, Doing Business Data, http：//www. doingbusiness. org/data（last visited Dec. 1, 2017）.

[18] https：//www. clio. com（last visited Dec. 1, 2017）.

[19] Press Release, *More Effective Market Analysis for Legal Departments With Visualized Benchmarking Data From Thomson Reuters Legal Tracker Mar.* 21, 2017）, https：//www. thomsonreuters. com/en/press－releases/2017/march/market－analysis－legal－departments－visualizedbenchmarking－data－legal－tracker. html.

[20] Georgetown, Supra note 1.

[21] Clio Training Team, Campaign Tracker：Creating Campaigns,（Jun. 21, 2017）, https：//support. clio. com/hc/en－us/articles/212569708－Campaign－Tracker－Creating－Campaigns.

[22] Michael Chui, James Manyika, Jacques Bughin, Richard Dobbs, Charles Roxburgh, Hugo Sarrazin, Geoffrey Sands, & Magdalena Westergren, The Social Economy：Unlocking Value And Productivity Through Social Technologies（2012）, https：//www. mckinsey. com/industries/high－tech/our－insights/the－social－economy.

常见的。律师事务所也通过兼并和收购而成长，这些兼并和收购经常注入广泛的专业知识。[23]

（一）现有员工

有用的专业技术指标不仅可以定位专家，还可以说明专业技术水平。在讨论专业知识时，值得考虑的是，熟练程度不止一个层次。一位研究者将专业知识分为三个层次。

参与者（participant）对某一主题有工作知识。例如，一位考古挖掘的现场工作人员。

交互型专家（interactional expert）可以在一个更高级的理解水平上参与对话。这类人可以在一个既定的研究领域内提供高级分析。

贡献型专家（contributory expert）是最高级别的专家，拥有知识和经验，能够为某一研究领域提供富有创新性见解。[24]

法律专业知识有几个指标。[25] 对法律专业知识的有效搜索应包括以下几个指标：

传记（biographies）是最基本的指标，通常被存储在面向外部的营销数据库中。传记也是最容易被夸大和其他类型的报告错误所影响的指标。

文件作者身份（document authorship）是一个更好的元数据。保存在内部文件管理系统中的诉状、继续法律教育报告和其他法律备忘录提供了关于专业知识的线索。然而，这些元数据通常是指第二层次的专业知识：指明对某一法律领域具有专长的参与者。律师事务所中真正的专家并不是大多数相关内部文件的作者。最高水平的专家一般是在审查某一领域最多文件的律师中发现的。

---

[23] Georgetown, Supra note 1, at 12 [citing Nell Gluckman, *Could* 2016 *Break Law Firm Merger Record*? The American Lawyer (online edition) Dec. 2, 2016].

[24] Harry Collins & Robert Evans, *The Third Wave of Science Studies: Studies of Expertise and Experience*, 32 Social Studies of Science 235 (2002), https://doi.org/10.1177/0306312702032002003.

[25] Vishal Agnihotri, Gail Bergmiller, Dora Tynes, & Ramin Vosough, Expertise Location and Social Collaboration: Three Case Studies on a Winning Formula (ILTA Whitepaper Series) (2017), https://www.iltanet.org/viewdocument/expertise–location–and–social–colla? ssopc = 1.

时间记录的文本（the text of time entries）是最强大或最准确的专业知识来源。在计费和计时系统中可以发现，律师的时间记录提供了一个不偏不倚的认证专业知识的来源。经常为法律工作计费的主体是公司以及公司客户所信任的专家，他们可以解释法律并产生创新策略。

一旦一家律师事务所建立了一个专业知识目录，该组织就可以添加其他数据字段，让用户找到理想的联系人。例如，该目录可以包括执业团体、州律师协会会员资格、法院准入、地点、职称和语言技能等数据。如果该律师事务所运营了一个任务管理信息系统，该系统可以建立一个数据字段，通过每个人的工作量和可得性来过滤结果。[26]

（二）横向聘用

横向聘用人员的专业知识水平更难把握。一种解决方法是在招聘过程中对所有级别的员工进行广泛的问卷调查。[27] 然而，问卷容易夸大自我认定的知识和少报实际专业知识。另一种寻找评价专业知识的方法是分析每个横向聘用人员在被雇用前产生的数据。一个组织可以收集并以电子方式审查横向聘用人员起草的所有合同，例如，美国证券交易委员会通过电子数据收集、分析和检索数据库提供了许多商业合同的便捷访问路径。[28] 公司可以利用大数据分析公共合同或其他由横向聘用人员起草的文件，以了解起草者的实际工作技能水平。

还有更复杂的工具可以用来审查诉讼律师在被聘用前的经验。组织可以下载并评估律师参与的每个案件的所有诉状和记录文件。如果该律师在一个案件中发挥了重要作用，那么该律师很可能审查了整个文件，包括对方律师提交的文件。律师事务所可以使用预测性分析工具来更好地了解横向聘用人员的策略和技能。

（三）前雇员的专业知识

前雇员的专业知识（alumni expertise）可以为所有组织提供重要的知识

---

[26] Id. at 37.

[27] See James Fischer, *Large Law Firm Lateral Hire Conflicts Checking: Professional Duty Meets Actual Practice*, 36 Journal of Legal Profession 167, 189 (2011–12).

[28] https://www.sec.gov/edgar/searchedgar/companysearch.html.

来源。例如，搜索该组织前雇员之间的社会关系可以帮助开发客户。律师事务所可以专门为前雇员创建一个社交网络，以确定前雇员与相关专业知识之间的联系。[29] 然后，通过交叉引用个人在为事务所工作时的活动信息来增强前雇员名册的价值。例如，该名册可以包括前雇员在律师事务所任职期间的以往的时间记录文本和账单信息。此外，该名册还可以包括前雇员离开组织后去向的公开信息。[30]

七、扩展服务：利用大数据进行创新

数据驱动的组织必须理解其提供的产品或服务。大数据为律师事务所提供了重新定义组织使命的工具。大数据的价值不断增加，为那些希望基于专业的收集、管理和分析信息的独特能力提供服务的律师事务所创造了一个新的市场。

对律师来说，在新的数据市场有一个例子，即《患者保护和平价医疗法案》（Patient Protection and Affordable Care Act）所要求的社区健康需求评估。[31] 该法案要求所有非营利性医院以三年为周期起草需求评估报告，该报告必须用来指导医院的医疗保健服务投资。[32]

大数据使律师事务所不仅可以提供相关法律的解释，还可以进行基础研究，并与委托人一起制定报告。

医院请律师事务所制作社区卫生保健评估报告有几个原因。首先，律师提供评估和管理记录的技能、律师提供最强的保密性。法学院教导律师如何有效地研究和评估已发表的文献。为了起草一份需求报告，律师必须对政府

---

[29] See Janan Hanna, *Old Firm Ties: Alumni Networks Are Social Media With Benefits*, ABA Journal (online edition May 2011), http://www.abajournal.com/magazine/article/old_firm_ties_alumni_networks_are_social_media_with_benefits.

[30] Id.

[31] See Carole Roan Gresenz, *Using Big Data to Assess Community Health & Inform Local Health Care Policymaking*, in Big Data, Big Challenges in Evidence-Based Policymaking (H. Kumar Jayasuriya & Kathryn Ritcheske, eds., 2015).

[32] See Additional Requirements for Charitable Hospitals; Community Health Needs Assessments for Charitable Hospitals; Requirement of a Section 4959 Excise Tax Return and Time for Filing the Return, 79 FR 78953 (Dec. 31, 2014).

出版物和学术研究进行文献审查。律师也能熟练地进行取证，特别是审查一个组织的内部记录。其次，需求评估报告最有价值的信息来源可能是医院的病历记录。这项任务与电子案情先悉律师的传统工作非常相似。最后，通过援引"律师—委托人"特权，律师可以保护委托人的隐私数据。如果医院使用内部文件来帮助起草需求评估报告，那么它也希望通过聘请律师起草文件来保护机密信息。

最有价值的信息来源之一可能是医院的病历记录。律师尤其擅长研究和识别有价值的证据来源，律师事务所一直都能保护机密信息。

一旦律师事务所了解了自己可以提供的服务类型，就可以决定自己是要提供传统的法律服务，还是全面的知识管理服务。通过了解所销售的法律产品或服务，律师事务所可以更好地为服务赋予不同价值。

八、结论

委托人正在要求改变律师事务所提供的法律服务的性质，尤其是企业委托人正在利用数据做出更多决策，而且坚持要求提供服务的律师事务所也这样做。通过对内部和外部数据来源的分析，律师事务所有能力预测新出现的法律服务市场需求，确定内部专业技术的协同作用，并设计创新服务。

尽管数据驱动的决策对许多律师事务所来说还是新事物，但事实上，这些律师事务所一直被有用的数据包围。最重要且未充分利用的数据是员工隐藏的专业知识。律师事务所的律师、信息专业人员和组织前雇员的专业知识是丰富的潜在知识来源。能够获取这些数据源的律师事务所将被赋予创新的服务能力。通过利用未使用的数据资源，律师事务所将成为数据驱动型组织并获得市场优势。

第十章

内部创新能解决创新者的困境吗
——以律师事务所为例

威廉·D. 亨德森

目次

一、来自律师事务所内部的问题陈述

二、来自委托人的问题陈述

三、乔希·库比奇：律师事务所内部的企业家精神

四、埃里克·伍德：让技术革新者成为合伙人

五、吉姆·贝克特的商业思维

六、结论

如果一家成功的大型律师事务所面临"创新者的困境"，将会是什么样呢？[①]

一方面，该律师事务所拥有一系列出色的禀赋：一是与行业领先的委托人建立了长期的、有利可图的关系；二是业务只需很小的运营成本，却能产生大量的现金和利润；三是一个成熟的品牌，使其成为对抗新进入者的安全选择。另一方面，当传统的法律服务产品较长时间进入发展瓶颈期，该律师事务所就会努力利用其优越的禀赋，以锁定另一个实现繁荣发展的方向来重塑自己。图10.1描述了这个问题。

[①] 创新者的困境描述了现有企业在适应新的、潜在的破坏性创新时所经历的困难。See Clayton M. Christensen, The Innovator's Dilemma: When New Technologies Cause Great Firms to Fail (1997).

第十章 ‖ 内部创新能解决创新者的困境吗

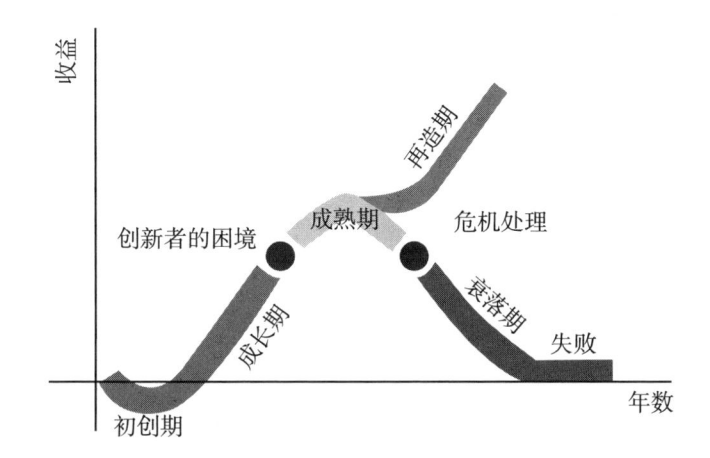

图 10.1 创新者的困境

许多律师事务所的领导人都了解创新者的困境，并担心重塑的时机和具体执行。因此，在许多律师事务所中，有一些内部创新者，或称"内部创业者"，[②] 他们正在实施经过仔细审查的项目，旨在为事务所带来切实利益。在其理想化的形式中，这种战略通过小胜利提高了人们的认识，反过来又为更雄心勃勃的变革创造了动力。

有三家律师事务所的内部创业者分享了各自的经验（见图10.2），说明在法律服务领域成功的重塑可能是什么样子。

图 10.2 三位律师事务所内部创业者

乔希·库比奇（Josh Kubicki），塞法斯·肖律师事务所（Seyfarth Shaw

---

② 内部企业家精神是指"在大型组织中工作时表现得像企业家的行为"。See Intrapreneurship, Wikapedia. org，https：//en. wikipedia. org/wiki/Intrapreneurship.

· 213 ·

LLP）的首席战略官。

埃里克·伍德（Eric Wood），查普曼和卡特勒律师事务所（Chapman and Cutler LLP）的实践创新和技术合伙人。

吉姆·贝克特（Jim Beckett），弗罗斯特·布朗·托德律师事务所（Frost Brown Todd LLC）前首席业务发展官，现任 Qualmet 法律服务咨询公司首席执行官。

首先，重要的是将企业内部的创业原则和教训从这些律师工作过的组织中分离出来。风险在于，对背景的讨论会被理解为批评，而批评不是本章的重点。为解决这种紧张关系，我利用后面给出的两个问题陈述来融合共同的主题。之后介绍的是每个企业内部人士具体的经验亮点。

一、来自律师事务所内部的问题陈述

当我们将"创新者的困境"和"内部创业"的概念应用于律师事务所时，其潜台词是：受过高等教育的成功合伙人作为一个群体，没有能力适应不断变化的法律市场。假设这个问题的陈述是真实的（我相信它是真实的），那么具体是什么原因呢？

问题当然不是缺乏创造力。在律师的实质性专业领域，他们经常会想出一些巧妙的解决方案。相反，挑战在于经验、观点和激励机制的融合，这些因素形成了一个强大的心理框架，对于长期的业内人士来说，是很难克服的。

具体来说，几代人以来，公司制律所，例如，全社所律师事务所的律师都是在一个简单的商业模式下进行他们的工作的，只需要很少的时间或注意力来维持。在大多数情况下，如果律师只是集中精力解决委托人的问题，那么经济效果就会逐渐变好。这曾是（现在也是）强大的操作性条件。因此，对许多律师事务所的合伙人来说，法律行业的宏观趋势是抽象的，没什么分量。唯一重要的市场是每个特定合伙人所服务的那一小块。

不幸的是，在极少数情况下，委托人是以同一种声音说话的。[3] 事实上，

---

[3] See, e. g., Bill Henderson, *Generalizing About Clients* (013), Legal Evolution, July 6, 2017, https://www.legalevolution.org/2017/07/generalizing-about-clients-013/ (last visited Dec. 9, 2017).

如图 10.3 所示，不同采纳者的声音也不同。④ 创新者和早期采用者的委托人被解决法律问题的新方法所吸引，尽管他们是少数。同样地，一些早期的多数委托人被推向创新，因为他们无法再负担传统律师事务所提供的解决方案。⑤ 但法律市场中有相当一部分人满足于品牌律师事务所按小时计费。如果"我的委托人"明年或后年感受不一样了，我们可以到时候再处理。这种狭隘的以委托人为中心的方法明显被大多数律师事务所的薪酬制度强化。

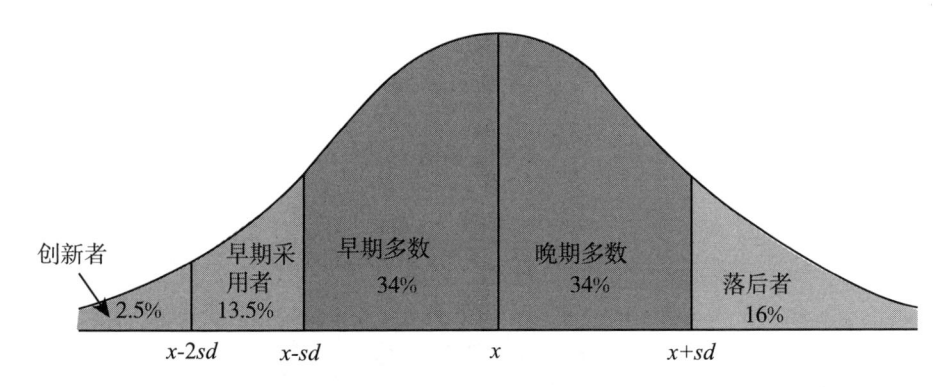

按创新分类的采用者类型与其在采用者曲线上的位置之间的关系

图 10.3　罗杰斯扩散曲线（Rogers diffusion curve）

资料来源：埃弗雷特·M. 罗杰斯（Everett M. Rogers），《创新扩散理论》（西蒙与舒斯特出版公司，2003 年），第 281 页。

前面的描述解释了高度成功的律师事务所无法打出其优势牌的悖论。因此，对于几乎所有的大型律师事务所来说，创新者的困境是一个真实的战略困境。

---

④　采用者类型是基于一个众所周知的关于创新扩散的一般理论。See Everett Rogers, Diffusion of Innovations（5th ed. 2003）.

⑤　例如，2008 年的经济危机导致法律流程外包公司 Pangea3 和 Axiom 的使用激增。See Bill Henderson, *A Law School Class on How Innovation Diffuses in the Legal Industry*（032）, Legal Evolution, Oct. 25, 2017, https：//www. legalevolution. org/2017/10/law – school – class – innovation – diffuses – legal – industry – 032/（last visited Dec. 9, 2017）, and Bill Henderson, *A Deep Dive Into Axiom*（036）, Legal Evolution, Nov. 15, 2017, https：//www. legalevolution. org/2017/11/deep – dive – into – axiom – 035/（last visited Dec. 9, 2017）.

二、来自委托人的问题陈述

尽管委托人并不是用同一种表述,但他们所处的环境正变得更加复杂,更加地全球化、规范化。这反过来又改变了企业法律服务市场的结构,即许多合伙人认为是与他们的业务无关而挥之不去的宏观趋势。

可以说,最大的变化是企业法务部的增长。至少在过去的20年里,企业委托人通过发展其内部法律部门和内包(insourcing)更多的重复性工作或低风险工作来适应,而这些工作以往是由律师事务所负责的。⑥ 图10.4 展示了法律部门类型,在这个类型下,企业委托人正呈现出中型和大型律师事务所的形态。

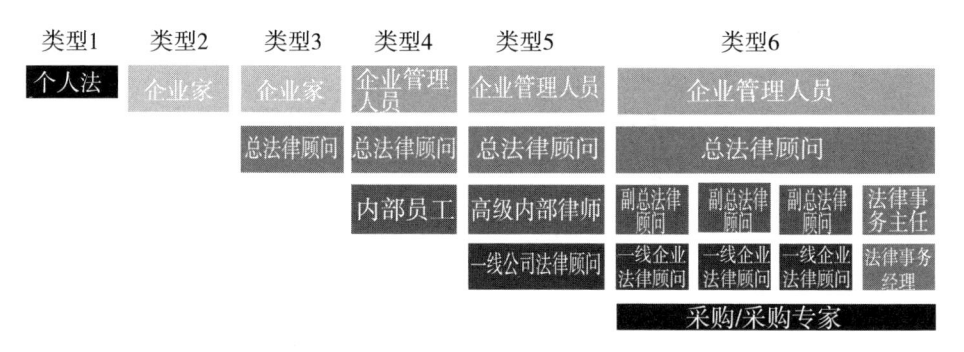

图 10.4 六类法律部门类型

随着越来越多的法律部门符合第六种类型,我们见证了法律运营运动的兴起,例如,公司法律运营联盟和公司法律顾问法律运营协会(Association of Corporate Legal Operation),以及企业法务部的崛起,这些部门的运作就像一个嵌入大公司内部的专业律师事务所。⑦

法律运营(legal operations)正在形成一个专业化领域,因为许多大型企

---

⑥ See Bill Henderson, *How Much Are Corporations In-Sourcing Legal Services*? (003), Legal Evolution, May 2, 2017, https://www.legalevolution.org/2017/05/003-inhouse-lawyers/(显示 1997—2016 年在政府、内部和私人律师事务所工作的律师的就业趋势)。

⑦ See Bill Henderson, *Six Types of Law Firm Clients* (005), Legal Evolution, May 9, 2017, https://www.legalevolution.org/2017/05/six-types-of-law-firm-clients-005/ (last visited Dec. 10, 2017)(呈现律师事务所客户的类型)。

业客户需要更复杂的方法和系统来管理法律成本和法律风险。这一角色的兴起有力地证明了照常营业的律师事务所计费时数模式正在缓慢但持续地衰退，至少对于占公司法律服务市场大部分的"公司化运营"工作来说是这样的。[8]图 10.5 描绘了市场转型的情况。

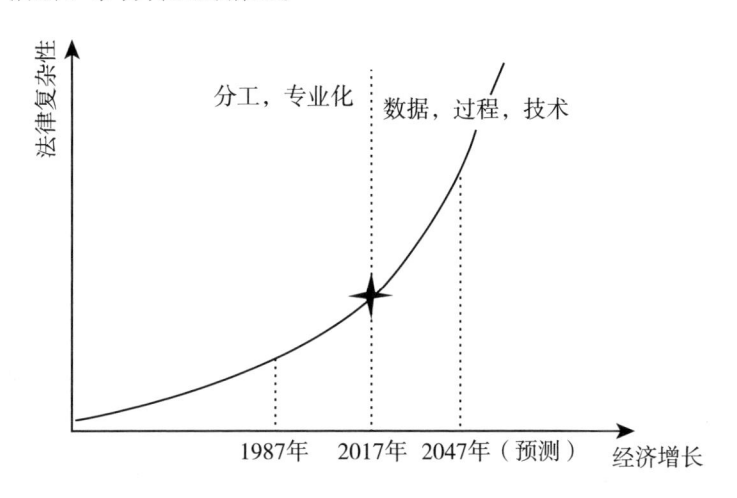

图 10.5　法律复杂性与经济增长

一般来说，法律的复杂性随着经济增长而增加。大约 100 年，我们通过劳动分工和专业化来应对这个问题。这种方法创造了一个大型律师事务所。在最近的几十年里，随着图 10.5 所示曲线的陡峭化，律师事务所获得了更高的利润。[9]

然而，我们已经到了这样的地步：分工和专业化不再能与法律复杂性的几何式增长相匹配。尽管客户和律师事务所将这种压力视为成本问题，但其

---

[8]　See *Deep Dive into Axiom*, *supra* note 5（讨论法律生产力滞后带来的系统性问题）; Bill Henderson, *World Class Innovation and Efficiency*, *Billed by the Hour*（010）, Legal Evolution, June 18, 2017, https：//www. legalevolution. org/2017/06/world‐class‐innovation‐efficiencybilled‐hour‐010/（last visited Dec. 10，2017）（从管理服务行业的视角讨论趋势）。

[9]　以上所有分析和图表都是从组织客户的角度来框定一个结构性问题。对于这群客户来说，生产力滞后带来的问题导致了以市场为基础的反应速度很慢。对于人民法律部门的个人客户来说（大约占法律市场的四分之一，而且该份额还在持续萎缩），法律生产力的滞后表现为自我代理或人们未能寻求任何类型的法律解决方案。See Bill Henderson, *The Decline of the PeopleLaw Sector*（037）, Legal Evolution, Nov. 19，2017，https：//www. legalevolution. org/2017/11/decline‐peoplelaw‐sector‐037/（last visited Dec. 10，2017）. 简而言之，这是两种不同的问题类型。

根本原因是生产力越来越缺乏。⑩ 为了满足这种生产力的需要，法律行业开始迁移到基于数据、流程和技术的新的法律问题解决方法上。事实上，这些压力是新兴法律服务提供商（NewLaw）存在的原因，因为它在很大程度上是由风险资本家和私募基金资助的。

因此，问题非常简单：对于大型企业委托人，谁将创造新模式？有三个竞争者。

- 法律部门日益产生更多的法律业务和内包服务。
- 律师事务所运用专业技术巧妙地发挥其优势。
- 新兴法律服务提供商以数据、流程和技术为核心竞争力，但该类型的机构对于委托人面临着过新和不为人知的挑战。

答案很可能是这三者的某种结合。然而，许多律师事务所也可能成为创新者困境的受害者，成为失败者之一。

律师事务所面临的挑战是，结构性市场转变的商业机会要求合伙人在对宏观趋势进行商业判断时，还要承受获取、开具账单和收取本财政年度数十万美元法律费用的压力。不幸的是，这个问题不能通过改变薪酬制度以奖励长期关注的人来解决，因为那些短期关注的人可以自由离开并带走他们的委托人。

三、乔希·库比奇：律师事务所内部的企业家精神

在前述的三位律师事务所内部从业者中，乔希·库比奇对内部创业作为一门应用学科考虑得最多。⑪ 他要求我们想象一个简单的企业组织金字塔，包括首席执行官（在顶层）、最高领导层（在第二层）、副总裁（在第三层）、董事（在第四层）、经理（在第五层）和一线工人（在金字塔的底部）。"显然，我们知道谁是负责人。"

---

⑩ See Bill Henderson, *What is Legal Evolution*? (001), Legal Evolution, May 1, 2017, https：//www. legalevolution. org/2017/05/001－legal－evolution/（last visited Dec. 10, 2017）.（讨论法律生产力滞后带来的系统性问题。）

⑪ See, e. g., Josh Kubicki, *The Intrapreneur's Dilemma*, Medium, Aug. 20, 2014, online at https：//medium. com/@ jkubicki/the－intrapreneurs－dilemma－9362a18f8e76（last visited Dec. 10, 2017）.

乔希·库比奇指出，"律师事务所的组织结构要扁平得多"，于是他构思了程式化的律师事务所的组织结构图，如图10.6所示。

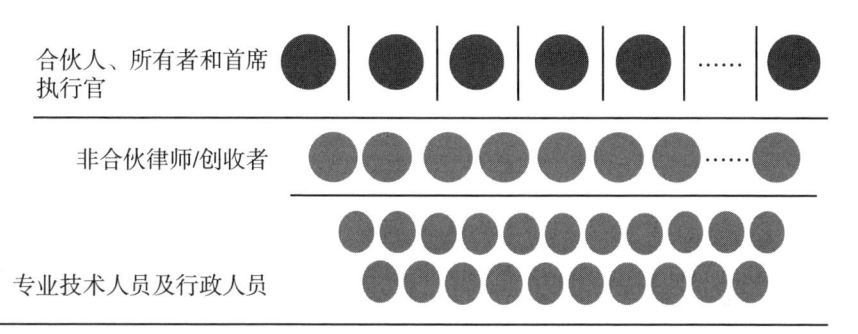

图 10.6 程式化律师事务所组织结构

处于金字塔顶端的合伙人是组织所有者。虽然合伙人不是首席执行官，但他们确实倾向于在自己的业务中扮演首席执行官的角色，尤其当他们让其他许多律师忙得不可开交的时候。然而，提高公司的绩效和企业价值需要合伙人、所有者和首席执行官之间的协作。

为了做好这一点，律师事务所的内部从业者必须想办法打破合伙人之间的隔阂（如前面所示的分界线）且不引起恐惧或抵触。此外，企业内部人员必须在没有或很少有正式权力的情况下做到这一点。"无论你是什么头衔，内部创业者都是由创收律师支付报酬的专业员工的一部分。因此，你唯一的工具是你有能力以相对简单和低成本的方式使某人的生活变得更好。"

现实就是乔希·库比奇在他所有的变革举措中都非常依赖设计思维的原因。于是他画了一个图并称之为"三要素"，如图10.7所示。

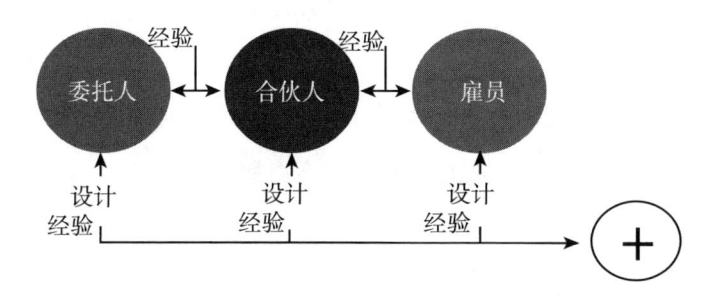

图 10.7 乔希·库比奇提出的成功实施的方法

创新始于创新者头脑中的一个想法。然而，一旦在一个组织内开始实施，我们就进入了人们的日常体验——忙碌的人们的工作就是服务他人。即使一项创新在理论上会使组织变得更好，但如果个别利益相关者有负面体验，使他们的工作变得更难，那么实施就会失败。因此，成功的创新（第一阶段的启动+第二阶段的实施）实际上是一系列设计合理的子层次创新。[12]

一个成功的子创新需要使复杂的东西变得非常简单，在文化上兼容，并对终端用户非常有利，最好能有非常快的投资回报。如果协调的子创新都能带来良好的个人体验，那么更大的创新就有机会获得成功。从乔希·库比奇的视角来看，律师事务所内部创业者的效率与其说是个人才华，不如说是同理心、倾听技巧、耐心和预算带来效率提升，因为做这种类型的工作非常耗费体力。

内部从业者的智力天赋在于，由于各种原因，他们并没有被困在传统模式的框架内，往往是因为一些之前的生活经历让他们有了局外人的看法。（关于乔希·库比奇在课堂上讨论的一段变革性生活经历，请阅读他的《企业内部的困境》）。[13] 乔希·库比奇强调，谦虚是影响内部创业者效率的唯一最重要因素。"如果某件事成功了，恭喜采纳者的洞察力，然后继续前进。"

四、埃里克·伍德：让技术革新者成为合伙人

法律职业正在经历从律师专业化向多学科合作的转变。我相信，埃里克·伍德的故事将被数百名在律师事务所开始其职业生涯的年轻律师复制。然而，埃里克·伍德是第一个开辟这条路的人。

埃里克是查普曼和卡特勒律师事务所的实践创新和技术合伙人。这里的关键词是"合伙人"。埃里克2008年毕业于芝加哥大学法学院，在纽约佳利律师事务所（Cleary Gottlieb）从事资本市场工作后，埃里克搬回芝加哥并加入查普曼和卡特勒律师事务所担任银行和金融服务非合伙律师。然而，几年

---

[12] See Bill Henderson, *Innovation in Organizations*, Part I（015），Legal Evolution, July 20, 2017, https://www.legalevolution.org/2017/07/innovation-in-organizations-part-i-015/（last visited Dec. 10, 2017）.

[13] See Kubicki, *supra* note 8.

前，埃里克不再做服务客户的按时计费工作，转而将注意力全部集中在基于技术的计划上。在这期间，他的正式头衔仍然是非合伙律师，而在今年年初*，他被提升为合伙人律师。

实践创新和技术合伙人是律师事务所的新职位。埃里克将他的工作描述为"研发"，主要分为三个部分：

（1）编写代码以建立法律专家系统，并使各种法律事务的文件起草工作自动化。这通常包括设计网络界面，使系统对使用系统的律师、委托人和其他人员来说相对直观。

（2）设计新的技术产品并管理其开发、发布和维护。这往往涉及找到在多个实践小组中扩大创新的方法，包括开发新的人员配置模式。

（3）其他知识管理和技术项目，如建立交易元数据库和数据可视化，评估供应商产品，以及研究可能影响交易实践的技术发展（如区块链和加密货币）。

埃里克没有接受过技术领域的正式培训。他本科的专业方向是政治学和环境研究。相反，他把自己最初在计算机编码和数据库结构方面的技术能力的发展，归因于他希望用梦幻篮球数据可视化给他的朋友留下深刻印象。这个爱好需要从网站上抓取大量数据，然后进行计算分析。

然而，埃里克在法律领域的工作使他能够看到交叉应用。在就读法学院之前，他作为一名美国志愿队（AmeriCorps）在怀俄明州法律服务中心（Wyoming Legal Services）的志愿者，帮助构建了网络内容以覆盖该机构的广大用户。"我们必须将七位公益律师的服务覆盖整个怀俄明州，很明显，只有技术才能做到这一点。"埃里克是纽约市的交易非合伙律师。许多个深夜启发他将不愉快的、耗时的繁杂工作自动化。

2013年，随着埃里克不断提高自己的技术水平，他决定是时候在法律科技领域找寻出路了。在此期间，律师事务所首席执行官合伙人蒂姆·莫汉（Tim Mohan）开始聘请外部发言人来解释传统的法律实务即将如何发生重大转变。因此，埃里克要求与莫汉会面，以介绍自己的一些想法。

---

* 此处的"今年年初"是指英文原版图书的出版年——编者注。

莫汉立刻接受了这个想法，而埃里克也不再做计费工作，而是开始自己的新工作。现在计算一下，让埃里克离开计费工作大约需要花费100万美元（500美元/小时×2000小时）。然而，不去做这些创新的代价是什么呢？

很快，这个决定就被证明是明智的。例如，埃里克的一个项目是为金融交易提供自动化的结算文件集。市场不再为全部交易文件的组织、索引和标签支付全额费用，但这项工作仍然需要完成，并以一种体验良好、专业和及时的方式交付给客户。"过去需要几周时间完成的工作，现在只需一分钟。每年员工的单位工作时间大约500美元（根据交易的规模和复杂性有很大的差异）×3000笔交易，该项目为公司节省了大约150万美元的劳动力支出这些劳动力可以分配给其他增值项目，而这仅是其中的一个例子。

在律师事务所领导层的鼓励下，埃里克定期进行内部演示，这在合伙人中引起了极大的好奇心并得到了广泛的认同与支持。埃里克指出，这些内部演示推广往往是以技术质量优势为前提的——增加复杂表格变化的透明度，并减少出错的机会。然而，经济上也是非常有吸引力的。查普曼和卡特勒律师事务所是一家高度专业化的金融法律服务机构，大约40%的工作是在固定收费的基础上完成的。在这种情况下，技术和流程使该律师事务所的收费能够继续比许多竞争对手的收费都低，同时保护或提高其利润率。这正是创新应该发挥作用的方式。

除了埃里克，查普曼和卡特勒律师事务所的其他交易律师已经开始培养技术方面的能力，他们的业务中有好几个部分实现了自动化。导致这种转变的部分原因是会计系统将与律师事务所创新相关的"生产性"时间与委托人计费工作同等对待。埃里克举了一个例子：一个非合伙律师在过去几年里和他的团队一起做项目，其间记录了数百个生产时间。简而言之，查普曼和卡特勒律师事务所正在建立更多的内部能力。

这是一个了不起的故事。其他律师事务所能复制这种模式吗？我认为答案是"不容易"。第一，一家律师事务所需要像埃里克·伍德这样既拥有深厚的法律知识，又拥有强大的技术技能的人。第二，机构负责人之间必须达成同盟，以便蒂姆·莫汉这样的领导者能够使埃里克这样的人全职专注于创新和执行。在竞争激烈的市场上，半工半读付出努力的人很少会赢。第三，它无疑帮助了查普曼和卡特勒律师事务所，这是一个"小"的大型金融法律服务机构（约有230名律师），专注于单一行业。这使得它在文化上和后勤上更容易实施变革。

五、吉姆·贝克特的商业思维

创新受到不同社会系统之间联系的强烈影响，站在两个或三个系统的边缘比站在一个系统的中心更有价值。这是因为多视角使一个人能够超越当地的主导框架，以全新的眼光看待问题。[14]

除了法律知识，这三位内部创业者还拥有第二种或第三种看待世界的框架。最明显的例子是吉姆·贝克特，他在食品行业的销售和分销领域工作了五年，帮助菲多利公司和哈根达斯公司等企业扩大了市场份额，之后获得了法律职业的行业影响力。在此期间，吉姆听从了父亲的建议，他父亲对他的人际交往能力和商业才能印象深刻。有点意外的是，吉姆的父亲是一名律师，在肯德基内部工作。

然后，在吉姆的商业生涯开始几年后，他的父亲改变了想法。他的父亲说，"吉姆，在法律领域，没有足够多真正了解商业运作方式的人。如果你获得了法律学位，你能走得更远。"因此，作为一名年长的学生，吉姆回到印第安纳大学去上法学院。

吉姆说，法学院的教育对他来说是非常困难的，因为抽象的层次与他习惯的实际问题解决方式相距甚远。直到他成为律师事务所的非合伙律师，吉姆才能将这两种观点融合在一起。

然而，商业框架仍然是占主导地位的。例如，吉姆讲述了他是如何在布朗·威廉姆森公司（Brown & Williamson，一家大型烟草公司，后来该公司成为雷诺烟草控股公司的一部分）找到第一份内部工作的。"我是他们在面试中唯一能够讨论商业问题的律师，而这些问题是公司法律工作的核心。"此外，吉姆没有从法务部门追求向职位升迁，而是要求转到业务部门，他最终

---

[14] 埃弗雷特·罗杰斯将创新与乔治·西美尔提出的"陌生人"概念联系起来。"在个人的网络关系中，个人的行为常常受到影响，而且受到约束。作为陌生人的创新者，可以更容易地通过成为第一个采用新思想的人来偏离系统的约束。"Rogers, supra note 4, at 42.

负责管理雷诺烟草控股公司在波多黎各的一个运营部门。

吉姆在法律和商业方面的多元视角,是弗罗斯特·布朗·托德律师事务所(Frost Brown Todd Law Firm)董事长约翰·克罗克特(John Crockett)聘用吉姆回到路易斯维尔为公司管理业务发展的原因之一。大约十年前,吉姆和约翰曾一起共事,担任该公司的计费律师。尽管吉姆曾说"长期的成功将需要重大的变革",这话使得他的一些努力备受争议,但他还是被聘用了。

虽然该公司已经实施了许多以客户为中心的计划,但吉姆仍坚信,他可以通过帮助客户专注于他们的购买力来做更多的好事。因此,在2016年夏天,吉姆离开弗罗斯特·布朗·托德律师事务所,成为创业公司Qualmet的首席执行官。Qualmet是一家创新技术公司,为法律部门提供评分方法,收集、组织、分析并与外部服务提供商分享反馈。

吉姆充满激情地讲述了当律师与委托人所想完全保持一致时会发生什么。"所有的律师都想做一份出色的工作。但不幸的是,很少有人能得到他们所需要的信息,从而使他们的工作更上一层楼。"吉姆认为,结构化的衡量标准和对话将使委托人和律师事务所能够顺利过渡到数据、流程和技术的世界。吉姆认为这不是一个"如何"的问题,而是"何时"的问题。今天的首席执行官们希望他们的总法律顾问、首席法务官和内部团队能够推动与他们各自的公司目标和宗旨相一致的商业价值。吉姆希望弥合"价值"差距,并将全方位绩效管理视为加速整合的关键部分。吉姆认为,"价值创造不是商品,因此,当绩效被正确衡量时,所有利益相关者都将受益。"[15]

六、结论

许多有才华的人被吸引到内部创业,因为他们所寻求的创新,或者说他们所寻求解决的问题,会得到大型在职组织的大力帮助。这在法律行业尤其如此,那里的社会系统(律师事务所、法律部门、法院、监管机构)往往非

---

[15] Qualmet 的记分卡方法与 Dan Currell 对于积极的外部法律顾问管理的必要性的描述密切相关。See Dan Currell, *Part III on Convergence*:*Clients Must Manage to Get Results*(031), Legal Evolution, Oct. 12, 2017 https://www.legalevolution.org/2017/10/convergence-part-iii-management-principles-031/(last visited Dec. 10, 2017). 仅靠趋同并不能达到预期效果。

常传统，并与现代经济的其他部分隔离。⑯ 这是法律行业的"创新者的困境"。它如此尖锐，以至于从外部成功的创新可能在经济上是不可行的，或者至少是障碍重重，无法吸引大量创业创新者的。

　　令人鼓舞的是，许多律师事务所的领导都意识到了这一挑战，并促使内部人员尝试创新。扩散理论预测，随着其中一些努力获得成功，它们将被律师事务所社会系统的其他部分所观察和复制。本章介绍的律师是律师事务所内部创业的早期先锋。

---

　　⑯ 对于这个话题的讨论，see Bill Henderson, *Variables Determining the Rate of Adoption of Innovations*（008），Legal Evolution，May 29，2017，https：//www. legalevolution. org/2017/05/variables‐determining‐the‐rate‐of‐adoption‐of‐innovations‐008/（last visited Dec. 17，2017）.（"法律职业中最成熟、最有影响力且最有声望的部分——大型律师事务所、联邦司法机构、法律学术界和美国律师协会往往受传统的束缚，对那些不是由他们发起的变革往往持怀疑态度。这种保守风气可能受规则 5.4 的影响。规则 5.4 禁止律师在任何涉及法律实践的业务中与其他专业人士合作。如果律师不能与其他专业人士成为商业伙伴……这将减少向他们学习的机会。"）

索　引

(按中文拼音顺序)

A

安妮·克肖 Anne Kershaw

埃里克·马兹佐 Erik Mazzone

阿莫斯·特沃斯基 Amos Tversky

埃里克·伍德 Eric Wood

B

并行效度 concurrent validity

标准效度 criterion validity

北卡罗来纳州的律师事务所 North Carolina law firm

标准条款 standard clauses

标准化法律任务标识 standard legal task ID

保罗·艾伦 Paul Allen

C

持续主动学习 Continuous Active Learning (CAL)

持续主动学习的自主性和可靠性 CAL for autonomy and reliability

层级解构 hierarchical deconstruction

程序化解构 programmatic deconstruction

《存储通信法案》Stored Communications Act (SCA)

冲销 write-offs

D

电子通信服务 Electronic Communications Service (ECS)

电子数据收集、分析和检索数据库 Electronic Data Gathering, Analysis

and Retrieval（EDGAR）database

电子案情先悉 electronic discovery，eDiscovery

地理编码技术 geocoding methodology

地理数据 geographic data

丹尼尔·卡尼曼 Daniel Kahneman

蒂姆·凯恩 Tim Kaine

大数据 big data

大数据算法 big data algorithm

大数据驱动的创新模式 big data driven innovation model

大数据赋能的创新模式 big data enabled innovation model

大数据及其在职场中的潜在用途 big data and potential uses in workplace

大数据相关的创新模式 big data related innovation model

大数据揭示大偏见 big data uncovering big bias

大数据的整理和探索 big data wrangling and exploration

大数据的对数 big data logarithms

大数据多维度分析 big data multiple dimensions

大数据在绩效管理和工作纪律中的应用 big data use in performance management and discipline

大数据的世界 world of big data

F

分解分析 break–it–down analysis

非完整数据 incomplete data

法律领域的数据分析 data analytics in legal

法律中的数据来源 data sourcing in legal

法律与技术杂志 Journal of Law and Technology（JOLT）

法律数据 legal data

法律数据挑战 legal data challenge

法律数据挖掘 legal data mining

法律部门类型 legal department typology

法律市场营销 legal marketing

法律运营 legal operations

法律服务 legal service

法律服务竞争 legal service competition

法律服务复杂性 legal service complexity

法律服务组织 legal service organizations

法律追踪互动任务 Legal Track Interactive Tasks

法律私有化 privatizing law

法律行业标准联盟 Standards Alliance for the Legal Industry（SALI）

符号话语语言 symbolic discourse language

G

概念性律师属性 conceptual lawyer attributes

《公平信用报告法案》Fair Credit Report Act（FCRA）

贡献型专家 contributory expert

固定收费 fixed fees

固定收费法律工作 fixed–fee legal work

固定收费 flat fees

国际数据保护 international data protection

戈特弗里德·莱布尼茨 Gottfried Leibniz

怪物矩阵 Monster Matrix

公共访问法院电子档案系统 Public Access to Court Electronic Records system（PACER）

H

黑箱 black box

混合收费合同 blended fee agreements

合同分析 contract analysis

合同科技 contract technology

合同数据 contract data

合同语言 contract language

合同分析工具 contract analysis tools of

合同标准 contract standards

合同技术的演变 evolution of contract technology

话语工作流 discourse workflow

赫伯特·罗伊特拉特 Herbert Roitblat

J

计算合同 computational contracts

计算法律 computational law

卷积神经网络 convolutional neural networks

就业机会均等委员会 Equal Employment Opportunity Commission（EEOC）

将合同转化为代码 contracts into code

具体交易条款 deal–specific clauses

交易变量 deal variables

解构合同 deconstructing contracts

《家庭医疗休假法案》Family Medical Leave Act

乔丹·弗隆 Jordan Furlong

《基因信息不歧视法案》Genetic Information Nondiscrimination Act（GINA）

机构数据 institutional data

交互型专家 interactional expert

机器学习 machine learning

机器学习系统 machine learning system

净推广者评分 Net Promoter Scores

基于投资组合的费用 portfolio–based fees

基于规则的机器学习 rule–based learning

基于规则的技术辅助审查 rule–based technology–assisted review

简单主动机器学习方法 Simple Active Learning（SAL）methods

简单被动机器学习 Simple Passive Learning（SPL）methods

监督式解构 supervised deconstruction

技术辅助审查 Technology-Assisted Review（TAR）

基于价值的收费 value-based fees

基于计算机的先进技术 advanced computer-based techniques

基准模型实施 Baseline Model Implementation（BMI）

吉姆·贝克特商业思维 Jim Beckett's business mindset

K

跨司法辖区法律服务 cross-jurisdictional services

客户关系管理工具 Customer Relationship Management（CRM）tools

卡夫卡 Kafka

L

雷·库兹韦尔 Ray Kurzweil

利用大数据创新 big data innovation using

律师事务所的数据分析 data analytics for law firms

联邦贸易委员会 Federal Trade Commission（FTC）

律师事务所的经理们 law firm managers

律师评分 lawyer score

联邦合同法规遵从性计划办公室 Office of Federal Contract Compliance Programs（OFCCP）

律师执业质量 quality lawyering

罗杰斯扩散曲线 Rogers diffusion curve

理查德·萨斯坎德 Richard Susskind

M

面部识别软件 facial recognition software

明显地遗漏 noticeably absent

面向技术辅助审查的有监督的机器学习 supervised machine learning for technology-assisted review

目标法，用于持续主动机器学习 target method, using Continuous Active Learning

美国律师协会基金会 American Bar Foundation

《美国残疾人法案（1990）》Americans with Disabilities Act of 1990（ADA）

美国人口普查局数据 U. S. Census Bureau（USCB）data

N

拟合多项式 fitting polynomials

内容效度 content validity

内部专业知识 internal expertise

O

《数据保护指令》E. U. Data Protection Directive

P

平等就业机会问题 equal employment opportunity issues

帕特里克·奥特 Patrick Oot

赔偿 indemnification

Q

去识别化 deidentification

全球定位系统 Geospatial Positioning System（GPS）

乔希·库比奇 Josh Kubicki

前雇员的专业知识 alumni expertise

R

认知计算 cognitive computing

人工审查的再认识 manual review redux

人身伤害法律服务提供者 personal injury legal service provider

人工智能宪法 Artificial Intelligence constitution

人工智能工具 Artificial Intelligence tools

S

上限费用 capped fees

数据的可获得性 data accessibility

数据驱动的方法 data – driven approach

数据驱动的商业模式 data – driven business models

数据驱动的决策 data – driven decision making

数据提高法律服务 data-enhanced legal services

数据采集 data gathering

数据整合 data integration

数据沿袭 data lineage

数据管理 data management

数据管理计划 Data Management Plans（DMP）

数据的可移动性 data portability

数据安全 data security

数据状态页 data status page

数据团队 data teams

数据的整理 data wrangling

深度机器学习 deep learning

受控的合同语言 controlled contract language

生成登广告者关注的线索 generating advertiser leads

市场潜力分数 market potential scores

实时网络事件数据 real-time web event data

受监督机器学习 supervised machine learning

审查员的分歧 assessor disagreement，

T

条款变量 clause variables

剔除过程 culling process

汤姆·米切尔 Tom Mitchell

同行认可的数据 peer endorsement data

统计学意义 statistical significance

特定交易条款 Transaction-specific clauses

替代性收费办法 alternative fee arrangements（AFAs）

统一的合同框架 unified contract framework

统一的表单库 unified forms library

W

委托人推荐数据 client recommendation data

文件作者身份 document authorship

位置追踪设备 location tracking devices

挖掘法律数据 mining legal data

文本数据中的价值 value in text data

文本检索会议 Text REtrieval Conference（TREC）

未捕获的数据 uncaptured data

Wolfram 语言 Wolfram Language

X

协作过滤 collaborative filtering

消费者报告机构 Consumer Reporting Agencies（CRAs）

消费者报告 consumer reports

训练的方法 training approaches

详尽的人工审查 exhaustive manual review

小时费 hourly fees

膝盖法，使用持续主动学习 knee method, using Continuous Active Learning

协商条款 Negotiated clauses

希尔伯特·西蒙 Herbert Simon

Y

以消费者为中心的法律服务 consumer–focused legal services

预算法 Budget Method

一致的合同条款 consistent contract terms

一致的语言 consistent language

一致的组织 consistent organization

一致的措辞 consistent wording

风险代理费 contingency fees

一致的语言风格指南 consistent language style guide

右下象限 lower – right quadrant

元数据提取工具 Metadata extraction tools

预测编码 predictive coding

预测效度 predictive validity

用于分析服务不足市场的人口数据 demographic data for analysis of underserved markets

右上象限 upper – right quadrant

应用编程接口 Application Programming Interface（APD）

邮政编码表数据集 ZIP Code Tabulation Area（ZCTA）

Z

招聘和选拔过程中的大数据 big data in hiring and selection process

职场中的大数据人工智能 big data artificial intelligence in workplace

智能合约 smart contract

组织中收入最高的人 Highest Paid Person in the Organization（HIPPO）

最终领先分数 final lead score

左下象限 lower – left quadrant

总和解合同 Master Settlement Agreement

自然语言合同 natural – language contracts

自然语言处理 natural language processing（NLP）

执业管理软件工具 practice management software tools

智能合约 smart contracts

针对自主性和可靠性的持续主动学习 Continuous Active Learning for autonomy and reliability

主题主管 Topic Authority（TA）

总检索追踪 Total Recall Tracks

左上象限 upper – left quadrant

增强型律师 augmented lawyers

撰写计算合同 writing computational contracts

自动化的数据提取 automated data extraction

职场的安全与自动化 workplace safety and automation

自动技术辅助审查 auto technology – assisted review

数字与英文字母开头

Clio 发布的《法律趋势报告》Clio's Legal Trends Report

CoreNLP 解析程序 CoreNLP parsing program

1996 年《健康保险携带和责任法案》Health Insurance Portability and Accountability Act of 1996（HIPAA）

IBM 沃森文档的云开发工具 IBM Watson Document Cloud Developer